영유아 과학교육활동의 실제

이순형 · 김지현 공저

SCIENCE EDUCATION FOR YOUNG CHILDREN

머리말

영유아기는 주변의 사물과 생명체 및 자연현상에 대하여 관심을 가지고 그 변화과정을 관찰하는 등 능동적이고 적극적인 탐색활동을 통해 과학적인 기초능력을 기르는 시기다. 이와 같이 과학의 기초능력이 길러지는 영유아기에 교사가 이들에게 어떠한 환경과 상호작용을 제공하느냐는 매우 중요하다.

현장에 있어 보면 영유아 과학교육 이론과 실제를 연결시키는 것이 쉽지 않다는 점을 알게 된다. 자칫 잘못하면 마치 과학교육의 목표가 어떤 정보나 지식 또는 개념을 획득하는 것인 양 주입식 교육이 이루어지기도 하고, 영유아의 과학적 개념과 기술의 발달수준을 반영하지 못한 채 교사 주도의 과학교육활동이 이루어지는 아찔한 상황이 연출되기도 한다. 사실 영유아를 대상으로 하는 과학교육활동은 어떤 정보나 지식 또는 개념을 획득하는 데 중점을 두기보다 그 결과에 도달하기까지의 탐구와 사고과정을 중점적으로 다루는 것이 무엇보다 중요하다. 따라서 영유아와 함께 생활하는 교사와 성인은 영유아기의 과학적 개념 발달의 중요성을 이해하고 그 발달적 특성을 면밀히 파악하여 발달에 적합한 환경을 구성해 주는 것이 요구된다. 그러나 현장에 있는 교사뿐 아니라 앞으로 현장에 진출하거나 관련 연구를 수행할 예비교사와 예비학자들이 영유아 과학교육활동을 실제로 어떻게 계획하고 실행해야 하는지에 대해서 충분한 이해가 부족한 것 같다. 이에 영유아의 주도적인 탐구와 적극적인 표상을 특징으로 하는 주제탐구표현활동을 활용한 영유아 과학교육활동의 실제를 구체적으로 제시할 필요성을 절감하였다.

이 책은 크게 세 부분으로 구성되어 있다. 제1부에서는 영유아 과학교육활동에 대한 이론적 개론을 정리하였는데, 영유아 과학교육의 개념 및 특성, 영유아 과학교육활동의 목표 및 내용, 영유아 과학교육활동의 교수학습 방법, 영유아 과학교육의 평가를 이해하기 쉽게 정리하였다. 제2부는 주제탐구표현활동의 특성을 다룬 장으로, 주제탐구표현활동의 개요, 실시, 구조적 특성, 효과 및 의의를 제시하였다. 제3부는 서울대학교생활과학대학어린이집에서 실제로 실시된 주제탐구표현활동의 연령별 사례를 물체와 물질, 생명체와 자연환경, 자연현상, 도구와 기계 영역으로 제시하여 실제로 현장에서 이루어지는 영유아 과학교육활동에 대한 이해도를 높이고 실행력을 높이고자 하였다.

이 책이 나올 수 있도록 도움을 준 서울대학교생활과학대학어린이집의 노

현숙, 이수연, 김보미, 배수진, 김민경, 김민애 교사와 전 하이닉스어린이집 김유미 교사에게 감사의 인사를 전한다. 그리고 이 책의 출판을 맡아 주신 학지사의 김진환 사장님과 편집부 여러분께 감사의 말씀을 전한다.

2010년 9월

이순형, 김지현

차례

제 1 부

영유아 과학교육활동

제 1 장 영유아 과학교육의 개념 및 특성

1. 영유아 과학교육의 개념

영유아는 태어나면서부터 주변 세계와 사물에 대해 끝없는 호기심을 가지고 열정적으로 탐구하고 발견하며 새로운 것을 창조한다. 탐구는 관찰하기, 문제 제기하기, 책과 자료를 조사하기, 조사 계획하기, 실험하기, 자료를 수집 · 분석 · 해석하기 위해 도구를 사용하기, 대답하고 설명하고 예측하기, 결과를 의사소통하기와 같은 다양한 활동을 수반하는 다면적인 활동이다(National Research Council, 1996). 영유아 과학교육은 영유아가 다양한 감각과 호기심으로 주변 사물과 자연환경의 특징을 지각하고 탐색하며, 이러한 과정에서 발생하는 의문점을 해결하는 데 필요한 기초적인 탐구능력과 태도를 기르는 교육이다.

영유아 과학교육에서의 활동은 어떤 정보나 지식 또는 개념을 획득하는 데 중점을 두기보다 그 결과에 도달하기까지의 탐구와 사고과정을 중점적으로 다루어야 한다(Carin & Bass, 2001). 이를 위해 영유아가 주변 환경과 사건에 궁금증을 가지고 주의 깊게 관찰하고 탐구할 수 있도록 다양한 자료와 풍부한 경험을 제공해야 한다. 뿐만 아니라 개인 차원에서 구체적이고 직접적인 조작 경험이 이루어지도록 하여 영유아가 스스로 지식을 구성해 나가는 비형식적인 절차를 바탕으로 활동이 구성되어야 한다(이순형 외, 2007). 그 결과 영유아는 창의적인 생각과 방법으로 새로운 현상에 대한 탐구를 시도하며, 학습에 대한 동기도 자발적으로 유발된다.

또한 영유아 과학교육은 과학적 역량의 증진을 목표로 하는 활동이다. 과학적 역량이란 과학적 개념과 과정에 대한 지식과 이해를 바탕으로 개별적 의사결정, 사회적 · 문화적 참여, 경제적 생산을 할 수 있는 능력을 의미한다. 그리고 영유아 과학교육은 과학과 과학기술 모두를 포괄한다. 과학의 목표는 자연세계에 대한 이해이며, 과학기술의 목표는 인간의 필요를 충족시키기 위하여 자연세계에 변형을 가하는 것이다.

마지막으로 영유아 과학교육은 교육내용과 교육과정으로 구성된다. 과학교육의 내용은 과학과 관련된 특별한 기능, 이해, 능력을 포함하는 광범위한 개념이다. 교육과정은 이러한 교육내용을 전달하는 방법이며, 교실 내에서 내용의 구조, 조직, 균형, 제시방법을 포함한다.

2. 영유아 과학교육의 특성

영유아 과학교육에서는 인간이 자연과 더불어 조화롭게 살아가는 궁극적인 목표를 달성하기 위해 영유아기부터 주변의 사물과 자연환경에 대하여 관심을 가지고 논리적으로 사고하고 탐구하며 문제를 해결해 나가도록 한다. 따라서 영유아가 과학적 개념을 습득하는 것만 추구하기보다는 개념 습득의 토대가 되는 사고 발달과 탐구과정, 탐구기술을 동시에 중요시한다. 특히 만 2세 미만과 2세 영아들의 경우에는 개념 습득이나 이해 그 자체보다는 여러 가지 감각을 활용하여 탐색하고 반복 활동하는 기회를 충분히 제공하여 탐구의 기초를 다지는 것이 중요하다. 만 3~5세 유아들도 끊임없이 궁금해하고 궁금한 것을 알아 가고자 하는 탐구적 태도가 과학적 개념 습득을 위한 토대가 되므로, 자신이 알고자 하는 것이 무엇인지를 파악하고 이를 알 수 있는 적절한 방법들을 스스로 시도해 보는 성향과 능력을 기르도록 배려해야 한다.

영유아는 주변의 사물과 생명체 및 자연현상에 대하여 관심을 가지고 그 변화과정을 관찰하는 등 능동적이고 적극적인 탐색활동을 통해 과학적인 기초능력을 기른다. 영유아 과학교육에서는 일상생활 속에서 영유아의 타고난 호기심을 과학활동에 창의적으로 적용하며 과학에 대한 관심과 즐거움을 길러 줌으로써 과학적 사고의 기초를 다질 수 있다. 미래에 필요한 과학적인 태도와 소양을 영유아기에 길러 주는 영유아 과학교육은 정보화와 첨단과학기술에 대한 현대의 시대적 요구에도 부합한다(NRC, 1996). 이를 위해 영유아에게 의미 있고 동기를 유발시키는 일상생활 및 주변 세계에 관련된 내용을 바탕으로, 과학지식의 획득이 아닌 탐구의 '과정' 자체를 다양하게 경험할 수 있도록 영유아 과학교육을 구성해야 한다(NRC, 1996). 영아를 대상으로 하는 과학교육은 주변의 사물을 지각하고 주변 생명체에 관심을 가지며 자연현상을 지각하는 등 지각과 관심 수준의 내용을 포함하고, 물체와 물질의 특성을 탐색하고 생명체와 자연현상에 대해 인식하며 생활 속의 도구에 관심을 갖도록 하는 내용으로 구성한다. 유아를 대상으로 하는 과학교육은 이러한 탐색과 인식을 토대로 물체와 물질의 기본 특성이나 생명체와 환경의 관계, 그리고 자연환경에 대한 이해를 다루며, 도구와 기계를 직접 활용해 보는 내용으로 구성한다.

이 외에도 영유아 과학교육은 영유아가 지속적으로 탐구하기 위해서는 주변의 사물과 자연환경에 대하여 관심과 호기심을 가지고 끊임없이 알아 가고자 하는 마음가짐과 이에 필요한 기초기술을 기르는 것을 특징으로 한다. 영아를 대상으로 하는 과학교육은 영아가 주변의 여러 가지 사물과 환경에 관심과 호기심을 가지고 반복적인 탐색을 즐기며 문제해결에 관심을 가지도록 보육 · 교육과정을 제공하고, 유아를 대상으로 하는 과학교육은 영아기 때 형성된 탐구적 태도를 기초로 사물과 자연환경에 대한 지속적인 호기심을 바탕으로 탐구에 대한 의지와 기초 탐구기술을 갖추는 데 중점을 두는 보육 · 교육과정을 제공하는 특성을 가진다.

제 2 장

영유아 과학교육활동의 목표 및 내용

1. 과학내용 표준

과학내용 표준(science content standards)은 자연과학 영역에서 영유아가 반드시 알고 이해하며 수행해야 하는 사항을 중심으로 선정되었다. 내용 표준은 여덟 가지 범주로 구성되며, 범주 간에 상호 연계가 이루어지는 것이 바람직하다.

- 과학의 개념과 과정의 통합(unifying concepts and processes in science)
- 탐구로서의 과학(science as inquiry)
- 물리과학(physical science)
- 생명과학(life science)

- 지구 및 우주 과학(earth and space science)
- 과학과 기술(science and technology)
- 개인과 사회적 관점의 과학(science in personal and social perspectives)
- 과학의 역사와 본성(history and nature of science)

1) 과학의 개념과 과정의 통합

개념적, 과정적 도식은 과학의 서로 다른 분야를 통합하여 영유아가 세상을 이해하도록 돕는다. 기본이 되는 원칙들이 내용 표준에 포함되어 있기 때문에, 내용 표준의 각 범주의 여러 수준에서 반복하여 나타난다. 개념과 과정의 통합은 다음과 같은 내용을 포함한다.

- 체계, 순서, 조직
- 증거, 모형, 설명
- 변화, 항상성, 측정
- 진화와 평형
- 형태와 기능

2) 탐구로서의 과학

탐구로서의 과학을 가르치는 것은 교사들로 하여금 영유아의 능력을 계발하고 과학에 대한 이해를 향상시킬 수 있는 기회를 제공한다. 영유아는 과학적인 개념과 어휘를 습득해야 할 뿐만 아니라 탐구기능을 개발해야 한다. 탐구수행과정에 초점을 맞춤으로써 영유아는 과학적인 의문을 제기하고, 주변세계의 여러 가지 특징을 조사하며, 관찰을 통해 제기된 의문에 대한 합리적인 설명을 구성하는 능력을 키울 수 있다.

탐구로서의 과학
내용 표준: 수준 K-4
- 과학적 탐구 수행에 필요한 능력
- 과학적 탐구에 대한 이해

3) 물리과학

물리과학에는 영유아가 일상적으로 접하는 물체와 물질의 특징에 대해 더 잘 이해할 수 있는 기회를 제공하는 주제들이 포함되어 있다. 영유아는 여러 가지 물체와 그 행동을 질적으로 조사하고 기술하는 것으로부터 물질에 대한 공부를 시작한다. 주의 깊게 관찰하고 기술하며 측정하여 알게 된 물체의 성질, 시간에 따른 변화, 물질의 상호작용에 의해 발생하는 변화에 대한 이해는 연령이 증가하여 추상적인 아이디어를 도입할 때 필요한 선행지식을 제공해 준다.

물리과학
내용 표준: 수준 K-4
- 물체와 물질의 성질
- 물체의 위치와 운동
- 빛, 열, 전기, 자기

4) 생명과학

생명과학은 생물의 출생과 성장에 대해 영유아가 잘 알 수 있도록 하는 주제들이 포함되어 있다. 영유아는 생물의 일생, 서식지에 대한 직접적인 경험을 통하여 생물학적 개념에 대한 이해를 쌓을 수 있다. 이러한 경험은 영유아의 호기심에서부터 출발한다. 영유아는 "식물은 어떻게 음식을 먹나요?" "공룡은 어디로 갔어요?"와 같이 유기체가 어떻게 생명을 유지하며 살 수 있는가에 대한 궁금증을 바탕으로 생물의 특징과 일생, 자연환경을 구성하는 모든 요소 간의 복잡한 상호작용에 대한 이해의 기초를 구축하게 된다.

생명과학
내용 표준: 수준 K-4
- 생물의 특징
- 생물의 일생
- 생물과 환경

5) 지구 및 우주 과학

지구 및 우주 과학은 지구와 행성의 탄생, 이동과 소멸 과정에 관련된 주제들을 포함한다. 영유아는 주변에서 볼 수 있는 흙, 암석, 냇물, 비, 눈, 구름, 무지개, 태양, 달, 별 등에 관심을 보인다. 영유아는 자신의 주변 물체와 물질을 자세히 관찰하고, 성질을 파악하며, 서로 구별하고, 현상의 이유에 대해 설명해 보도록 격려해 주어야 한다. 영유아가 자신의 주변 세계에 점차 익숙해지면 주기적인 변화나 불규칙적인 변화를 관찰하고 기록할 수 있는 기회를 제공하여야 한다.

지구 및 우주 과학
내용 표준: 수준 K-4
- 지구 구성 물질의 성질
- 하늘의 물체
- 땅과 하늘의 변화

6) 과학과 기술

과학과 기술은 자연세계와 인공세계를 구분 짓는 지식과 개념을 말한다. 과학과 기술 표준은 영유아에게 자연과 인간에 의해 창조된 세계 사이를 연결하는 동시에 의사결정 능력을 발달시킬 수 있는 기회를 제공한다. 이 표준은 문제에 대한 해법을 고안하는 능력과 과학과 기술의 관계, 과학과 기술에 사람이 관여하는 방식에 대한 이해를 강조한다. 과학기술을 이용한 문제해결 능력은 과학기술적인 목적을 가지고 과제를 해결하는 직접 경험을 통해 발달할 수 있다.

> **과학과 기술**
> 내용 표준: 수준 K-4
> • 과학기술을 이용한 설계능력
> • 과학과 기술에 대한 이해
> • 자연물과 인공물의 구분능력

7) 개인과 사회적 관점의 과학

개인과 사회적 관점의 과학은 과학적 사고를 개인뿐 아니라 개인의 집단인 사회를 고려하는 사고체계를 뜻한다. 초등학교에서 학생들은 처음으로 과학과 관련된 개인과 사회의 여러 당면 과제에 대해 이해할 수 있는 경험을 한다. 건강, 인구, 자원, 환경에 대한 중추적인 아이디어는 학생들이 장차 시민으로서 사회를 이해하고 행동하는 데 필요한 기반을 제공해 준다.

개인과 사회적 관점의 과학
내용 표준: 수준 K-4
- 개인의 건강
- 인구의 특징과 변화
- 자원의 종류
- 환경의 변화
- 지역사회의 당면 과제와 과학과 기술

8) 과학의 역사와 본성

과학의 역사와 본성은 역사적 관점에서 과학의 발달과정을 살펴보고 과학의 본질과 특성을 사고하는 것을 의미한다. 교사들은 영유아가 그들의 세계에 대해 질문하고 탐구하는 자연스러운 태도를 길러 주어야 한다. 영유아는 문제에서 시작하여 해답에 대해 서로 의견을 교환하는 단계에 이르는 탐구과정을 수행할 수 있다. 영유아는 과학의 역사를 통해 과학적 탐구와 중요한 인물들에 대해 배울 수 있으며, 이 과정은 과학의 역사와 본성에 대한 세련된 아이디어 개발의 기초를 제공해 줄 것이다.

과학의 역사와 본성
내용 표준: 수준 K-4
- 인간의 노력으로서의 과학

2. 표준보육과정과 영유아 과학교육활동

1) 표준보육과정과 영유아 과학교육활동의 목표

표준보육과정의 자연탐구 영역에서는 영유아 과학교육활동의 목적을 주변의 여러 가지 사물과 자연현상에 대하여 관심을 가지고 지속적으로 탐구하는 태도와 문제해결을 위한 기초능력을 기르는 데 둔다. 이는 곧 영유아가 과학에 대한 가치를 긍정적으로 인식하고 능동적으로 탐구과정에 참여하면서 '과정' 자체를 즐기는 탐구적인 태도가 생활화되는 것이다. 이렇게 습득한 과학적 탐구능력을 통해 현재의 생활에서 생기는 문제를 창의적으로 해결할 수 있고, 더 나아가 미래의 생활에도 적용할 수 있는 합리적이고 과학적인 인간으로의 성장 기초를 닦을 수 있다. 또한 탐구능력은 주변의 모든 생명체를 존중하고 자연의 아름다움을 느낄 수 있는 데에도 기초가 된다. 스스로 탐구과정을 즐기는 영유아는 자신의 가치를 인식하여 긍정적인 자아개념을 발달시킬 수 있고, 탐구능력 신장으로 인지 발달을 이룰 수 있으며, 협동학습의 경험과 합리적인 태도를 바탕으로 사회성이 향상되는 발달의 이점도 누릴 수 있다.

자연탐구 영역의 주된 목적은 과학적 탐구의 기초능력을 기르는 데 있다. 영유아가 주변의 여러 가지 구체적인 사물과 자연환경을 탐구하고 이해하기 위해서는 관심을 가지고 궁금해하며 문제해결을 위해 스스로 관찰하고 분류하고 실험하는 등의 경험을 할 필요가 있다. 영아기에는 주변의 사물과 자연환경을 지각하여 반복적으로 탐색하며, 점차 연령이 높아지면서 궁금한 문제를 해결하기 위해 사물과 자연환경을 지속적으로 탐구할 수 있는 능력을 길러야 한다. 영유아는 태어나면서부터 자신의 감각을 통해 주변의 사물과 환경을 능동적으로 탐색한다. 동생이 태어나는 것을 보면서 "나는 어떻게 태어났나?"라는 궁금증을 갖고, 자신이 키우는 강아지의 생활에 호기심을 갖는다. 계절에 따라 달라지는 자신의 옷을 스스로 인식하고, 형과 언니가 사용하는 컴퓨터를 유심히 관찰한다. 이렇게 우연히 관찰한 사건이나 현상에 의문을 갖고 문제해결을 위해 여러 가지 방법을 시도함으로써 탐구하는 능력과 태도가 형성된다. 따라서 영유아가 일상생활에서 부딪힐 수 있는 다양한 문제와 호기심이 유발되는 자연현상에 대한 탐구과정이 포함되도록(National Science Resources Center, 1997) 보육과정을 구성한다. 2세 미만 영아는 주변의 사물과 자연환경을 감각적으로 지각하고 탐색하는 것을, 2세 영아는 이를 다양한 방법으로 탐색하는 것을, 3~5세 유아는 주변의 사물과 자연환경에 대한 기초지식과 탐구능력을 기르는 것을 목표로 할 수 있다.

표준보육과정에 근거를 둔 영유아 과학교육활동은 주변의 여러 가지 사물과 자연환경을 탐구하고 이해하는 데 필요한 과학적 기초능력을 기르는 것을 목표로 한다. 또한 영유아가 과학적 탐구의 본질과 현대사회에서의 과학의 역할을 이해하는 것이 중요하므로 과학적 개념과 태도 습득을 통해 과학적 소양을 기르는 것을 목적으로 한다. 이를 위해서 무엇보다 영유아의 주변 세계에 대한 선천적인 궁금증과 호기심을 꾸준히 발달시키는 것이 중요하다. 영유아 과학교육활동은 구체적으로 ① 개인적 · 사회적으로 영유아와 관계가 있는 학습 경험을 제공하고, ② 광범위한 지식과 방법적인 접근법을 포함하는 경험이 제공되어 영유아가 개인적 · 사회적 이슈를 비판적으로 분석할 수 있도록 하며, ③ 영유아의 생활, 사회, 세계에 미치는 과학의 영향에 대해 자신이 이해하는 방식으로 생각하고 행동하도록 격려하고, ④ 영유아가 과학의 가치를 인식하도록 격려하는 경험을 제공하며, ⑤ 자연세계의 아름다움과 질서에 대한 인식을 발달시킬 수 있도록 구성되어야 한다(권영례, 2000).

이 외에도 자연탐구 영역의 또 다른 목적은 탐구적 태도의 형성에 있다. 영유아는 주변 환경에 대해 관찰하기 시작할 무렵이 되면 여러 가지 사물이나 현상에 대해 관심을 갖고 반복하여 탐색한다. 이를 통해 영유아는 지속적인 호기심을 갖고 탐색하려는 태도를 갖게 되고, 이러한 태도를 기초로 관찰한 사건이나 상황에 대해 깊이 있는 탐구를 이끌어 갈 수 있게 된다.

2) 표준보육과정과 영유아 과학교육활동의 내용

자연탐구 보육과정은 탐구적 태도, 수학적 탐구, 과학적 탐구의 세 가지 내용 범주와 2세 미만, 2세, 3~5세의 세 수준의 연령으로 구성된다. 이 중 탐구적 태도와 과학적 탐구 부분이 영유아 과학교육활동의 내용에 해당된다. 영유아 과학교육활동의 내용에 해당되는 전체 내용체계는 〈표 2-1〉과 같다.

표 2-1 영유아 과학교육활동에 해당되는 자연탐구 보육과정의 내용

내용범주	2세 미만	2세	3~5세
탐구적 태도	• 주변의 사물과 환경에 관심 가지기 • 탐색 반복하기	• 주변의 사물과 환경에 호기심 가지기 • 반복적인 탐색 즐기기 • 문제해결에 관심 가지기	• 주변의 사물과 환경에 지속적으로 호기심 가지기 • 탐구과정 즐기기 기초 탐구 기술 활용하기
과학적 탐구	• 주변의 사물 지각하기 • 주변 생명체에 관심 가지기 • 자연현상 지각하기	• 물체와 물질의 특성 탐색하기 • 주변 생명체의 외적 특성 알기 • 자연현상 인식하기 • 생활 속의 도구에 관심 가지기	• 물체와 물질의 기본 특성 알기 • 생명체와 환경과의 관계 알기 • 자연환경 이해하기 • 도구와 기계 활용하기

(1) 2세 미만 영아

2세 미만 영아는 주변의 사물과 환경에 대하여 관심을 가지고 시각, 청각, 촉각 등의 다양한 감각을 사용하여 지각하고 반복적으로 탐색하는 것을 목표로, 다음 〈표 2-2〉와 같은 내용체계로 보육과정을 구성할 수 있다.

'탐구적 태도' 는 주변의 사물과 환경에 관심 가지기와 탐색 반복하기의 내용으로 구성되고, '과학적 탐구' 는 주변의 사물 지각하기, 주변 생명체에 관심 가지기, 자연현상 지각하기의 내용으로 구성된다. 예를 들어, 과학적 탐구

표 2-2 2세 미만 영아의 수준별 보육과정 내용

<table>
<tr><th>내용범주</th><th>내 용</th><th>1수준</th><th>2수준</th><th>3수준</th></tr>
<tr><td rowspan="2">탐구적 태도</td><td>주변의 사물과 환경에 관심 가지기</td><td colspan="3">주변의 여러 가지 사물과 환경에 관심을 가진다.</td></tr>
<tr><td>탐색 반복하기</td><td>주변의 사물을 보고 만지고 빨기를 반복한다.</td><td colspan="2">관심 있는 사물을 반복하여 탐색한다.</td></tr>
<tr><td rowspan="5">과학적 탐구</td><td rowspan="2">주변의 사물 지각하기</td><td colspan="3">주변의 여러 가지 자극에 반응한다.</td></tr>
<tr><td></td><td colspan="2">보고 만지고 듣고 맛보는 등의 감각적 행위를 통하여 사물을 지각한다.</td></tr>
<tr><td rowspan="2">주변 생명체에 관심 가지기</td><td colspan="3">주변 환경의 움직이는 생명체를 지각한다.</td></tr>
<tr><td colspan="3">자신과 주변 사람의 신체 부분을 탐색한다.</td></tr>
<tr><td>자연현상 지각하기</td><td colspan="3">주변의 자연현상(바람, 해, 비, 눈 등)이 주는 시각적, 촉각적 자극을 느낀다.</td></tr>
</table>

의 '주변의 사물 지각하기' 내용은 1~3수준에 걸쳐 주변의 여러 가지 자극에 반응하는 것을 내용으로 하며, 2, 3수준에 걸쳐 보고 만지고 듣고 맛보는 등의 감각적 행위를 통하여 사물을 지각하는 것을 내용으로 한다.

(2) 2세 영아

2세 영아는 주변 사물과 환경에 대하여 호기심을 가지고 다양한 방법으로 탐색하며 일상생활 속에서 충분한 과학적 경험을 하는 것을 목표로, 〈표 2-3〉과 같은 내용체계로 보육과정을 구성할 수 있다.

'탐구적 태도'는 주변의 사물과 환경에 호기심 가지기, 반복적인 탐색 즐기기, 문제해결에 관심 가지기의 내용으로 구성되고, '과학적 탐구'는 물체와 물질의 특성 탐색하기, 주변 생명체의 외적 특성 알기, 자연현상 인식하기, 생활 속의 도구에 관심 가지기의 내용으로 구성된다. 예를 들어, 과학적 탐구의 '주변 생명체의 외적 특성 알기' 내용은 주변의 애완동물이나 작은

표 2-3 2세 영아의 수준별 보육과정 내용

<table>
<tr><th>내용범주</th><th>내 용</th><th>1수준</th><th>2수준</th></tr>
<tr><td rowspan="3">탐구적 태도</td><td>주변의 사물과 환경에 호기심 가지기</td><td colspan="2">주변의 여러 가지 사물과 현상에 대해 호기심을 가지고 궁금해한다.</td></tr>
<tr><td>반복적인 탐색 즐기기</td><td colspan="2">관심 있는 사물을 반복하여 탐색하기를 즐긴다.</td></tr>
<tr><td>문제해결에 관심 가지기</td><td colspan="2">주변 물건을 이용하여 다양한 방법으로 놀이한다.</td></tr>
<tr><td rowspan="8">과학적 탐구</td><td>물체와 물질의 특성 탐색하기</td><td colspan="2">물체와 물질에 대한 다양한 탐색을 적극적으로 시도한다.</td></tr>
<tr><td rowspan="4">주변 생명체의 외적 특성 알기</td><td>주변의 애완동물이나 작은 곤충 등의 특성을 지각한다.</td><td>익숙한 동물의 기본 특성(소리, 생김새, 움직임 등)을 변별한다.</td></tr>
<tr><td></td><td>주변 식물의 기본 특성(색깔, 생김새 등)에 관심을 가진다.</td></tr>
<tr><td colspan="2">자신의 신체 각 부분의 특성을 안다.</td></tr>
<tr><td colspan="2">주변 사람의 신체적 특징(목소리, 움직임 등)을 구분한다.</td></tr>
<tr><td>자연현상 인식하기</td><td colspan="2">다양한 자연현상(바람, 눈, 비, 낮, 밤 등)을 인식한다.</td></tr>
<tr><td rowspan="2">생활 속의 도구에 관심 가지기</td><td colspan="2">쌓고 넣고 끼우는 등의 조작 놀잇감을 사용한다.</td></tr>
<tr><td colspan="2">주변의 간단한 기계와 시설(TV, 녹음기 등의 스위치, 문의 손잡이 등)을 조작한다.</td></tr>
</table>

곤충 등의 특성을 지각하는 1수준에서 익숙한 동물의 기본 특성(소리, 생김새, 움직임 등)을 변별하는 2수준으로 연결된다.

(3) 3~5세 유아

3~5세 유아는 사물과 자연환경에 대해 지속적으로 탐구하려는 마음과 탐구과정을 즐기는 태도 및 기초탐구능력과 기초지식을 확장하는 것을 목표로, 〈표 2-4〉와 같은 내용체계로 보육과정을 구성할 수 있다.

'탐구적 태도'는 주변의 사물과 환경에 지속적으로 호기심 가지기, 탐구과정 즐기기, 기초 탐구기술 활용하기의 내용으로 구성되고, '과학적 탐구'는 물체와 물질의 기본 특성 알기, 생명체와 환경과의 관계 알기, 자연환경 이해하기, 도구와 기계 활용하기의 내용으로 구성된다. 예를 들어, 과학적 탐구의 '자연환경 이해하기' 내용은 하루에 낮과 밤이 있는 것을 아는 1수준에서, 낮과 밤의 차이점을 아는 2수준, 낮과 밤의 변화와 규칙성을 아는 3수준으로 연결된다.

표 2-4 3~5세 유아의 수준별 보육과정 내용

<table>
<tr><th>내용 범주</th><th>내 용</th><th>1수준</th><th>2수준</th><th>3수준</th></tr>
<tr><td rowspan="6">탐구적 태도</td><td rowspan="2">주변의 사물과 환경에 지속적으로 호기심 가지기</td><td colspan="3">관심 있는 사물과 현상에 대해 지속적으로 궁금해한다.</td></tr>
<tr><td></td><td colspan="2">궁금한 점이 무엇인지를 명료화한다.</td></tr>
<tr><td rowspan="3">탐구과정 즐기기</td><td colspan="3">궁금한 점에 대해 지속적으로 알아 가려는 태도를 가진다.</td></tr>
<tr><td>스스로 답을 찾는다.</td><td>스스로 답을 찾고 이를 적용해 본다.</td><td>자신의 답이 바뀔 수 있다는 태도를 갖는다.</td></tr>
<tr><td colspan="2"></td><td>여러 사람의 서로 다른 의견을 존중한다.</td></tr>
<tr><td>기초탐구기술 활용하기</td><td>궁금한 점을 알 수 있는 방법(관찰, 실험, 질문 등)을 찾는다.</td><td>자신이 찾은 방법을 실천한다.</td><td>나타난 결과를 모으고 해석한다.</td></tr>
<tr><td rowspan="3">과학적 탐구</td><td rowspan="3">물체와 물질의 기본 특성 알기</td><td colspan="3">여러 가지 물체와 물질의 기본 특성(색, 크기, 모양, 무게, 질감 등)을 다양한 방법으로 탐색한다.</td></tr>
<tr><td>주변의 여러 가지 물질의 상태를 관찰한다.</td><td colspan="2">주변의 여러 가지 물체와 물질의 상태를 비교한다.</td></tr>
<tr><td>물체와 물질의 변화에 관심을 가진다.</td><td colspan="2">물체와 물질을 변화시킬 수 있는 다양한 방법을 탐색한다.</td></tr>
</table>

<table>
<tr><td rowspan="16">과학적 탐구</td><td rowspan="2"></td><td>여러 가지 물체의 움직임을 관찰한다.</td><td colspan="2">물체의 여러 움직임을 비교한다.</td></tr>
<tr><td></td><td colspan="2">자신의 행위와 물체의 움직임의 관계를 안다.</td></tr>
<tr><td rowspan="4">생명체와 환경과의 관계 알기</td><td>주변의 동식물의 탄생과 성장에 관심을 가진다.</td><td colspan="2">관심 있는 동식물의 탄생, 성장, 죽음에 대하여 알아본다.</td></tr>
<tr><td colspan="2">주변 동식물의 기본 특성(소리, 움직임, 색깔, 생김새 등)에 관심을 가진다.</td><td>성장과정에서의 필수조건(영양, 호흡, 배설 등)을 알아본다.</td></tr>
<tr><td colspan="2">나의 출생과 성장에 대하여 관심을 가진다.</td><td>나의 출생과 성장에 대하여 알아본다.</td></tr>
<tr><td colspan="3">생명의 소중함을 알고 더불어 살려는 마음을 가진다.</td></tr>
<tr><td rowspan="7">자연환경 이해하기</td><td colspan="3">돌, 물, 흙 등 자연물의 특성을 비교한다.</td></tr>
<tr><td></td><td colspan="2">지구, 달, 해, 별 등에 관심을 가진다.</td></tr>
<tr><td>계절의 변화에 관심을 가진다.</td><td colspan="2">계절의 변화와 규칙성을 안다.</td></tr>
<tr><td>하루에는 낮과 밤이 있음을 안다.</td><td>낮과 밤의 차이점을 안다</td><td>낮과 밤의 변화와 규칙성을 안다.</td></tr>
<tr><td colspan="2">자신과 주변 환경과의 관계에 관심을 가진다.</td><td>우리가 살아가는 좋은 환경에 대해 안다.</td></tr>
<tr><td colspan="3">자연환경의 소중함을 알고 더불어 살려는 마음을 가진다.</td></tr>
<tr><td></td><td colspan="2">다시 쓸 수 있는 자원을 찾아보고 재활용한다.</td></tr>
<tr><td rowspan="3">도구와 기계 활용하기</td><td colspan="2">주변의 간단한 도구와 기계를 활용한다.</td><td>필요에 따라 새로운 도구를 만든다.</td></tr>
<tr><td colspan="3">주변의 여러 가지 물건(직목, 상자 등)을 조립한다.</td></tr>
<tr><td colspan="2">도구와 기계의 편리함에 관심을 가진다.</td><td>편리한 물건이 환경과 인간에게 해가 될 수 있음을 안다.</td></tr>
</table>

제 3 장

영유아 과학교육활동의 교수학습 방법

1. 영유아 과학교육활동의 교수학습 원리

영유아를 대상으로 과학교육활동을 계획하고 실행할 때에는 다음과 같은 교수학습 원리에 근거해야 한다.

첫째, 영유아 과학교육활동은 탐구활동으로 구성되어야 한다. 탐구를 위한 활동은 영유아가 능동적으로 주변 현상에 대해 생각하고 설명할 수 있도록 하며, 과학적 기술을 발달시킬 수 있는 적절한 기회로 작용할 수 있다. 특히 과학적 탐구활동은 주변 환경에 속해 있는 물체, 사건, 생명체에 대해 영유아가 스스로 질문하도록 격려하고 간단한 조사를 계획하고 실시하여 해답을 찾도록 돕는다. 뿐만 아니라 과학적 탐구활동은 자료를 수집하고 감각을 확장시킬 수 있는 도구를 사용하고, 설명을 타당하게 구성하기 위하여 그 자료를 사용하며, 조사에 대한 영유아의 설명과 의견을 다른 사람들과 교환하는 교수학습전략으로 장려될 수 있다.

둘째, 영유아 과학교육활동은 직접적이고 구체적인 활동으로 구성되어 영유아가 과학적 개념을 형성하도록 도와야 한다. 추상적 사고가 가능한 성인과 달리 영유아는 구체물을 조작하면서 능동적으로 자신의 과학적 지식을 구성하게 된다.

셋째, 영유아 과학교육활동은 문제해결을 중심으로 구성되어야 한다. 영유아 과학교육활동의 궁극적인 목적은 생활 속에서 부딪히는 문제를 과학적 탐구능력과 창의적 문제해결 능력을 사용하여 보다 효과적으로 해결하고자 하는 데 있다.

넷째, 영유아 과학교육활동은 영유아가 지니고 있는 기존 지식을 기초로 구성되어야 한다. 영유아는 문제 상황에 직면했을 때 자신이 알고 있는 지식을 먼저 적용하여 문제를 해결하려고 한다. 그 결과 영유아가 이미 알고 있는 개념과 관련된 활동을 통해 새로운 개념을 습득하고 기존의 이해를 확장시킬 수 있다.

2. 영유아 과학교육활동의 유형

영유아 과학교육활동은 이야기나누기활동, 조형활동, 탐구활동, 조작활동, 현장학습활동으로 진행될 수 있다. 여기서는 '자동차'를 주제로 2세 미만, 2세, 3~5세 수준에서의 영유아 과학교육활동을 활동 유형별로 살펴보고자 한다(〈표 3-1〉 참고).

이야기나누기활동으로 2세 미만 영아 수준에서는 여러 가지 탈것의 소리를 듣고 낱말 그림카드를 맞추는 활동을, 2세 영아 수준에서는 바퀴의 주인이 누구인지를 함께 이야기 나누는 활동을, 3~5세 유아 수준에서는 자동차의 바퀴가 왜 둥근지에 대한 토의 및 관찰지 기록 활동을 구성할 수 있다. 2세 미

표 3-1 교수학습유형에 따른 활동 내용(주제: 자동차)

유형	내용		
	2세 미만 영아	2세 영아	3~5세 유아
이야기 나누기	여러 가지 탈것의 소리 찾기	이 바퀴의 주인은 누구일까?	자동차의 바퀴는 왜 둥글까?
조형	자동차 그림 모자이크	우유팩으로 자동차 만들기	설계도에 따라 자동차 만들기
탐구	바퀴 없는 수레는 잘 굴러갈까?	무엇이 더 잘 굴러갈까?	무엇이 더 멀리 굴러갈까?
조작	자동차 퍼즐 맞추기	벽돌 옮기기	자동차 조립하기
현장학습	주차장 견학	버스정류장 견학	주유소 견학

만 영아의 활동은 미리 녹음한 자동차, 경운기, 자전거, 배, 비행기 등의 탈것의 소리를 듣고 관련 낱말 그림카드를 매치하는 활동이며, 2세 영아의 활동은 교실에 있는 자동차 장난감의 바퀴를 물감에 묻혀 표현한 그림카드를 가지고 실제 주인을 찾아보는 이야기나누기활동이다. 3~5세 유아의 활동은 〈돌돌이와 바퀴〉 큰그림동화를 들은 후 자동차의 바퀴가 둥근 이유를 소그룹으로 토의하여 그 결과를 기록지에 기록하여 발표해 보는 활동이다.

조형활동으로 2세 미만 영아 수준에서는 자동차 도안에 여러 색깔의 색종이를 찢어 붙이는 모자이크 활동을, 2세 영아 수준에서는 우유팩에 자동차를 표현하는 활동을, 3~5세 유아 수준에서는 자신이 표현하고자 하는 자동차를 설계도로 미리 그린 후 그에 따라 자동차로 표현하는 활동을 구성할 수 있다. 2세 미만 영아의 활동은 영아들이 희망하는 자동차 도안을 선택한 다음 그 도안에 여러 가지 색종이를 찢어 자유롭게 붙여서 표현하는 모자이크 활동이며, 2세 영아의 활동은 자신이 경험하거나 탐색한 자동차를 우유팩에 입체적으로 표현해 보는 활동이다. 3~5세 유아의 활동은 자신이 원하는 자동차의 구조 및 모양을 설계도로 그린 후 이에 적절한 재료와 크기 등으로 입체적으로 구성해 보는 조형활동이다.

탐구활동으로 2세 미만 영아 수준에서는 바퀴가 있는 수레와 바퀴가 없는 수레를 직접 끌어 보는 활동을, 2세 영아 수준에서는 동그라미, 세모, 네모 등 여러 가지 모양의 바퀴를 직접 굴려 보는 활동을, 3~5세 유아 수준에서는 경사도가 높을수록 자동차가 멀리 가는 것을 실험하는 활동을 구성할 수 있다. 2세 미만 영아의 활동은 바퀴가 있는 수레와 바퀴가 없는 수레를 직접 끌어 보며 바퀴의 유용성을 자신의 감각을 통해 알아보는 활동이며, 2세 영아의 활동은 짝과 함께 지점토로 만들어진 동그라미, 세모, 네모의 바퀴를 굴려 보고 어떤 바퀴가 잘 굴러가는지를 실험해 보는 활동이다. 3~5세 유아의 활동은 나무 블록의 높낮이를 달리하여 장난감 자동차를 굴려서 어떤 경우에 멀리 가는지를 실험한 후 그 거리를 측정하여 기록지에 기록하는 조사활동이다.

조작활동으로 2세 미만 영아 수준에서는 여러 가지 자동차 모양의 퍼즐을 맞추는 활동을, 2세 영아 수준에서는 바퀴 달린 수레에 벽돌을 실어 옮기는 활동을, 3~5세 유아 수준에서는 자동차 부품을 조립하는 활동을 할 수 있다. 2세 미만 영아의 활동은 여러 가지 자동차 모양의 퍼즐을 탐색한 후 같은 모양의 틈에 퍼즐을 끼우는 활동이며, 2세 영아의 활동은 레고 블록 등으로 만들어진 수레에 미니 벽돌을 실어 한 상자에서 다른 상자로 옮기는 조작활동이다. 3~5세 유아의 활동은 모형 미니카의 부품을 설계도에 따라 조립하여 완성품을 만들고 다시 분해해 보는 조작활동이다.

현장학습활동으로 2세 미만 영아 수준에서는 가까운 주차장을 견학하는 활동을, 2세 영아 수준에서는 가까운 버스 정류장을 견학하는 활동을, 3~5세 유아 수준에서는 지역사회에 위치한 주유소를 견학해 보는 활동을 구성할 수 있다. 2세 미만 영아의 활동은 주차장에 나가서 여러 종류의 자동차를 관찰하면서 자동차의 크기들을 비교하고 자동차의 바퀴 모양을 살펴보는 등의 활동이며, 2세 영아의 활동은 가까운 버스 정류장에 가서 버스의 생김새와 버스 정류장의 형태, 손님들이 버스를 타면서 행하는 행동 및 버스 노선도의 기능 등을 간접적으로 관찰하는 활동이다. 3~5세 유아의 활동은 주유소를 견학하기 전에 주인아저씨에게 질문할 것 목록 만들기, 견학 가서 질문하기, 견학

후에 알게 된 점 표상하기 등의 활동을 진행할 수 있다.

3. 영유아 과학교육활동의 교사지침

영유아 과학교육활동을 계획하고 운영할 때 교사가 알아야 할 영유아에 대한 발달 지식, 바람직한 물리적 환경 구성과 지도방법, 지도할 때의 유의점은 다음과 같다(여성가족부, 2007). 교사는 영유아 과학교육활동을 계획하고 운영할 때 교사지침의 내용을 숙지하여 환경 구성 및 영유아 지도 시 이를 반영하고 교사와 영유아 간 바람직한 상호작용이 이루어질 수 있도록 한다.

1) 2세 미만 영아

내용범주	지침
탐구적 태도	• 표정, 몸짓, 의성어와 의태어가 섞인 언어 표현을 써서 영아와 감각적, 조작적 경험을 공유한다. • 영아의 기질과 성향에 따라 조용하고 미세한 탐색을 주로 하는 영아도 있고, 반경이 크고 행동 강도가 높은 탐색을 즐기는 영아도 있다는 점을 고려한다. • 반복적으로 탐색하는 것은 지속적으로 탐구하는 태도를 갖게 하기 위한 기초요소로서 매우 중요하다는 것을 염두에 둔다. • 빨기를 이용한 탐색 욕구가 강한 시기이므로 영아가 작은 물건을 삼키거나 비위생적인 물건을 빨지 않도록 주변을 세심하게 정리한다.
과학적 탐구	• 일상생활에서 영아가 다양한 감각적 경험을 할 수 있도록 시각, 청각, 촉각, 후각, 미각(빨기) 등의 감각적 자극을 제공한다. • 영아도 움직이는 곤충이나 떨어지는 나뭇잎, 열매 등에 관심을 보이는 경우가 많다. 이때 세밀히 관찰할 수 있는 기회를 제공하여 생명체와 자연에 대한 관심을 갖도록 한다. • 산책할 수 있는 기회를 충분히 줌으로써 자연의 변화를 느끼고 즐길 수 있게 한다. • 비 소리, 바람 소리 등 자연의 소리를 직접 경험하게 하거나 녹음하여 들려준다.

2) 2세 영아

내용범주	지침
탐구적 태도	• 일상생활의 여러 가지 경험을 통하여 탐구심을 가질 수 있도록 다양한 사물과 현상을 탐색할 기회를 충분히 제공한다. • "이게 뭐야?"라는 질문에 성실하게 대답하여 영아의 호기심을 자극한다. • 관심을 다른 곳으로 돌리기보다는 한 가지에 지속적으로 관심을 가질 수 있도록 한다. • 영아가 관심을 가지는 문제에 대해 적극적으로 반응함으로써 호기심과 문제해결 의지를 북돋운다. • 영아에게 직접적으로 지식을 전달하려 하기보다는 사고 발달과 문제해결력 발달에 중점을 두고 지도한다.
과학적 탐구	• 자기 의지가 형성되는 시기로서 사물과 자연에 관해 특별히 흥미가 생기고 집중력이 발달하는 적기임을 고려한다. • 욕구가 다양해지고 대소근육의 움직임이 더욱 쉬워짐에 따라 호기심을 가지고 의도적인 탐구를 시작하는 시기임을 인식한다. • 영아가 여러 가지 물건과 재료로 시도하려는 의지를 가능한 한 격려하여, 탐구적 행동을 허용할 뿐 아니라 가치 있는 것으로 생각하도록 배려한다. • 탐색의 반경이 커지고 때때로 위험한 탐구를 시도할 수 있으므로 안전에 유의한다. • 다양한 사회적 상호작용을 시도하고 즐기기 시작하는 시기이므로 친구나 형들과 함께 탐구에 참여하도록 격려한다. • 물, 모래놀이 등으로 물체와 물질에 관심을 가지도록 배려한다. • 주변에서 동식물을 접할 수 있는 기회를 충분히 줌으로써 많은 생명체가 있음을 인식하게 한다. • 생활기기, 가구, 놀잇감 등 일상생활의 도구 탐색에 관심이 많아지므로 이를 적극 격려하고 여러 가지 도구를 활용해 볼 수 있도록 한다.

3) 3~5세 유아

내용범주	지 침
탐구적 태도	• 유아기에는 수학적, 과학적 지식보다 탐구적 태도가 중요시되어야 함을 이해한다. • 유아가 활동을 하는 과정에서 능동적이고 적극적인 태도를 가지고 참여할 수 있도록 지원한다. • 주제를 여러 가지로 바꾸기보다는 관심 있는 한 가지 주제를 지속적으로 탐구하도록 한다. • 수학, 과학 활동을 하는 과정에서 탐구심을 갖고 궁금한 점을 해결할 수 있도록 교육적으로 풍부한 자료와 충분한 시간을 제공한다. • 혼자서뿐 아니라 친구들과 함께 탐구하는 기회를 갖도록 한다. • 자신의 생각을 주장함과 동시에 다른 사람의 생각을 받아들이는 태도를 격려한다.
과학적 탐구	• 물체와 물질을 탐색하기 위해서는 충분한 시간이 필요하므로 교사가 선불리 개입하기보다는 기다려 주며 유아의 탐구 태도를 관찰한다. • 유아는 동시에 여러 가지 속성을 고려할 수 없으므로 탐구하고자 하는 하나의 속성으로 변인이 통제된 자료를 제시하여야 한다. • 유아는 자신이 직접 행위를 가하여 일어나는 변화에 관심을 많이 보이므로 다양한 변화를 만들어 볼 수 있는 기회를 준다. • 물체나 물질의 변화나 움직임에 시간이 많이 걸리는 활동보다는 유아의 눈앞에서 즉각적으로 변하거나 움직임이 일어나는 활동을 제공하는 것이 바람직하다. • 유아가 흔히 하는 "왜 그래요?"라는 질문은 인과적인 답보다는 어떻게 그러한 결과가 나타났는지에 대한 현상적, 지각적 수준의 답을 요구하는 경우가 대부분임을 염두에 두고 답변한다. • 과학적 소양이 높은 유아의 경우 간혹 깊이 있는 과학적 개념을 알고자 하는 경우가 있으므로, 이때에는 관련 책자나 인터넷을 활용하여 교사가 함께 알아보는 자세를 보인다. • 교사가 먼저 자연의 소중함을 인식해야 한다. • 단순히 동식물을 길러 보는 것에 머무르지 말고 생명체의 소중함을 인식하도록 이끈다. • 동식물을 기르는 경우에 교사가 잘 보살펴 주는 모범을 보이고 유아가 이를 따르도록 지도한다. • 낮과 밤이 있고, 날씨와 계절이 바뀌는 것과 같이 일상생활에서 변화하는 것들을 인지할 수 있도록 한다. • 자연현상에는 변화하면서도 규칙성이 있음을 이해하도록 한다. • 한 가지로 사용할 수 있는 놀잇감보다는 유아가 다양하게 바꾸어 볼 수 있는 자료와 물리적 환경을 준비한다.

제 4 장

영유아 과학교육의 평가

1. 영유아 과학교육 평가의 목적

교사는 과학교육을 실시하는 가운데 언제, 어떻게 평가를 할 수 있을까? 훌륭한 교사는 꾸준히, 그리고 비형식적으로 영유아를 평가하는데, 영유아의 작품을 확인하고 영유아의 대답에 귀 기울이며 영유아가 문제를 해결하는 데 도움을 주기 위해 늘 관찰하고 질문한다. 그렇다면 왜 평가를 하는 것일까? 능력 있는 교사는 자신의 교수를 계획하고 전달하며 상황에 맞게 조정하기 위해 평가를 실시한다. 즉, 평가는 교수에 대한 안내 또는 진단을 돕는 역할을 하는 것이다(Shaw & Blake, 1998). 평가란 중요한 과학학습을 도와주는 것이어야 하며, 학습자와 교사 모두에게 정보를 제공해야 한다. 평가는 교수에 있어서 통합적인 부분이 되어야 하며, 영유아에게 교수를 제공한 후 마지막에 시행되는 단계의 개념이 아니다. 즉, 평가는 영유아의 매일매일의 교수에 있어 한 부분이 됨으로써 영유아의 학습을 향상시킬 수 있어야 한다.

미국유아교육협회는 영유아의 과학적 능력과 발달과정에 대한 적절한 평가 절차에 대해 다음의 일곱 가지를 제안하였다(NAEYC, 1991). 첫째, 영유아 과학교육과정과 평가는 통합된 프로그램의 형태로 제시되어야 한다. 영유아 과학교육의 평가는 영유아 과학교육과정의 목적과 목표, 내용 그리고 교수학습 방법과 관계가 있어야 한다. 둘째, 영유아 과학교육의 평가내용은 언어, 정서, 인지 등 모든 영역에서의 영유아의 발달과 학습이며, 영유아의 성향, 감정 등도 함께 파악해야 한다. 셋째, 영유아 과학교육의 평가는 교실에서 실제로 이루어지는 자연스러운 과학활동에 근거해서 수행해야 한다. 검사나 고안된 활동보다는 실제 과학활동을 수행한 것을 바탕으로 평가가 이루어지는 것이 바람직하다. 넷째, 평가를 할 때에는 영유아를 정기적으로 오랫동안 지속해서 관찰하여야 한다. 이를 통해 과학활동을 하는 다양한 상황에 놓여 있는 영유아를 관찰하고 그 결과 다양한 정보를 수집할 수 있게 된다. 다섯째, 영유아가 가지고 있는 전반적인 강점과 과학활동의 과정 자체, 그리고 영유아가 할 수 있는 것을 평가의 내용으로 해야 한다. 영유아가 알지 못하는 것과 할 수 없는 것에 대해서는 강조하지 않는다. 여섯째, 평가는 영유아와 교사뿐만 아니라 부모, 지역사회를 모두 포함하는 협력과정이다. 교사뿐만 아니라 영유아와 부모도 영유아의 발달에 대해 평가할 수 있으며, 지역사회로부터 평가를 위한 다양한 자원을 지원받을 수 있다. 일곱째, 영유아 과학평가는 영유아의 다양성을 인식하고 영유아 간 학습방법의 차이와 속도차를 고려해서 이루어져야 한다.

2. 영유아 과학교육 평가의 방법

평가는 매일 진행되는 일상 속에서 통합적으로 이루어져야 한다. 평가는 교수활동을 방해하는 것이 아니라 교수활동의 한 부분이다. 평가는 형식적인 지필 평가에만 의존하는 것이 아니라, 다양한 자료에 대해서 통합적으로 이루어져야 한다. 교사의 관찰자료, 영유아의 작품, 면접 결과 등 특정 평가자료 한 가지만 가지고 내린 평가 결과는 신뢰할 수 있는 정보가 아니기 때문이다. 교사는 자유롭게 다양한 방법 중에 선택하거나 그 방법들을 혼합하여 사용할 수 있다. 여기서는 관찰, 면접, 검사, 포트폴리오와 같은 다양한 평가방법을 알아보고자 한다.

1) 관 찰

관찰은 영유아가 일상생활 속에서 어떻게 개념을 이해하는가를 알고자 할 때 사용할 수 있다. 관찰은 자연적, 비형식적, 비구조화된 활동을 하는 가운데 이루어질 수 있다. 교사는 영유아가 반드시 알아야 할 개념에 대해서 마음속에 기억하고 있어야 한다. 영유아의 활동에 개념이 반영되는 것을 볼 때마다 교사는 그 사건을 기록하고 보관해야 한다.

(1) 일화기록

관찰에는 다양한 형식이 있다. 일화기록은 영유아의 과학적 행동이나 대화, 그리고 과학적 행동이 일어난 맥락 등 눈에 띄는 행동이나 사건이 발생할 때 이를 순서대로 사실적으로 기록하는 방법이다. 이 방법은 영유아가 우연히 산출하는 과학적 행동이나 지식을 기록하는 데 가장 유용하다. 또한 교사가 관찰할 상황이나 환경을 미리 설정할 필요가 없으며, 일화를 관찰하고 중요하다고 생각되는 것은 언제든지 기록하면 된다. 일화기록은 영유아가 평소 가지고 있는 작업 습관이나 과학지식을 교사가 명확히 이해하도록 도와준다. 다만 객관적이며 사실적인 기록이 되어야 할 것이다.

[예시] 일화기록

일화기록

아동: 정○○(45개월) 관찰자: △△△교사

관찰일자 및 시간: 년 월 일 시 관찰장소: 미술영역

영유아의 일화를 관찰하여 기록하고 있는 교사의 모습

자유놀이시간에 ○○가 스케치북과 크레파스를 가지고 미술영역에 앉았다. ○○는 엄마, 아빠를 그리고 자신을 그렸다. 그런데 ○○ 옆에 실제로 존재하지 않는 동생을 그렸다. 동생을 그리는 ○○에게 누구를 그린 거냐고 교사가 묻자 "아기예요."라고 말했다. 어떤 아기냐고 교사가 묻자 "엄마 배 속에 아기가 들어 있었어요."라고 말했다(교사가 알기로는 ○○ 어머니가 현재 임신 중이 아니다.). 아기는 ○○ 그림보다 작게 그렸고, 엄마는 배가 강조되어 그려져 있었으며, 배 그림 가운데 동그라미를 뱅글뱅글 둘러서 그렸다. 아마도 엄마 배 속에 아기가 있는 것을 그린 것 같다. ○○는 그림을 그리면서 계속 이야기하였다. "○○가 애기였을 때 엄마 배 속에 있었는데, 엄마 아기 구멍으로 쑥~ 나왔어요. ○○가 네 살이었을 때는 작아서 문화센터 다녔는데, 지금은 다섯 살 형님이 되어 어린이집에 다녀요. 아기는 작아서 ○○처럼 어린이집에 다닐 수 없어요."라고 매우 자랑스럽게 말했다. "근데 지금은 다섯 살이라서 다섯 살짜리 옷이 많은데, 여섯 살짜리 옷이 없어요. 여섯 살 되면 여섯 살 옷 많이 있어야 해요."라고도 말했다.

평가: ○○는 엄마 배 속에서 아기가 태어난다는 사실과 자신이 아기보다 크기도 크고 할 수 있는 것이 많다는 점에 큰 성취감을 느꼈다. 같은 반에 동생이 있는 친구들이 많은데, 등하원 시간에 어머니들이 동생들을 함께 데려오면 ○○는 늘 동생들에게 다가가 말을 걸고 동생들의 행동을 흥미롭게 관찰하였었다. 아마도 출생과 성장에 대해 많은 관심과 흥미를 보이고 있는 것 같다.

(2) 체크리스트

체크리스트는 교사가 평가하고자 하는 영유아의 과학적 기술이나 태도에 관한 행동목록을 미리 준비하고, 그 행동이 나타나는지 여부를 관찰하여 '예/아니요'로 표기하는 방법이다. 체크리스트의 장점은 영유아의 과학 개념 수준이나 신체조작 능력과 같은 항목에 대해서 쉽게 관찰하여 표기할 수 있다는 데 있다. 그러나 제시되지 않은 항목에 대해서는 측정하기 어려운 단점이 있다. 체크리스트의 행동목록은 '자연을 보호한다'와 같이 포괄적이고 모호하여 관찰하기 어려운 문항보다는 '다시 쓸 수 있는 자원을 찾아보고 재활용한다' 등과 같이 관찰 가능한 구체적 행동이 묘사된 문항이 적합하다.

[예시] 체크리스트

	예	아니요	비고
• 돌, 물, 흙 등 자연물의 특성을 비교한다.	______	______	______
• 지구, 달, 해, 별 등에 관심을 가진다.	______	______	______
• 계절의 변화에 관심을 가진다.	______	______	______
• 낮과 밤의 차이점을 안다.	______	______	______
• 자신과 주변 환경의 관계에 관심을 가진다.	______	______	______
• 자연환경의 소중함을 알고 더불어 살려는 마음을 가진다.	______	______	______
• 다시 쓸 수 있는 자원을 찾아보고 재활용한다.	______	______	______

(3) 평정척도

체크리스트의 제한점을 보완하고 확장한 방법이 평정척도다. 평정척도는 체크리스트처럼 행동의 발생 여부를 표시하는 것을 넘어 행동의 발생 빈도나 질 등에 대해 알려 줄 수 있다. 즉, 평가하고자 하는 과학적 지식, 기술, 태도 등에 대한 행동목록들을 선정한 후 질적 특성이나 발생 빈도에 대한 척도에 따라 영유아를 관찰한 결과에 점수를 줄 수 있다.

[예시] 평정척도

	1. 전혀 아니다	2. 약간 아니다	3. 중간 정도	4. 약간 그렇다	5. 매우 그렇다
• 돌, 물, 흙 등 자연물의 특성을 비교한다.	1	2	3	4	5
• 지구, 달 , 해, 별 등에 관심을 가진다.	1	2	3	4	5
• 계절의 변화에 관심을 가진다.	1	2	3	4	5
• 낮과 밤의 차이점을 안다.	1	2	3	4	5
• 자신과 주변 환경의 관계에 관심을 가진다.	1	2	3	4	5
• 자연환경의 소중함을 알고 더불어 살려는 마음을 가진다.	1	2	3	4	5
• 다시 쓸 수 있는 자원을 찾아보고 재활용한다.	1	2	3	4	5

2) 면 접

관찰이 영유아의 자발적인 반응이 나올 때를 기다린다면, 영유아에게 직접적으로 질문하여 필요한 정보를 수집하는 데 요구되는 시간을 절약할 수 있는 방법도 있다. 면접은 이처럼 직접적인 방법으로 구체적인 정보를 얻는 데 활용된다. 여기서 말하는 직접적인 방법은 영유아의 사고과정이나 문제해결 전략, 추론하기를 알아보기 위해 질문을 하거나 대화를 하는 것을 말한다. 면접에서는 교사가 영유아에게 과제를 제시하고, 영유아가 그 문제를 풀고 해결하는 방법을 관찰하고 기록한다. 예를 들어, "왜 봄에 산불이 많이 날까?" "풀이 건조할 때와 촉촉할 때 중 언제 불이 잘 붙을까?" "봄에는 풀이 왜 건조할까?" 등의 질문으로 영유아의 다양한 사고 수준을 측정할 수 있으며, 그 결과는 관찰방법으로는 얻기 어려운 정보다. 교사는 "지금 네가 하고 있는 것을 나에게 말해 줄 수 있겠니?" "어느 부분에서 어려웠니? 나한테 설명해 줄 수 있겠니?" 등의 촉진질문을 통해 영유아의 사고를 촉진할 수 있다.

면접은 시간이 많이 걸리고 교사가 질문을 신중하게 선택해야 하는 어려움이 있다. 그러나 면접은 답의 옳고 그름보다 영유아가 어떻게 정답에 접근했는가 하는 과정이 더욱 중요하다는 관점에서 볼 때 가치 있는 정보를 제공하는 평가방법이다. 면접을 통해 교사는 영유아의 사고를 탐색할 수 있고, 영유아가 현재 하고 있는 행동에 대한 세부 정보도 수집할 수 있다. 또한 교사가 제시한 새로운 개념을 영유아가 잘 이해하였는지를 알아볼 수 있어 영유아의 사고 '과정'을 평가할 수 있다. 영유아가 평가의 내용을 이해하고 있는지 등 영유아에게 반응을 보이며 면접자의 태도를 융통성 있게 취할 수 있는 것도 장점이다. 또한 면접은 읽고 쓰는 능력이 부족한 영유아의 발달특성에 적합한 평가방법이다.

면접을 시작할 때는 영유아가 편안함을 느끼도록 하는 것이 중요하다. 성인의 관점에서 영유아의 대답의 옳고 그름을 판단할 것이 아니라 영유아의 대답 자체를 존중하고 수용해야 한다. 면접자는 고개 끄덕이기, 어깨 두드리기와 같은 제스처와 웃음을 통해 영유아가 잘하고 있다는 메시지를 전달해야 한다. 면접자가 사용하는 언어도 영유아가 이해할 수 있는 언어여야 한다. 만약 영유아가 모르는 낯선 성인이 면접을 할 때에는 반드시 면접 전에 영유아와 함께 시간을 보내는 것이 중요하다.

영유아 보육 · 교육현장에서 면접은 계획된 상황에서만 사용할 수 있는 것이 아니라 즉흥적 상황에서도 사용할 수 있다. 예를 들어, 교사는 영유아가 특정 과업을 끝맺지 못했다는 사실을 발견하고 즉석에서 영유아와 어떤 부분에서 어려움이 발생했는지에 대해 토론할 수 있다. 효과적인 과학교육을 위해서는 이와 같이 즉흥적인 상황에서 이루어지는 비형식적인 면접이 교실 일과의 일부분으로 포함되는 것이 바람직하다.

3) 표준화 검사

한국 웩슬러 유아지능검사(K-WIPPSI)나 카우프만 아동용 개별지능검사(K-ABC)와 같은 지능검사는 표준화 검사다. 표준화 검사란 객관적인 형식과 절차를 통해 행동특성을 측정하고, 구성한 항목별 측정값을 대규모의 표본조사를 통해서 측정한 값의 평균에 견주어 비교할 수 있도록 한 검사다(이순형 외, 2008). 따라서 과학과 관련된 표준화 검사를 사용하면 영유아에게 취약한 과학적 개념이 무엇인지, 영유아의 수준이 전국적으로 같은 연령의 다른 영유아들에 비교할 때 어느 정도인지를 알 수 있다.

검사 결과는 영유아의 과학 개념의 발달 수준에 대한 정보를 제공하는 진단 및 초기 판별의 목적으로 유용하게 사용될 수 있다. 그러나 교사들이 매일 이루어지는 교수계획에 대한 정보로 활용할 때에는 검사 결과를 신중하게 고려해야 한다. 일부 심각한 발달적 문제가 있는 아이들에 대한 진단전문가들의 검사 결과도 신중하게 판단되어야 한다. 즉, 검사 결과에 대한 판단은 반드시 관찰자료나 수행자료와 균형을 맞추어 이루어져야 한다(Shaw & Blake, 1998). 또한 영유아를 대상으로 하는 검사는 반드시 일대일로 진행되어야 하고, 종이와 연필을 사용한 지필 검사도구를 사용하는 것을 지양해야 한다. 그리고 사물을 지적하거나 재배열하는 것과 같은 동적인 대답, 언어적 대답, 구체적 사물이나 그림을 사용한 대답 등으로 반응을 평가하는 형식을 취해야 한다.

표준화 검사가 교육과정이나 목적에 맞지 않을 때, 그리고 표준화 검사를 사용할 수 없을 때에는 교사가 스스로 검사를 만들 수도 있다. 교사는 검사 주제 정하기, 검사 목적 정하기, 검사 설계하기, 검사 절차 정하기, 검사 결과 해석하기 과정을 따라 자체적으로 검사를 실시할 수 있다.

4) 포트폴리오

포트폴리오(portfolio)는 영유아가 무엇을 배웠는지, 어떻게 그 학습을 이루어 냈는지, 어떻게 생각하고 질문하고 분석하고 창조해 냈는지, 타인과의 지적 · 정서적 · 사회적 상호작용은 어떠했는지 등 영유아들의 학습과정 전반에 대한 기록을 말한다(이순형 외, 2007). 포트폴리오를 활용한 평가는 정보를 수집하고 종합하여 해석하는 총체적 평가방법으로, 1년 동안 각 영유아의 성

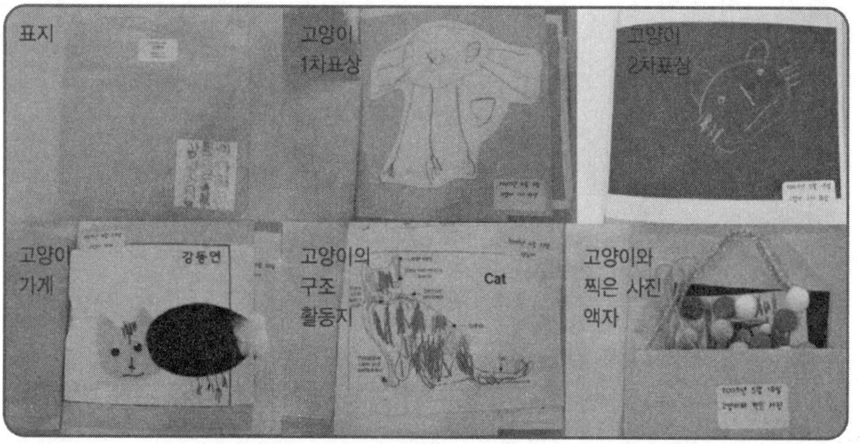

'고양이'를 주제로 활동한 기록물들을 수집한 포트폴리오의 표지와 내부

취나 진전, 발달을 보여 주는 작업 표본들을 수집하여 평가하는 것이다. 영유아가 완성한 그림이나 그래프, 쓰기, 과학과 관련된 작품과 사진 등을 포트폴리오에 끼워 둘 수 있으며, 교사는 이 작품들과 영유아의 노력에 대해 설명을 적으며 영유아의 과학 태도 및 진전을 평가할 수 있다.

포트폴리오 평가는 시간이 많이 소요되고 포트폴리오에 친숙하지 않은 교사에게는 부담스럽고 어려운 방법으로 인식될 수 있지만 많은 이점을 가진 평가다(Shaw & Blake, 1998). 포트폴리오는 영유아의 발달, 성장, 성취를 다양한 방법으로 보여 주고자 하는 것이기 때문에 영유아의 작품집이 될 수 있다. 이 안에서 영유아는 일정 간격을 두고 자신이 학습하고 있는 개념을 묘사하고 과학과 관련된 경험을 기술한다. 영유아는 포트폴리오에 들어간 자신의 작품에 대해 평가할 수 있으며, 포트폴리오에 들어갈 작품을 선정하는 과정에도 참여할 수 있다. 포트폴리오를 통해 영유아는 자신의 발달과정을 알 수 있고, 스스로 자신의 장점이나 약점 등을 인식할 수 있다. 교사도 영유아의 과거와 현재를 파악하여 영유아의 앞으로의 발전 방향을 미리 그려 볼 수 있다. 교사가 포트폴리오에 대해 영유아나 부모와 논의할 때 또는 영유아가 포트폴리오를 집으로 가져갈 때에는 생산적인 대화가 풍부하게 이루어질 수 있다. 영유아와 부모가 작품을 보면서 함께 이야기 나눌수록 부모는 영유아의 작품의 깊이나 창의성을 엿볼 수 있게 된다. "이 작품에 대해 말해 줄래?" "이것에 대해 어떻게 느끼니?"와 같은 개방형 질문을 함으로써 영유아가 자신이 학습하는 것에 대해 이야기하도록 이끌 수 있다.

포트폴리오 평가를 시작할 때에는 처음부터 너무 넓은 범위에서 시작하면 부담이 된다. 과학문제 해결, 미술작품, 쓰기와 같은 작은 규모의 작품들을 수집하는 것부터 포트폴리오를 시작할 수 있다. 다음은 포트폴리오 평가를 위해 활용할 수 있는 다양한 평가도구로, 한 가지 이상의 평가도구를 활용하여 해석을 한다.

✢ 영유아가 그리거나 만든 작품

- 영유아가 자신이 관찰한 것을 글로 쓰거나 교사가 받아써 준 것
- 영유아가 적극적으로 참석한 활동 사진
- 과학 자서전
- 다이어그램, 그래프 등의 기록자료
- 교사가 관찰한 기록
- 녹음테이프 또는 녹화테이프
- 영유아의 자기 평가
- 또래 평가
- 표준화된 검사 결과

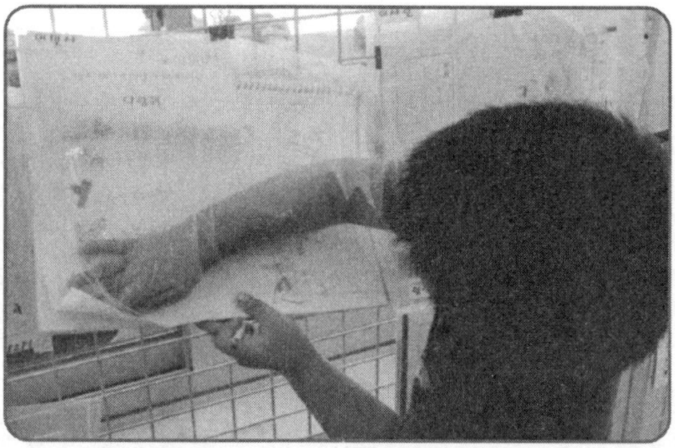

자신의 포트폴리오 속에 활동 결과물을 수집하고 있는 유아

포트폴리오 평가는 기존 평가들의 단점을 보완하는 평가방법으로 평가받고 있으며, 객관식 평가에 대한 반성으로 출현한 참평가로 인식되고 있다. 여기서 말하는 참평가는 영유아의 개념이 발달하고 있는 구체적인 환경을 존중하여 그 구체적인 맥락에서 평가가 이루어져야 한다는 주장으로부터 비롯되었다. 앞서 살펴본 표준화 검사와 비교했을 때 포트폴리오 평가는 시간의 경과에 따라 이루어지는 영유아 자신의 개인 내적 발달을 평가 대상으로 하고,

표 4-1 표준화 검사와 포트폴리오 평가의 비교

발달단계	연령	주요개념 발달
평가의 대상	영유아들 간의 개인차	영유아 자신의 개인 내 변화
평가의 초점	영유아가 무엇을 틀렸고 무엇이 부족한지에 초점	영유아가 무엇을 할 수 있는지에 초점
평가의 맥락	특정 기술이나 개념을 탈맥락적으로 측정	영유아가 생활하는 실제 맥락에서 정보를 수집하여 타당하게 평가
교수와 평가의 관계	교수와 평가가 분리	교수와 평가는 같은 과정

영유아의 장점에 초점을 두며, 영유아가 생활하는 맥락에서 정보를 수집하여 종합적으로 평가하는 방법이라는 점에서 보다 바람직한 평가로 인정받고 있다. 표준화 검사와 포트폴리오 평가를 비교해 보면 〈표 4-1〉과 같다.

그러나 최근까지도 포트폴리오 평가는 작품을 단지 수집하는 것으로 잘못 이해되고 있는 것 같다. 포트폴리오 평가는 포트폴리오에 포함될 작품들을 선정하고 평가하는 과정에서 교사뿐만 아니라 영유아 본인과 또래, 가족 등을 참여시키고 또 그 의견을 포함시킴으로써 앞으로 확장하여 이루어질 학습의 방향을 결정할 수 있다. 더 나아가 포트폴리오 평가는 앞에서 살펴본 관찰, 면접, 표준화 검사 등 다양한 평가방법을 모두 포함하는 포괄적인 평가 체계임을 명심해야 한다.

3. 영유아 과학교육 평가의 해석 및 활용

영유아의 과학 발달을 평가하는 데 활용되는 여러 가지 평가 결과는 체계적으로 분석될 때 의미 있는 자료가 될 수 있다. 영유아의 과학적 행동과 발달을 올바로 평가하는 것은 교사의 해석과 추론이 정확한지 여부에 달려 있다. 정확한 추론을 할 수 있기 위해서는 교사가 표준보육과정의 '자연탐구'와 유치원교육과정의 '탐구생활'의 목표와 내용에 대한 전문적인 지식을 갖고 있어야 한다. 더 나아가 영유아의 개인차를 인정하고 영유아만의 독특한 가치를 인식하여 영유아의 과학적 발달을 종합적으로 평가할 때 영유아의 과학적 발달에 대한 온전한 평가가 가능하다.

영유아 과학교육 평가자료를 활용할 때에는 여러 가지 다양한 평가자료를 수집하여 총괄적으로 평가하도록 주의해야 한다. 또한 인위적인 상황에서 영유아의 과학 발달을 측정하는 것보다는 자연스러운 일상생활에서 이루어지는 활동을 통해 영유아의 전반적인 발달 상황을 평가하는 것이 바람직하다.

영유아 과학교육 평가 결과들은 부모면담 시 활용할 수 있다. 부모에게 영유아의 과학 발달에 대한 정보를 제공할 때에는 서술적인 형식의 정보로 제공하는 것이 부모가 영유아의 전반적인 발달 상황을 이해하는 데 도움을 줄 수 있다. 또한 부모와 정규적으로 영유아의 과학적 성장과 발달에 대한 정보를 주고받는 것이 좋겠다. 영유아의 과학 발달에 대한 다양한 평가 결과들은 교사가 앞으로의 교수계획을 수립하는 데 기초자료가 된다. 또한 이 평가자료들은 현재 영유아에게 제공되고 있는 과학교육 프로그램의 효과를 파악하여 각 영유아의 과학적 발달에 적합한 프로그램을 계획하고 실행하는 데 도움이 된다.

제2부

주제탐구 표현활동

제 5 장

주제탐구표현활동의 특성

1. 주제탐구표현활동의 개요

주제탐구표현활동이란 '교사의 지도하에 한 명 또는 그 이상의 유아가 특정 주제에 대해 깊이 있게 연구하는 것' 으로 정의되는 프로젝트 접근법을 한국적으로 적용한 프로그램이다. 주제탐구표현활동은 유아 또는 교사에 의해 제안된 주제와 관련된 여러 질문에 대한 해답을 발견하고자 하는 의도적인 활동이다(이순형 외, 2000). 주제탐구표현활동은 아동중심 교육철학과 통합교육과정의 원리에 근거를 두고 있으며, 영유아는 자신이 가장 흥미를 가지고 있을 때 몰두하며 그때 가장 학습이 잘된다는 가정을 기초로 한다. 이처럼 주제탐구표현활동에서는 영유아가 관심을 가지는 주제를 스스로 탐구하고 표현하기에 보육 · 교육 프로그램 운영에 주도적으로 참여한다는 특징이 있다

(이순형 외, 2005). 이는 주제탐구표현활동의 목적이 교사에 의해 제시된 질문에 대한 해답을 단순히 찾는 것에 있는 것이 아니라 제안된 주제에 대해 보다 많은 것을 알고자 하는 데 있기 때문이다(이순형 외, 2000).

주제탐구표현활동은 탐구할 하나의 주제를 중심으로 여러 영역의 학습을 통합적으로 제공하여 영유아의 전인적인 발달을 도모한다는 점에서 그 의의를 갖는다. 또한 필요한 관련 지식과 정보를 구하기 위해 관찰, 토의, 추론, 기록하는 과정을 거치면서 영유아가 나름대로의 학습방법을 발달시킬 수 있다는 점에서도 의의가 있다. 활동 전 과정을 통해 교사와 영유아, 영유아와 영유아 간의 적극적인 사고의 교류와 상호작용을 강조하고, 가정과 지역사회와의 협조적 관계를 강조하는 점에서도 의의가 있다(이순형 외, 2000).

2. 주제탐구표현활동의 실시

주제탐구표현활동은 도입, 전개, 마무리의 3단계로 구성된다. 각 단계마다 중심 사건과 과정, 그리고 영유아의 활동내용이 다르며 이에 따라 교사의 주된 관심과 역할도 변화한다(이순형 외, 2000).

1) 도입단계

주제탐구표현활동의 첫 단계인 도입단계에서는 영유아의 흥미와 교사의 활동에 대한 교육적 가치 및 자원의 가용성에 따라 선택된 주제에 대해 서로의 사전 경험을 나눈다. 영유아는 각자 자신의 개인적인 경험을 회상하고 다른 영유아나 교사와 그 경험을 나누는 가운데 서로의 공통된 경험과 상이한 경험을 토의하고 비교한다. 그다음에는 영유아의 사전지식을 바탕으로 주제망을 구성하고, 더 알고 싶은 것에 대한 질문목록표를 작성한다. 이 단계에서 교사는 주제에 대한 영유아의 사전지식과 흥미를 파악하는 데 주된 관심을 둔다.

2) 전개단계

주제탐구표현활동의 전개단계에서는 탐구할 주제에 대해 본격적인 탐구 및 표현 활동이 이루어진다. 영유아는 주제에 대한 구체적인 정보를 직접 획득하기 위해 현장활동을 계획하고 실행하며 전문가가 기관에 직접 방문하기도 한다. 영유아는 현장활동을 통해 새로운 경험을 하고, 조사 · 관찰한 것을 표현하며, 기록하고 토의하고 실험하고 예측한다. 교사는 이 단계에서 영유아가 전문적 지식과 경험을 쌓을 것을 목표로 탐구의 기회를 제공하며, 영유아 개개인의 흥미와 학습 요구에 맞는 다양한 활동을 하는 데 관심을 둔다.

3) 마무리단계

마무리단계에서는 그동안 영유아가 경험한 여러 가지 활동과 과정을 평가하고, 성취한 활동 결과를 다른 사람들과 함께 나누는 종결행사를 가진다. 영유아는 이 과정에서 외부 사람들이 활동의 과정을 이해할 수 있도록 자신들이 성취한 것을 새로운 형태로 재구성한다. 교사는 마무리 행사의 가장 적합한 형태를 모색하며 영유아가 활동과정에서 획득한 지식을 개인화할 수 있는 데 주된 관심을 둔다.

3. 주제탐구표현활동의 구조적 특성

주제탐구표현활동 프로그램은 집단 토의, 현장활동, 표현, 조사, 전시의 다섯 가지 구조적 특성을 지닌다. 이러한 특성들은 주제탐구표현활동의 시작, 전개, 마무리 단계에서 각각 그 수준과 내용을 달리하여 영유아가 자신들의 다양한 흥미와 학습요구를 충족시키고 생산적인 활동에 몰두할 수 있도록 도와주는 기능을 한다(이순형 외, 2000).

1) 집단 토의

집단 토의는 관심 있는 주제에 대한 각자의 사전지식과 경험을 나누는 것에서부터 마무리단계의 전반적인 활동을 평가하는 것에 이르기까지 주제탐구표현활동의 전 과정에 걸쳐 활성화되어야 하는 중요한 특성이다.

2) 현장활동

영유아는 교실 외의 현장활동을 통해 탐구할 주제에 관한 지식과 정보를 직접 탐색하고 체험한다. 교실 외부의 장소, 사물, 사건, 사람에 대한 관찰 및 조사 경험은 영유아로 하여금 자신이 속한 세계에 대한 이해를 풍부히 할 뿐만 아니라 관련된 전문지식을 증진시킬 수 있는 효과적인 학습기회가 되기도 한다. 현장활동은 주로 활동의 전개단계에서 이루어진다.

3) 표 현

영유아는 개인적인 경험과 지식을 토대로 새롭게 획득한 정보를 언어, 그림, 도표, 신체 동작 등의 다양한 상징체계를 사용하여 조직적으로 정리하고 표현한다. 아직 표현능력의 발달과정 중에 있는 영유아에게 자신이 새롭게 획득한 정보를 다른 이들이 이해할 수 있도록 표현하여 제시하는 것은 상당히 도전적인 일이다. 이와 같은 도전적 활동은 영유아로 하여금 보다 정확하고 다양한 표현기법을 모색하게 하며, 궁극적으로는 새로운 지식 및 정보를 더 잘 이해할 수 있도록 노력하는 원동력이 된다.

4) 조 사

영유아는 주제를 탐구하는 과정에서 생긴 호기심이나 문제들을 해결하기 위해 다양한 자원과 방법을 동원하여 조사한다. 현장활동, 책, 실험 등을 통해 영유아 스스로 질문에 대한 해답을 구하는가 하면, 보다 발전되고 심화된 질문을 제기하고 고찰하기도 한다.

5) 전 시

영유아는 자신들이 활동한 내용들을 전시하면서 주제탐구표현활동의 진행 정도에 대해 알 수 있으며, 활동 결과물을 전시함으로써 새로이 습득한 지식 및 정보를 외부 사람들과 공유할 수 있다.

4. 주제탐구표현활동의 효과 및 의의

주제탐구표현활동 프로그램의 효과를 논의하면 다음과 같다(이영미, 2008).

첫째, 주제탐구표현활동에서 영유아는 주제에 관한 궁금증을 제기하며 문제를 해결하기 위해 직접 탐색하고 조사한다. 영유아는 자신의 자발적인 참여와 직접적인 경험, 환경과의 상호작용을 통해 지식과 정보를 획득한다. 자율적으로 활동에 참여하고 창의적 아이디어를 실험하는 과정에서 영유아는 주도적인 성향을 기를 수 있다.

둘째, 주제탐구표현활동에서 영유아는 관심을 가지고 있는 주제에 대해 독자적으로 또는 또래들과 함께 탐구하고 경험한 바를 표현하는 가운데 또래 간의 교환과 협력, 교사와의 상호작용 기회를 풍부하게 경험할 수 있다. 교사와 유아, 유아와 유아 간의 적극적인 사고의 교류와 상호작용이 이루어지는 것이다. 또한 가족이나 주변의 이웃, 다양한 타인과도 접촉하고 대화할 수 있다. 그 결과 주제탐구표현활동을 통해 부모를 비롯하여 지역사회와의 긴밀한 협조적 관계가 형성된다. 이렇게 다양한 대상과 접촉하고 관계를 맺는 경험은 차이와 다양성을 체험할 기회가 되어 영유아로 하여금 민주적 절차를 경험할 수 있도록 해 준다.

셋째, 주제탐구표현활동은 다양한 통합이 자연스럽게 이루어지므로 영유아의 전인적 발달이라는 표준보육과정 및 유아교육과정의 목적을 구현할 수 있다. 특히 주제탐구표현활동에서 이루어지는 활동들은 각 영유아의 호기심을 바탕으로 자연스럽게 연결되므로 각 영유아의 경험과 요구가 교육내용과 통합될 수 있고 다양한 활동의 통합이 가능하다.

넷째, 주제탐구표현활동 과정에서 영유아는 호기심과 궁금증을 해결하기 위하여 활동에 몰입하여 조사하고 실험하며 표상한다. 이 과정에서 영유아는 충분히 정보를 탐색하고 조직화하고 능동적인 학습자가 되며 나름의 학습양식을 발달시킨다. 또한 주제를 탐구하는 과정에서 다양한 표현활동, 즉 그리기, 만들기, 쓰기, 읽기, 극놀이 등을 통해 자연스럽게 다양한 표상기술을 발달시킨다. 결국 영유아의 학습이 기존 경험과 지식에서 출발한다는 점에서 주제탐구표현활동은 영유아의 학습양식에 잘 부합하는 접근법이 된다.

다섯째, 주제탐구표현활동은 영유아가 독립적으로 활동할 수 있도록 격려하고 내적 동기유발을 중시하며 영유아를 유능한 존재로 여긴다. 유능감과 긍정적 자기지각은 능동적 참여에도 중요한 요소다. 따라서 주제탐구표현활동은 장기적으로 영유아의 자신감과 자존감을 발달시키며 성취감을 높인다.

제3부 영역별 과학교육활동의 실제

제 6 장

물체와 물질

1. '물' 주제탐구표현활동(만 2, 3세반)

1) 사전준비

[주제선정 배경]

어린이집 공터에 수영장을 설치하고 물놀이를 시작한 이후 영아들이 부쩍 물에 대한 이야기를 많이 하고 특히 물놀이에 대한 흥미가 높았다. 또 휴가 기간 동안 부모님과 함께 바다와 계곡으로 여행을 다녀온 경험과 장마 기간의 경험을 통해 물과 비에 대한 관심이 높아졌다. 따라서 자연스럽게 주제를 '물'로 정하고 활동을 전개해 가면서 영아들의 관심사와 흥미에 따라 활동을 확장하였다.

[중심 개념]

- ✎ 물을 가지고 신나게 놀 수 있다.
- ✎ 물고기를 관찰하고 움직임을 표현할 수 있다.
- ✎ 바다에 관심을 가진다.
- ✎ 비가 오는 현상을 관찰한다.

[자원목록 및 환경구성]

'물'에 관한 여러 자료를 준비하여 영아들이 지속해서 '물'에 대한 홍미와 활동을 유지할 수 있도록 하였다.

표 6-1 '물' 주제탐구표현활동 자원목록

유형	자원목록
도서	•『무지개 물고기』(시공주니어) •『붉은 가시고기』 •『노란 우산』(재미마주) •『헤엄치기는 즐거워』(베이비월드) •『꼬마 돛단배 빨람이』(한국 프뢰벨 주식회사) •『비 오는 날』(프뢰벨) •『채소들의 뱃놀이』(한국 몬테소리) •『물개처럼 헤엄쳐요』(한국 프뢰벨 주식회사) •『바닷속에 사는 동물 얘들아 뭐하니』(보리) •『빨간 물고기 홍이』(한국 프뢰벨 주식회사) •『싹싹 이닦기 놀이』(웅진) •『산책을 해요』(한린 출판사)
수조작 교구	• 물고기 퍼즐
그림/사진	• 물고기 관련 그림과 실물 사진 게시
관련 영상물	• 물고기의 세계, 키디 사이언스 물고기 비디오

2) 도 입

밀가루풀 그림으로 바다 꾸미기

밀가루풀에 파란 물감과 물을 섞어 만든 걸쭉한 용액을 투명한 아세테이트지 위에 마음껏 두 손으로 문질러 보는 활동, 협동작품으로 준비했다. 영아들은 밀가루풀의 촉감을 자유롭게 느끼는 것을 좋아했다. 영아들은 큰 바다를 만들 거라고 하거나, 물장구를 치듯 손바닥으로 첨벙거리며 "물이다~"라고 말하기도 하였다. 밀가루풀을 만지며 미끄럽고 차갑다고 말하는 영아들도 있었다.

밀가루풀 그림이 완성된 다음 영아들은 파란색의 질감이 느껴지는 작품을 보면서 '큰 바다' 라는 제목을 붙여 주었다. 교실에 있던 돌고래 모양의 풍선과 함께 교실에 전시해 두어 큰 바다를 표현해 보았다. 영아들은 완성된 그림을 보면서 그림에서 느껴지는 질감이 독특했는지 계속 만져 보고 싶어 해서 그림을 만져 볼 수 있도록 전시하였다.

영아들과 교사는 우리가 만든 이 바다를 보면서 바다에 다녀온 경험과 돌고래와 바다의 관계에 대한 생각을 이후에도 계속 나눌 수 있었다.

영아 1: 돌고래는 바다에 살지?
영아 2: 아니야, 상어야.
영아 1: 아니야, 돌고래도야.
영아 2: 상어랑 돌고래랑?
영아 1: (고개를 끄덕인다.)

물놀이

영아들의 물에 대한 대략적인 관심을 파악하고 흥미를 유도하는 활동으로 물놀이를 하였다. 수영복을 입고 물놀이를 하면서 영아들은 물을 온몸으로 경험했다. 이때 특별한 물놀이 장난감은 제공하지 않았고 서로에게 물 튀기기, 물속에 몸 담그기로 진행되었다.

물놀이를 하고 있는 영아들

영아들은 물놀이를 할 당시보다 물놀이를 하고 나서 물에 대한 많은 대화를 하였다. 특히 수영복을 벗고 옷으로 갈아입는 시간에 교사와 일대일로 대화를 나눌 수 있었다.

영아: 나 엄마랑 아빠랑 바닷가에서 튜브 끼고 놀았다요(놀았어요).
교사: 그래 재미있었겠구나. 튜브 끼니까 어땠어?

영아: 튜브 끼면 수영할 수 있어요. 튜브 안 끼면 못해요.
교사: 튜브 끼면 물에 둥둥 뜨는구나.
영아: 그런데 안경 끼면 눈에 물 안 들어가요.
교사: 안경도 끼고 수영했구나.
영아: 네. 엄마가 이마트에서 사줬어요. 어린이집에는 안 가지고 왔어요.
수영할 때에는 수영복 입고 모자 쓰고 해야 돼요.
모자 안 쓰면 머리 다 젖지요?

동화 듣기 - 〈노란 우산〉

그림책을 보면서 이야기를 나누는 것은 이전 경험을 연상하게 하는 촉매가 되어 교사가 영아들이 가지고 있는 생각과 호기심을 파악하는 데 도움이 되었다. 〈노란 우산〉 동화는 이전부터 비 오는 날마다 노래를 들으며 함께 보았었다. 영아들은 우산을 보면서 "저기 친구가 왔어요."라고 이야기를 만들기도 하고 자신이 우산을 쓰고 어린이집에 온 경험을 이야기하기도 했다. 영아들은 〈노란 우산〉 그림책 중 비 오는 날에 우산이 놀이터를 지나가는 그림을 보고 "비 오는 날에는 우산 쓰고 가야지요?" "비 올 때는 놀이터에서 놀면 안 되지요?"라고 이야기하였다.

'물'에 대한 사전경험 그림으로 표현하기

영아들과 여름휴가를 보낸 경험을 이야기 나눈 후 각자 그림으로 표현했다. 영아들의 발달특성상 구체적인 형태가 나타나지는 않았지만 그림을 보면서 이야기를 나누면 더 자세하고 구체적인 이야기를 나눌 수 있었다. 복도에 전시해 둔 자신의 그림을 보면서 영아들은 이 그림에 관한 경험을 자주 이야기했다.

영아 1: 나 저기 가 봤는데. 바다. 할머니집에서.
영아 2: 나도 엄마랑 같이 갔어.
영아 3: 나도야. 아빠가 물고기 잡았다.
영아 4: 선생님, 나는 엄마랑 아빠랑 언니랑 같이 수영장 갔어요.
교 사: 바다에 가서 뭐 봤지?
영아 2: 조개껍질이요.
영아 1: 나는 꽃게 잡았는데.
영아 5: 나는 꽃게 무워서(무서워).
영아 6: 나는 튜브 끼고 수영하는데 저기 멀리서 갈매기가 있더라.

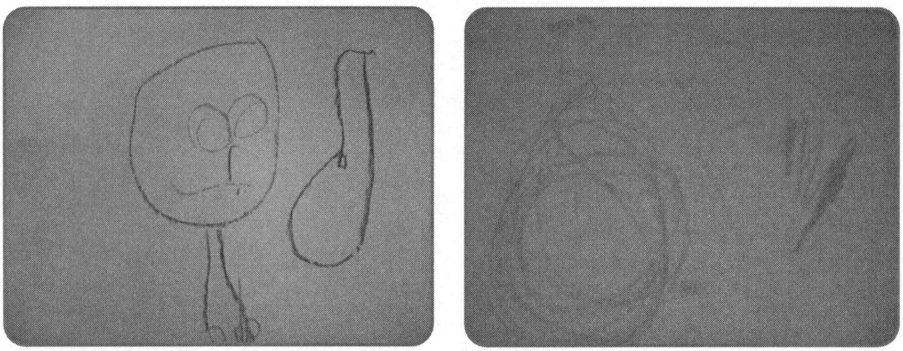

영아들이 그린 '물' 사전 경험

바다와 물고기 사진 보며 이야기 나누기

인터넷에서 바다 동영상을 보면서 영아들은 파도소리를 흉내 내기도 하고, 바다에 가 본 경험을 자유롭게 이야기했다. 동영상 자료를 본 이후에 영아들은 파도소리를 내며 보자기를 흔드는 놀이를 하기 시작했다.

물고기 사진을 제시하여 대집단으로 이야기를 나누었다. 그림자료를 벽에 걸어 두어 이후에도 물고기에 관한 이야기를 나누고 호기심을 모으는 자료로 사용했다. 이야기를 나누는 과정에서 친숙한 물고기인 멸치와 오징어를 먹어 본 경험이 많이 나왔다.

영아 1: 나는 오징어 좋아해요.
영아 2: 엄마가 나 멸치 줬어요.
영아 3: 멸치는 물고기 아니야.
영아 4: 아니야, 멸치 물고기야. (교사를 바라보며) 그치요?
교 사: 멸치는 바다에서 사는 물고기지. 멸치는 작은 물고기야.
영아 4: 멸치도 물고기지요?
교 사: 그럼. 멸치처럼 작은 물고기도 있고…… 큰 물고기도 있지.
영아 1: 상어는 이만큼 커요.

또 영아들은 물고기에 있는 까만 점을 보면서 자기 몸에 있는 점을 찾아보고, 물고기의 색깔과 자기가 입은 옷 중에 같은 색을 찾아보면서 물고기를 더 자세하게 관찰하게 되었다.

교 사: 물고기는 여기 점이 있네……. 선생님도 여기 점 있는데…….
영아 1: 우리 아빠는 여기 점 있어요.
영아 2: 나도 여기 점 있어요.
영아 3: (검정색을 보여 주고 물고기의 점을 가리키며) 선생님 여기 색깔 똑같아요.
영아 4: 여기 물고기는 점 없는데.
영아 5: (물고기의 줄무늬를 가리키며) 이 물고기는 점은 없고 색깔만 있어요. 히히.

카프라로 자유롭게 만들기

카프라로 자유롭게 만들기 시간에 영아들이 물고기집을 만들어 주었다.

영아 1: 선생님 물고기집이에요.
교　사: 우와. 물고기집 만들었구나. 이야. 물고기가 좋아하겠다.
영아 2: 어디 물고기집이에요?
영아 1: 애기 물고기는 집에 있어요. 엄마 물고기는 회사 갔어요.
교　사: 그럼 애기 물고기는 뭐하고 놀아?
영아 1: 음…… 장난감 가지고 놀아요.
영아 2: 아닌데, 물고기는 수영하고 노는데.
영아 1: 아! 이렇게 물장난하고 놀아요.

카프라로 물고기집을 만들고 있는 영아들

주제망 구성

영아들이 스스로 주제망을 구성하기에는 아직 인지 · 언어 발달 수준이 충분하지 않아, 영아의 관심사를 교사가 그때그때 수집하는 방법을 사용했다. 영아들은 눈앞에 보이는 것에만 관심을 갖고 친구가 한 말을 그대로 따라하는 경향이 있어 영아들이 하는 말이 비슷하게 반복되므로, 모아 놓은 단어로 주제망을 짜는 것에도 한계가 있다. 뿐만 아니라 영아들이 글자를 모르기 때문에 그림으로 주제망을 그린다 해도 논리적인 흐름을 이해하기 힘들어한다. 질문목록 역시 영아들에게 물어보기보다 영아들이 활동 중에 호기심을 가지고 관찰하거나 제시하는 질문에 반응하며 주제탐구표현활동을 진행하는 것이 더욱 유의미할 것이다. 교사가 도입단계에서 파악한 영아들의 흥미를 주제망으로 구성해 본 결과는 다음과 같다.

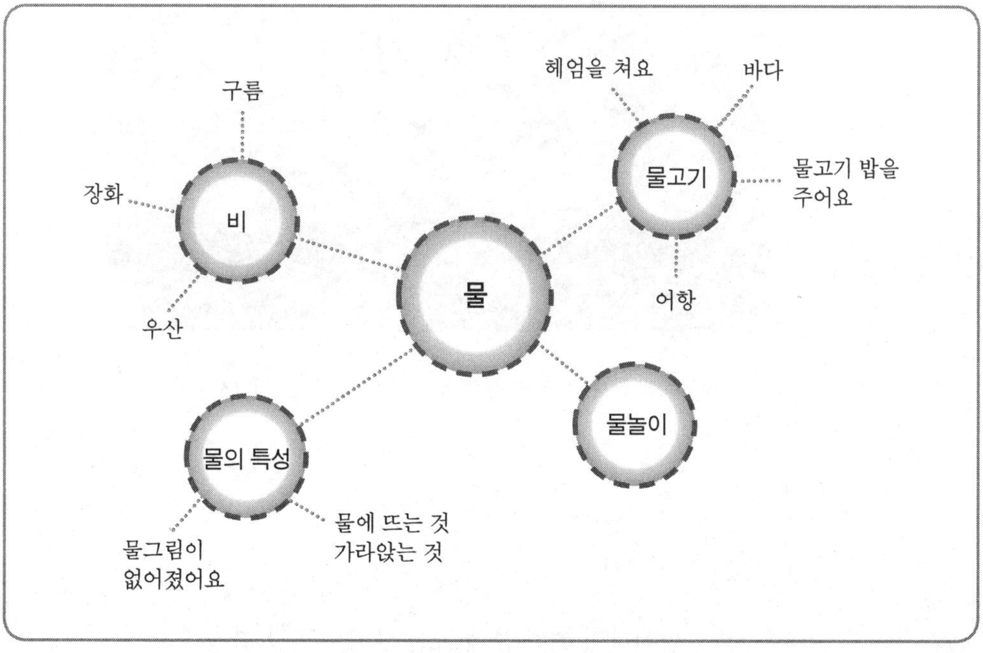

[그림 6-1] 교사가 영아의 관심을 파악해서 작성해 본 '물' 주제망

3) 전 개

[물]

비가 올 것 같은 날씨를 관찰하며 산책 가기

비가 올 것 같은 날씨였지만 영아들과 함께 산책을 나섰고, 예상처럼 하늘에서 빗방울이 한두 방울씩 떨어졌다. 빗방울이 얼굴에 떨어지자 영아들은 놀라면서도 시원한 듯 "와! 비 온다. 신난다."라며 재미있어하였다.

빗방울을 맞으며 비가 오는 날씨를 경험하고 있는 영아들

물그림 그리기

물의 특성을 탐색하기 위해 붓에 물을 묻혀서 파란 한지에 그림을 그린 후 헤어드라이기로 말려 보았다.

영아 1: 뱀 없다.
영아 2: 도깨비가 잡아먹었나 봐요.
영아 3: 아냐. 없어졌어.
영아 4: 날아갔어요.
교　사: 어? 어디에 갔을까?

영아들이 물이 사라진 현상에 큰 흥미를 보여서 '물그림은 어디로 갔을까?' 라는 궁금증을 해결하기 위해 물그림을 그리러 도배붓과 물통을 들고 밖으로 나갔다. 붓에 물을 묻혀서 벽에 맘껏 그림을 그렸다. 평소의 작은 도화지가 아닌 커다란 도화지인 어린이집 담벼락에 돌아가며 신나게 아주 크고 길고 멋진 그림을 그렸다.

교사: ○○이 물장난했네. 옷이 다 젖었다.
영아: 괜찮아요. 조금 있으면 다 말라요.

물에 뜰까 가라앉을까?

영아들은 교사의 눈을 피해 세면대에 물을 받아 놓고 교실에서 사용하는 가위나 장난감, 구슬들을 넣어 보며 놀곤 하였다. 교사가 보기엔 물장난일 수 있지만 영아들에게는 물에 물건을 넣어 보고 상태를 관찰해 보는 자발적인 실험활동이라고 생각되었다. 영아들의 궁금증을 해결하기 위해서 수조에 교실 물건들을 넣어 보면서 "이 물건을 물에 넣으면 어떻게 될까요?" 라는 질문을 해 보았다.

"이걸 물에 넣으면 물 밑에 있을까요? 위에 있을까요?" 라는 질문으로 결과를 예측해 본 후에 직접 물에 넣어서 실험해 보았다. 물건들은 나무블록, 큰 플라스틱 구슬, 풀, 크레파스 등이다. 그리고 활동지에 물을 그린 후 물을 기준으로 물건이 떴는지 가라앉았는지를 물건과 같은 색의 크레파스로 표시하였다. 과학실험에서 큰 플라스틱 구슬과 큰 나무블록이 물에 가라앉을 거라고 예상했는데, 나무블록만 물에 뜨자 무척 신기해했다.

활동지에 표상하는 데에는 영아들의 발달 차이가 많이 드러났다. 물에 가라앉았던 물건들은 아래에 잘 표시하고 뜬 것은 위에 잘 표시한 영아들이 있었던 반면, 실험 결과를 표상하기보다 실험도구들을 그리는 데 그치는 영아들도 있었다. 활동지를 교실 밖에 전시해 두고 등하원 시 부모님들과 실험에 대해서 이야기 나누도록 유도하고, 교사도 활동지를 보며 실험에 대해서 영아들과 이야기를 나누었다.

물에 뜨는 물건과 가라앉는 물건을 알아본 실험 결과를 그린 활동지

페트병 분수

양치질을 할 때면 물을 입에 한가득 머금고 있다 거울을 향해 힘차게 뿜어 내며 돌고래라고 즐거워하는 영아들을 볼 수 있었다. 교사가 페트병으로 돌고래처럼 물을 뿜을 수 있다고 하자, 나도 해 달라며 그 모습을 궁금해하였다. 페트병에 송곳으로 구멍을 뚫은 후에 물을 채워서 구멍으로 물이 빠져나가는 모습을 관찰하였다.

예전에 영아들은 물놀이를 할 때 페트병을 한 개씩 들고 놀았는데, 물을 페트병에 담아서 물이 뿜어져 나오는 것을 관찰했었다. 그리고 페트병에 물을 담은 후 입구에 바람을 불어서 물이 세게 나오도록 할 수 있다는 것을 시행착오 끝에 스스로 발견하고는 바람을 세게 불었다 작게 불었다 하면서 물을 신나게 뿜어 대기도 했었다. 오늘 활동에서는 물놀이에 소극적이던 영아들도 신나게 페트병 분수놀이에 참여하였다.

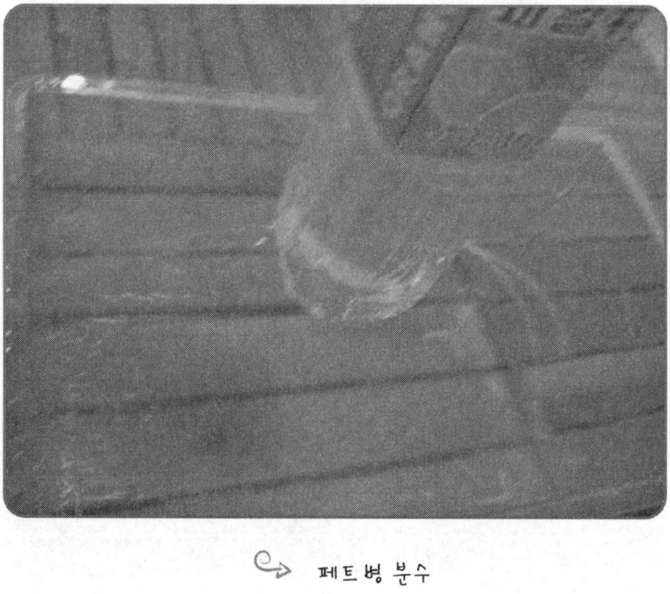

페트병 분수

물총놀이와 비눗방울놀이

영아들은 수영복을 입고 물놀이터에서 물총놀이를 하였다. 물총을 들고 친구들에게 물을 힘껏 뿜으며, 또 물을 맞고 도망다니며 신나게 물총놀이를 했다. 비눗방울놀이도 하면서 '물'에 대한 흥미가 확장되어 주제탐구표현활동의 활력소가 되었다.

물총놀이를 하고 있는 영아들

비눗방울놀이를 하고 있는 영아들

'수족관' 감상하며 신체표현하기

동물의 사육제 중 '수족관'을 감상하며 신체표현하는 시간을 가졌다. 음악에 맞춰서 물고기 가면을 쓰고 바닷속을 헤엄치는 물고기의 모습을 맘껏 표현하였다. 영아들은 물고기가 되었다며 신나서 이야기를 하였다.

[물고기]

물에 대한 전반적인 관심이 여름휴가 때 바다에서 물고기를 잡았던 경험을 하게 되면서 '물고기'로 이어졌다.

영아: 바닷가 할머니 집에 갔었어요.
교사: 좋았겠다. 할머니 댁에서 뭐하며 지냈어요?
영아: 아빠랑 바다에서 낚시했어요.
교사: 우와! 대단한걸. 물고기도 잡았어요?
영아: 물고기 잡아서 먹었어요.

파도와 갈매기 소리 듣기

휴가를 지내고 온 영아들이 "선생님 나 바다에 갔다왔었어요." "바닷가 할머니 집에 갔었어요."라고 이야기하는 것을 자주 들을 수 있었다. 또 〈참 재미있었지〉 노래를 들으며 바다에 대해 궁금해하는 영아들이 많아서 파도소리와 갈매기 소리를 들어보았다. 소리에 민감한 발달시기라 시각적인 자료가 없어도 조용한 가운데 유심히 소리를 들었다.

망사 흔들며 파도 표현하기

파도 소리를 들으면서 초록색 그물을 모두 함께 잡고 흔들며 출렁이는 파도를 표현하였다. 망사를 천천히, 다시 좀 더 세게, 아주 세게 흔들며 파도를 표현하였다. 망사를 한참을 흔들다가 한두 명씩 망사 안으로 들어갔다. 교사와 몇몇 친구들이 망사를 흔들어 주고, 가운데 있는 영아들은 자연스럽게 바닷속에서 헤엄치는 흉내를 내어 보았다. 헤엄치는 영아들은 신이 나서 소리를 지르며 파도와 헤엄치는 것을 맘껏 표현해 보았다.

물고기 키우기

어항에서 헤엄치는 물고기들을 관찰하고 있는 영아들

영아들이 물고기에 대해서 많은 흥미를 나타내어 교실에 어항을 설치하고 물고기를 키우기로 하였다. 어항 바닥에 돌을 깔고, 플라스틱 물풀도 놓고, 측면 여과기를 설치한 후 금붕어 15마리 정도를 사서 어항에 넣어 주었다. 물고기가 생기자 영아들은 틈틈이 물고기가 헤엄치는 것을 구경하고, 또 아침에 등원했을 때와 점심을 먹고 교실로 왔을 때 물고기에게도 밥을 주어야 한다며 스스로 물고기 밥을 챙겨 주었다.

OHP로 비춰 보며 물고기의 움직임 표현하기

코팅지에 물고기를 매직으로 그린 후에 OHP에 올려 놓고 벽에 비춰진 자신의 물고기를 감상하였다. 그리고 자유놀이시간에 OHP를 그대로 비치해 두었더니 서너 명이 OHP에 자신이 만든 물고기를 올려 놓고 조금씩 움직여 가면서 이야기를 꾸미는 것을 볼 수 있었다.

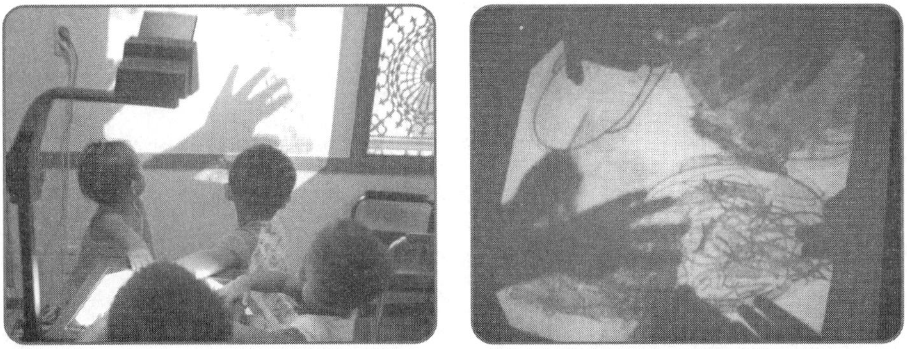

OHP에 물고기 그림을 올려 놓고 놀이하는 영아들

영아 1: 난 빨간 물고기예요.
영아 2: 나 되게 커요.
영아 3: 내가 잡아먹겠다.
영아 4: 난 아가 물고기예요.
영아 5: 아가 물고기야 이리 와. 엄마랑 저기 가자.

지퍼백을 이용해 작은 바다 꾸미기

영아들은 물고기를 좋아하는데 어항 속 물고기와 함께 놀 수 없는 것을 아쉬워하였다. 꺼내서 만져 보고 싶은 마음에 어항 속에 손을 넣는 일도 있었다. 그래서 영아들과 가지고 놀 수 있는 작은 어항을 만들기로 하였다. 물고기 그림을 코팅하여 매직으로 색칠하여 꾸미고, 지퍼백에 파란색 물감을 탄 물을 넣고 그 안에 물고기를 넣어서 지퍼를 닫으면 멋진 나만의 바다가 완성된다. 영아들은 지퍼백을 흔들며 물의 출렁임과 물고기들의 움직임을 관찰하며 즐거워하였다.

지퍼백 어항을 가지고 놀다가 낮잠을 자고 일어났는데, 물고기를 칠했던 매직이 물에 녹아서 물의 색이 매직 색깔에 따라 조금씩 달라져 있었다. 영아들은 물고기가 물의 색을 바꿔 놓았다며 무척 신기해하였다.

영아 1: 어! 물이 바뀌었어요.
영아 2: 나도. 초록색이네.
영아 3: 물고기가 물감을 먹어서 그래.
영아 4: 아냐. 물고기가 똥 쌌어.

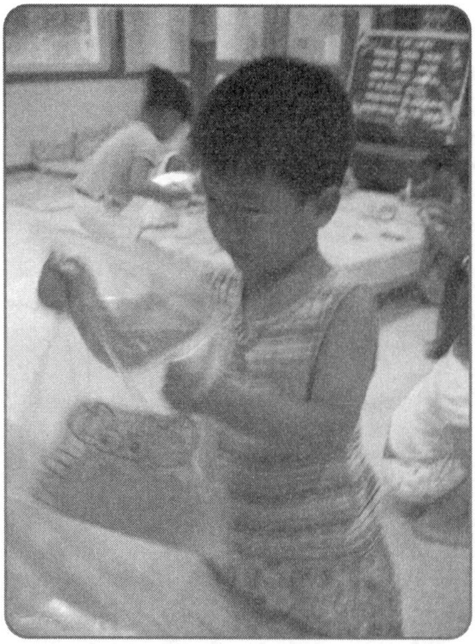

지퍼백으로 표현한 바다를 가지고 놀이하는 영아

4) 마무리

종결행사: 물고기가 되어 보아요

'물' 에 대한 주제탐구표현활동을 하면서 영아들의 흥미가 물 자체에 대한 것에서 물고기로 자연스럽게 이어졌다. 영아들이 평소에 신체표현에 소극적이어서 이를 보완하기 위하여 이번 주제탐구표현활동의 마무리로 〈under the sea〉 노래에 맞춰서 부직포로 만든 물고기를 들고 바닷속에서 헤엄치는 물고기가 되어 보았다. 영아들이 '물' 에 대한 주제탐구표현활동을 하면서 재미있어하였던 〈무지개 물고기〉 동화책에 등장하였던 물고기를 부직포로 크게 만들어 준비하였다. 영아들은 〈인어공주〉 음악을 들으면서 물고기가 된 것이라고 상상하며 물고기를 들고 교실을 가로지르며 헤엄을 쳤다.

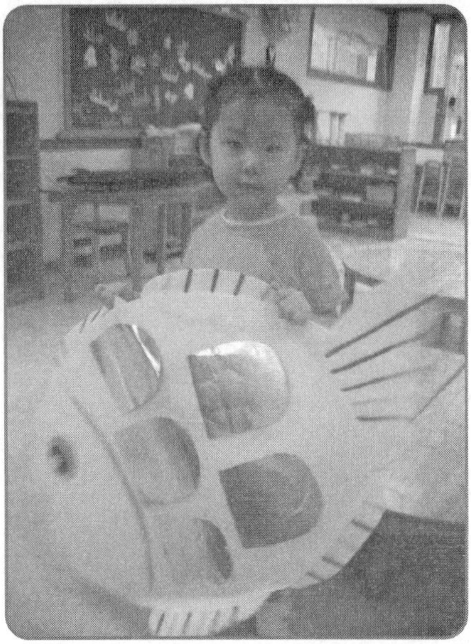

물고기가 되어서 신나게 신체표현을 하는 영아들

5) 평 가

영아반의 특성상 언어로 아이들의 홍미나 궁금해하는 것을 알아내기 힘들다. 그러므로 자유놀이시간이나 간식시간 등 생활 속에서 영아들의 행동이나 놀이, 대화를 유심히 관찰하면서 영아들의 홍미를 파악해야 한다. 그래서 영아반에서는 교사가 영아들의 놀이에 참여하고 관찰하는 것이 더욱 중요한 것 같다.

'물'에 대한 주제탐구표현활동을 진행하면서 영아들은 생활습관과 관련된 말을 많이 했었다. 특히 자신의 생활과 연관된 것에 홍미를 보였고 활동도 이와 연관되었을 때 많은 홍미를 보이는 것을 알 수 있었다. 따라서 영아반 주제탐구표현활동은 평상시 생활과 연계된 주제로 진행하는 것이 중요한 것 같다.

2. '종이' 주제탐구표현활동(만 5세반)

1) 사전준비

[주제선정 배경]

종이 한 장은 우리들에게 많은 즐거움과 도움을 준다. 그림을 그릴 수 있는 도화지, 멋있는 종이접기를 할 수 있는 색종이, 맛있는 우유가 들어 있는 우유곽 등 우리 주위에는 많은 종이가 있다. 이런 소중한 종이들이 어디에서 어떻게 만들어지는지, 언제까지나 원하는 만큼 한없이 쓸 수 있을지 등 이 주제를 통해 종이에 대한 여러 가지 궁금증을 풀어 보고 종이와 나무의 소중함도 느낄 수 있는 기회가 되길 바라며 주제로 선정하게 되었다.

[중심 개념]

✰ 종이는 나무로 만든다.

✰ 나무는 한정되어 있다.

✰ 종이를 아껴 써야 한다.

✰ 여러 가지 종이가 있다.

✰ 재생종이를 만들 수 있다.

[자원목록 및 환경구성]

종이와 관련된 책이나 그림자료들을 배치하여 유아들이 주제에 관심을 갖고 정보를 얻을 수 있도록 하였다. 관련 도서들은 언어영역에 배치하고 그림이나 사진 등의 자료는 잘 보이는 벽면에 게시하였다. 또 활동을 진행하는 동안 미술영역에 여러 가지 종류의 종이를 제공하였다. 포장지, 색지, 우유곽 등을 자유롭게 쓸 수 있도록 하였더니 종이에 대해 궁금한 점을 직접 실험해 보는 유아들도 있었다. 또 종이에 대한 생각 모으기, 주제망, 궁금한 점 등을

표 6-2 '종이' 주제탐구표현활동 자원목록 및 환경구성

영 역	자원목록
언어영역	• 도서: 『한지돌이』(보림) 『종이 봉지 공주』(비룡소) 『종이 한장』(비룡소) 『종이의 역사』
미술영역	• 여러 가지 종이 재료 등을 배치한다. • 재활용품(우유곽, 상자 등)을 넣는 바구니를 배치하여 여러 가지 재활용품 중에 종이를 이용한 것들을 통해 미술활동을 하며 탐색할 수 있도록 하였다.
주제영역	• DVD: EBS 발명Q원리 신비한 종이 한지(EBS) • 자료: 한지 만드는 방법(삼화제지)

※ 유아들이 종이를 이용하여 만든 미술작품들을 교실, 복도 등에 전시하여 뿌듯함을 느끼고 종이에 관련하여 계속 관심을 갖고 탐색할 수 있도록 하였다.

게시하고 생각날 때마다 적을 수 있도록 하였다.

활동을 진행해 나가는 중에도 유아들이 만든 작품은 복도나 교실에 모두 전시하여 성취감을 느끼고 종이에 대한 관심이 유지될 수 있도록 하였다. 또 작품의 전시를 통해 부모님들도 유아들이 하고 있는 활동과 주제에 관심을 갖게 하였다.

2) 도 입

경험 나누기

'종이'로 주제를 정한 후 유아들이 종이에 대해 어떠한 경험이 있는지 먼저 생각과 경험을 이야기 나누는 시간을 가졌다. 종이는 가정이나 어린이집에서 놀이를 하거나 공부를 할 때 일상적으로 늘 접하는 소재여서 그런지 어떤 특별한 경험을 이야기하기보다는 주위에서 쉽게 볼 수 있는 종이로 만들어진 물건들을 많이 이야기하였다. 그런데 한 유아가 직접 종이를 만들어 봤다는 이야기를 했다. 그래서 그 유아의 경험을 들어보았고 유아들 모두 한지 만들

언어영역에 배치해 둔 주제 관련 도서를 읽고 있는 모습

기에 관심을 갖게 되었다.

이런 경험에 대한 공유는 한 번으로 끝나는 것이 아니라 주제탐구표현활동을 진행하면서 경험하게 되는 많은 활동, 책이나 여러 가지 매체를 통한 간접경험, 일상생활에서 너무나 자연스럽게 경험해서 특별하게 느끼지 못했던 부분까지 다시 한 번 생각해 보고 이야기나누기활동이나 표현활동으로 이어나갈 수 있도록 했다. 특히 새 책을 소개하는 시간은 유아들의 흥미를 유발하였다.

생각 모으기와 질문목록 구성

주제탐구표현활동과 관련된 환경을 구성하면서 종이에 대한 정보나 간접경험을 얻은 유아들과 종이에 대한 생각 모으기를 하였다. 전지 한가운데에 '종이'라고 적고 연계하여 생각나는 것을 모두 적어 보는 방법으로 한 번 해 본 후, 쪽지를 나눠 주어 생각나는 것을 다시 한 번 적어 보도록 하였다. 생각 모으기는 시간을 정해 두지 않고 생각이 나면 언제든지 자유롭게 쪽지에 적어서 붙일 수 있도록 하였다.

이 활동으로 모은 생각들은 비슷한 것끼리 모으는 유목화 단계를 걸쳐 이름을 붙여 주고 종이에 대한 유아들의 생각을 정리하는 시간을 가졌다.

'종이' 생각 모으기 활동

'종이' 생각 모으기 활동

쪽지를 옮겨 유목화하는 과정

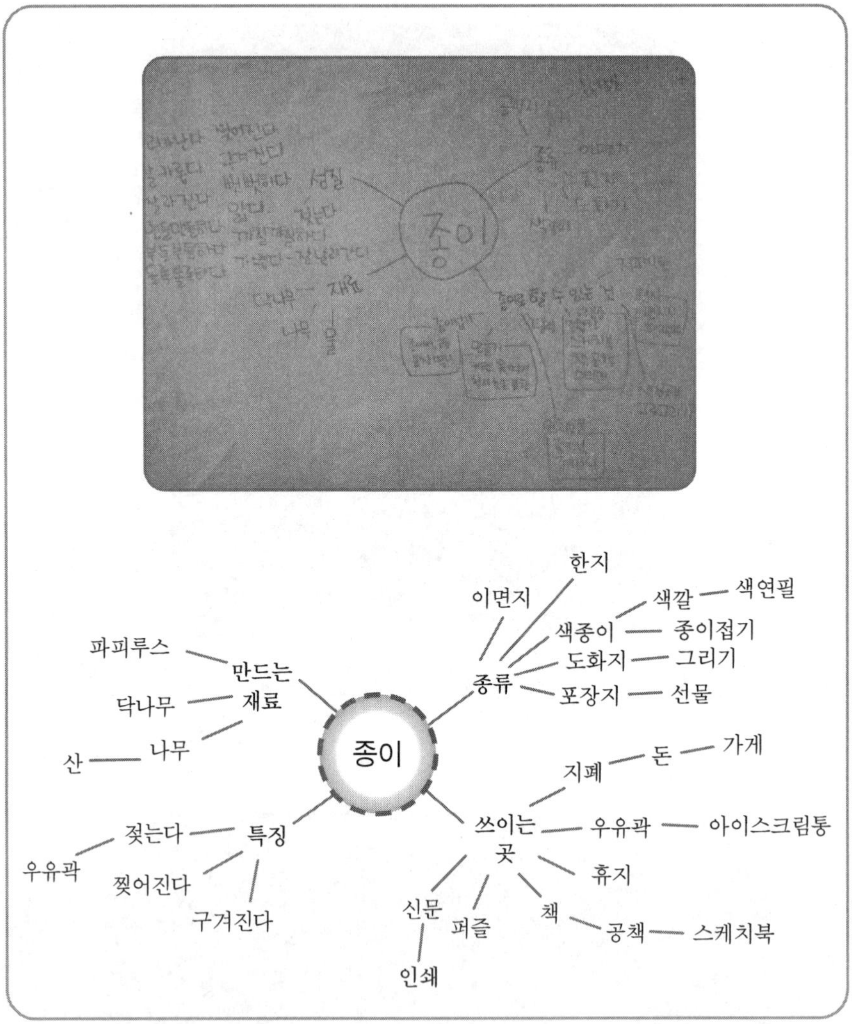

주제망

생각들을 정리하며 유아들이 궁금해하는 점도 알아보았다. 질문들은 하얀 종이에 쓰고 오려서 질문목록판에 붙이도록 하였다. 생각이 나지 않거나 모르겠다고 하는 유아들에게는 강요하지 않고 생각이 나면 언제든지 써서 붙이자고 했더니 "밥 먹고 와서 할래요~." "또 쓸래요~." 하며 자진해서 참여하기도 하였다.

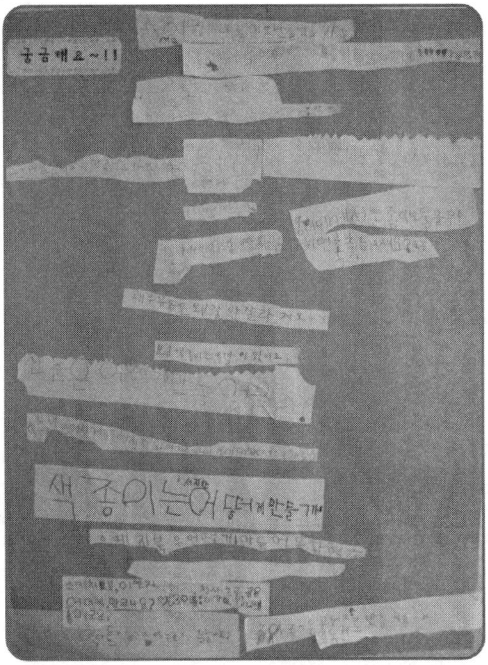

질문 목록 작성

유아들이 작성한 질문목록의 내용은 다음과 같다.

표 6-3 '종이' 주제탐구표현활동 질문목록

소주제	질문목록
특징	• 우유곽은 왜 보통종이보다 더 단단한가요? • 종이는 왜 물을 묻히면 축축해져요? • 왜 우유곽은 잘 안 잘라져요? • 왜 색종이는 색깔이 있어요? • 나무는 딱딱한데 종이는 왜 얇아요?
재료	• 닥나무로 어떻게 종이를 만들어요? • 한지는 무엇으로 만들어요? • 어떻게 나무가 종이로 변신할까요? • 색종이는 어떻게 만들까요? • 종이는 어떻게 만들어질까요? • 왜 종이는 나무로 만들었어요? • 나무는 딱딱한데 종이는 왜 얇아요? • 종이는 무엇으로 만들어요?
종류	• 왜 우유곽은 잘 안 잘라져요? • 색종이는 어떻게 만들까요? • 신문은 어떻게 만들었을까요? • 종이, 이면지, 청사초롱, 도화지, 스케치북은 어떻게 만들어요?
쓰이는 곳	• 종이컵은 왜 종이로 만들었을까요? • 스케치북은 어떻게 만들어요? • 우유곽은 왜 보통종이보다 단단한가요? • 종이, 이면지, 청사초롱, 도화지, 스케치북은 어떻게 만들어요? • 종이공은 어떻게 접어요?

3) 전 개

[종이를 만들어요]

종이를 만드는 방법

한지를 만들어 본 경험이 있다는 친구의 이야기를 듣고 종이를 만드는 것에 유아들의 관심이 집중되었다. 종이를 어떻게 만들어야 할지 생각해 보고 이야기 나누기를 하였는데, 처음에는 선뜻 이야기하지 못해서 여섯 칸짜리 카툰 형식으로 된 종이를 나눠 주어 자신이 생각하는 방법을 그림이나 글로 표현할 수 있도록 했다. 나무를 잘라서 본드로 붙인다거나, 나무를 삶아서 탕탕 쳐서 붙이자는 등 유아들 나름대로의 여러 가지 방법이 많이 나왔는데, 거의 모든 유아가 나무를 사용한다는 점에서는 일치했다. 산책을 나갔을 때 유아들이 바닥에 떨어져 있는 나뭇가지를 들고와서 "선생님, 이거 닥나무에요. 이걸로 종이 만들면 돼요."라고 말했는데, 이러한 여러 가지 경험을 통해 종이는 나무로 만드는 것이라는 생각을 갖게 된 것 같다.

종이를 만들 수 있는 방법을 생각해서 적는 모습

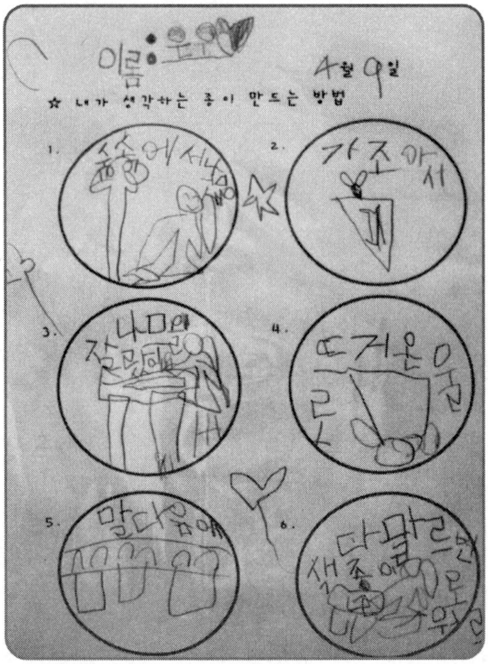

종이를 만들 수 있는 방법을 생각해서 적는 모습

종이를 만드는 방법을 모두 적고 나서 모두가 필요하다고 한 주재료인 나무를 구하기 위해서 어린이집 앞 벤치로 나갔다. 처음에는 나뭇가지만 주웠는데, 나뭇잎, 나무껍질 등을 함께 줍기 시작했고, 나무들을 보며 "이거 닥나무 아니에요?" "이거 무슨 나무예요?" 하고 평소에는 별 관심을 보이지 않았던 나무들에 관심을 갖고 관찰하기도 했다.

내 방법대로 종이만들기

유아들이 생각한 방법으로 종이를 만들어 보기 위해 산책을 가서 미리 준비해 온 나뭇가지와 여러 가지 필요한 도구들을 준비하고 종이를 직접 만들어 보았다. 실내외 공간이 모두 필요해서 바깥 놀이터와 이어져 있는 미술실을 선택했다. 활동을 시작하기 전에 자신들이 적어 놓은 방법을 숙지하고 활동을 시작하였는데, 불을 이용하는 것과 같은 위험한 작업은 교사가 함께 하고 나머지 작업은 원하는 장소에서 원하는 재료로 진행하였다.

처음에 신이 나서 열심히 만들던 유아들이 자신들의 생각처럼 잘 되지 않자, 하나둘씩 지치기 시작했다. 그래서 결국은 두 명의 친구만 완성을 하여 결과물을 얻을 수 있었는데, 생각했던 종이가 나오지는 않았지만 스스로 매우 뿌듯해했다. 다른 유아들도 결과물을 얻지는 못했지만 활동과정에서 스스로 적극적으로 활동하며 즐거워했고, 완성한 친구들의 종이에 관심을 갖고 관찰하며 부러워하기도 하였다.

각자 필요한 재료를 구해 자신만의 방법으로 종이를 만들어 보는 모습

우리가 만든 종이 관찰

우리가 생각한 방법대로 만든 종이를 다함께 관찰해 보고 이야기를 나누었다. 유아들은 자신이 생각한 방법대로 했을 때 종이가 만들어지지 않은 것을 안타까워하면서 종이를 만드는 것이 굉장히 어렵고 힘든 과정이라는 것을 느낄 수 있었다. 또한 진짜 종이는 어떻게 만드는지 궁금해하여, 유아들이 가장 관심을 많이 가지고 있고 익숙한 한지를 만드는 방법을 사진과 함께 알려 주었다. 그러나 한지를 만드는 데 필요한 재료나 도구들이 없었기 때문에 우리가 만들 수 있는 재생종이 만드는 방법을 함께 설명해 주었다. 유아들은 재생종이를 어서 빨리 만들어 보자며 큰 관심을 보였다.

종이 찢기

재생종이를 만드는 방법을 듣고 폐지가 필요하다는 것을 알게 된 유아들이 활동을 끝내고 나서 버려지는 종이를 스스로 모으는 모습을 보였다. 종이를 모으기 위한 바구니를 만들고 그곳에 종이가 적당히 모였을 때 종이 만들기의 첫 번째 단계인 종이 찢기 활동을 하였다. 찢을 종이의 양도 많고 잘게 찢어야 해서 유아들이 힘들어할 것 같아 우려했으나, 펀치놀이를 통해 스트레스나 공격적 욕구를 긍정적으로 해소하고 성취감도 느낄 수 있도록 하였더니 매우 즐겁게 참여하였다. 또 잘게 찢어진 종이를 하늘 위로 날리며 〈눈이 옵니다〉 등의 노래를 부르며 활동에 적극적으로 몰입하였다. 잘게 잘려진 종이는 큰 통에 담아 물을 부어 불려 놓았다.

종이를 잘게 찢어 물에 불릴 준비를 하는 유아들

재생종이 만들기

재생종이를 만들 준비를 마친 유아들은 벽에 게시되어 있던 재생종이 만드는 방법을 다시 한 번 숙지하고 종이를 만들기 시작하였다. 이 활동은 여러 명이 한꺼번에 하기 힘든 과정이어서 4명 정도씩 소그룹으로 이루어졌는데, 유아들은 여유로운 공간에서 진지하게 각 단계의 과정에 최선을 다하는 모습을 보였다.

1. 종이를 잘게 찢는다.

2. 찢은 종이를 물에 넣어 불린다.

3. 불린 종이를 믹서기에 간다.

4. 간 종이를 잘 섞어 준다.

5. 가라앉은 종이를 저어서 섞는다.

6. 뜰채로 얇게 떠올린다.

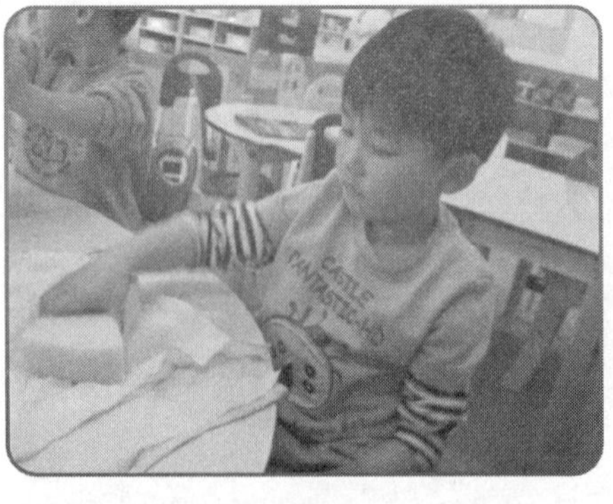

7. 천 위에 뜰채를 뒤집어 올려 놓고 수건을 덮어 꾹꾹 눌러 준다.

8. 그늘에서 잘 말린 뒤 떼어 내면 완성~!!

[종이의 특성]

비교해 보아요

종이 만들기가 끝난 어느 날 플라스틱 통을 갖고 놀던 한 유아가 "선생님~ 빨리 와 보세요~ 신기한 거 있어요~."라고 해서 가 보았더니 플라스틱 통에 종이가 붙어 있었다. 신기해하는 유아들에게 OHP 필름으로 머리카락을 비벼서 붙는 걸 보여 주니 "아~ 나 그거 알아요! 풍선으로도 돼요~." 하며 정전기에 대해 이야기하는 시간을 갖게 되었다. 그 후 종이의 여러 가지 성질과 특징에 대해 알아보는 시간을 가졌다.

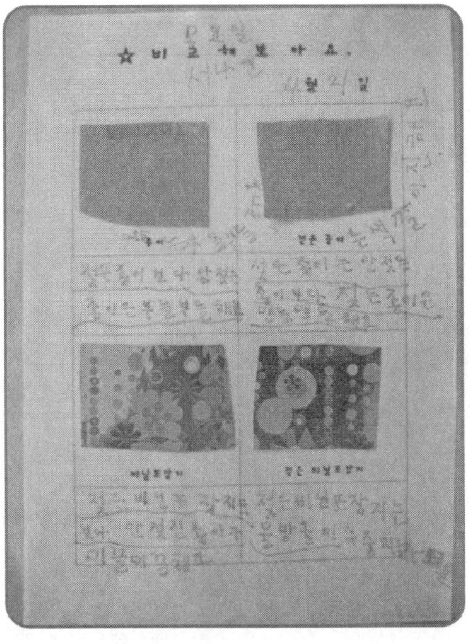

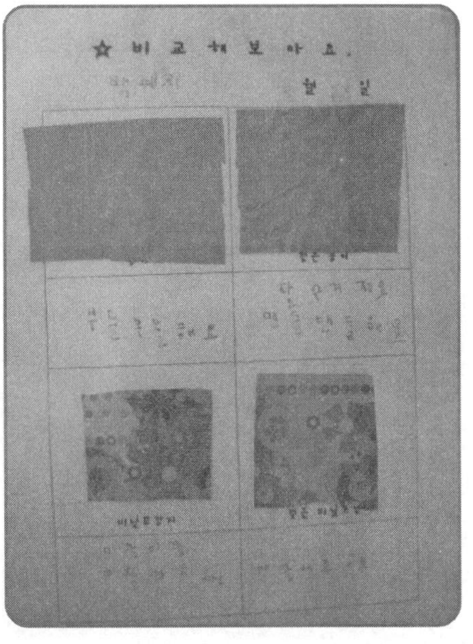

젖은 종이와 젖지 않은 종이를 비교 · 관찰하여 기록한 활동지

그 첫 번째로 생각 모으기에도 나왔던 '젖는다' 라는 성질에 대해 알아보기

위해 한지와 포장지를 물에 적셔서 적신 종이와 적시지 않은 종이, 젖는 종이와 젖지 않는 종이를 관찰하여 물이 흡수되어 젖는다는 것과 젖으면 색깔이나 촉감 등이 바뀐다는 것을 알게 되었다.

'종이' 책 만들기

'종이' 주제탐구표현활동을 진행하며 우리가 활동하고 알게 된 여러 가지 이야기들을 책으로 만들어 보자는 의견이 나와 책 만들기를 병행하기로 했다. 우선 큰 책을 만들어 유아들과 함께 표지를 꾸며 보았다. 종이를 주제로 한 책인 만큼 종이를 이용하여 만들기로 했는데, 한지 오려 붙이기를 하며 "어~ 여긴 미끌미끌한데 뒤에는 까칠까칠하네~."라며 면의 느낌과 뜯어지는 결에 대해 이야기하는 유아들도 있었다. 또 제목을 붙일 때 학기 초에 유아들이 직접 페인팅해 두었던 종이를 사용하였더니 "선생님~ 이거 옛날에 우리가 한 거죠? 내 것도 그렇게 해도 돼요? 나는 내 책 만들어서 할래요~." 라며 관심을 갖기도 했다.

한지를 오려서 모자이크 기법으로 큰 책의 표지를 꾸미는 모습

여러 가지 종이가 있어요

'종이' 주제탐구표현활동을 진행하면서 여러 종류의 종이를 제공했었는데, 종이의 성질에 대해 알아보면서 각각의 종이의 특징과 그에 맞는 쓰임새에 대해 알아보는 시간을 갖기로 했다. 여러 가지 종이를 붙일 수 있는 칸과 쓰임새, 쓰임새에 따른 종이의 특징을 기록할 수 있는 칸을 만들어 교실을 자유롭게 다니며 여러 가지 종이를 수집할 수 있도록 하였다. 유아들은 휴지, 이면지, 색종이, 우유곽, 휴지통 등을 찾아 붙이며 액세서리나 카드를 모으는 것처럼 재미있어했다. 또 우유곽이나 아이스크림통은 종이인데도 젖지 않는다는 것에 관심을 갖게 되어 다음 시간에 젖지 않는 종이에 대한 궁금증을 알아보기로 했다.

여러 가지 종류의 종이를 오려서 붙이는 모습

물에 젖지 않는 종이의 비밀

우유가 들어 있는 우유곽, 아이스크림이 들어 있는 아이스크림통은 왜 젖지 않는지 궁금해하는 유아들이 있어 그 이유를 알아보기로 했다. 사실 유아들이 조금은 알고 있을 것이라고 생각했었는데, 유아들과 함께 이야기 나누기를 해 보니 종이가 두껍고 단단하고 빳빳해서 젖지 않는다고 생각하고 있었다. 그중에 한 유아가 "종이컵은 잘 구겨지잖아요!" 하고 반대의견을 냈다. 그래서 어떤 의견이 맞는지 확인해 볼 수 있을지 이야기해 보고 두꺼운 종이와 우유곽을 물에 넣고 실험해 보기로 하였다.

큰 그릇에 같은 양의 따뜻한 물을 넣고 유아들이 젖지 않을 거라고 한 두꺼운 종이(하드보드지)와 우유곽을 잘라 넣었다. 조를 나눠 앞에 나와 직접 종이를 만져 보고 관찰할 수 있게 해 주었더니, 하드보드지가 겹겹이 벌어지고 색깔이 진해지는 것을 확인하고는 딱딱하고 두꺼운 종이도 젖는다는 것을 알게 되었다. 반면 우유곽은 변화가 없었는데, 교사가 힌트를 주어 유아들이 우유곽에서 무언가 벗겨진다는 것을 알아차리게 되었다. 비닐 같은 것이 있다는 것을 발견한 유아들은 흥분하였고 그것이 바로 종이가 젖지 않게 하는 비밀, 즉 '특수 코팅' 이라는 것을 알게 되었다.

물에 젖는 종이와 젖지 않는 종이 실험을 하고 있는 유아들

한지 재노퍼 만들기

색깔이 있는 한지의 색을 지우는 신기한 활동으로 희석시킨 락스로 한지에 그림을 그려 보았다. 락스를 사용하는 활동이기 때문에 위험성이 있어 활동

전에 안전하게 활동하는 방법에 대해 강조하여 이야기했더니 우려했던 것과 달리 약속을 잘 지키고 안전하고 의젓하게 활동하였다.

활동을 마치고 교실 앞 복도 천장에 매달았더니 유아들이 너무나 좋아하며 신나서 부모님께 자랑하였고, 지나가는 사람들이 멋있다고 칭찬하는 소리를 듣고 무척 뿌듯해하였다.

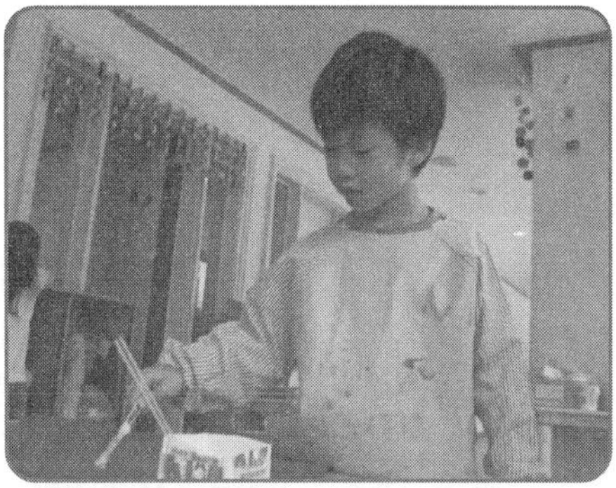

희석시킨 락스로 탈색시켜 그림을 그리는 모습

교실 앞 복도 천장에 전시한 모습

종이가 되어 보아요

몸으로 종이를 표현하는 신체활동을 유아들에게 제안하자, 처음에는 쑥스럽기도 하고 어렵다며 선뜻 나서지 못했다. 그러나 종이를 만드는 과정을 표현해 보자고 더 구체적인 모습을 제시했더니 조금씩 몸을 움직이기 시작했다. 또 종이가 날아가는 모습, 찢어지는 모습, 물에 젖어 흐물흐물해진 모습 등을 제시하면서 교사가 함께 몸으로 표현했더니 무척 즐거워하며 적극적으로 참여했다. 활동이 끝난 뒤에도 교사와 함께했던 활동을 친구들과 다시 해 보는 유아들도 있었다.

몸으로 종이를 표현하는 유아들

[여러 가지 종이 만들기]

꽃종이 만들기

재생종이를 처음 만들 때 한 유아가 "꽃이 있는 종이도 봤어요." 하고 이야기해서 다음에 우리도 한번 만들어 보자고 했었다. 우선 바깥놀이터에 나가서 꽃이나 나뭇잎 등을 주워 와서 종이를 만들 준비를 하고 재생종이를 만들

때와 똑같은 과정을 거친 후 꽃을 올려 놓고 뒤집었다. 꽃이 보이지 않자 걱정하던 유아들이 종이가 올려져 있는 OHP 필름을 뒤집어 보여 주자 "아~" 하며 그 이유를 알고 안도하기도 했다.

꽃과 나뭇잎 등을 이용하여 만든 재생종이

색깔종이 만들기

꽃종이를 만들 때 폐지를 모아둔 곳에 한지가 들어 있어 함께 넣어 만들었는데, 빨간색 한지의 색 때문에 분홍색 한지가 나오는 것을 본 유아들이 이번에는 색깔한지를 만들고 싶다고 하여 색깔한지를 만들었다. 이 종이는 시화전 초대장을 만드는 데 사용하였다.

색한지를 이용해 만든 색깔재생 종이

4) 마무리

[책 만들기]

'종이' 주제탐구표현활동을 진행하면서 틈틈이 책을 만들었는데, 기록하지 못한 부분에 대해 다시 생각해 보며 책의 내용을 기록하여 ○○○반 '종이' 책을 완성하였다.

책의 내용을 적어 넣고 있는 모습

[시화전]

전시회를 준비해요

'종이' 주제탐구표현활동을 진행하며 완성한 멋진 작품들을 부모님, 다른 반 친구, 선생님들께 보여드리고 싶다는 유아들의 의견을 따라 전시회를 하기로 계획하였다. 종결행사로 진행하게 된 전시회를 하기 위해 전시작품을 붙이고 초대장을 쓰는 활동을 준비하기로 하였다.

동시 쓰기

전시회를 준비하는데 종이 주제탐구표현활동 작품들뿐만 아니라 다른 작품들을 더 전시했으면 하는 유아들의 바람에 동시를 써서 함께 전시하는 것이 어떻겠냐고 교사가 제안하자, 유아들 모두 동의하였다. 유아들에게 동시판을 보여 주고 동시를 생소해하는 유아들이 관심을

전시할 동시를 쓰고 그림을 그리는 모습

가질 수 있도록 하였더니, 생각보다 좋아하며 또 읽어 달라고 하는 유아들도 있었다. 다음 날 직접 동시를 써 보기로 하고 작은 종이에 생각나는 대로 적어 보기로 했는데, 어렵다고 하는 유아들은 소재나 제목을 주고 생각해서 쓸 수 있게 하였다. 처음 하는 동시 쓰기 활동이라 조금 걱정되었으나 완성한 동시들을 읽어 보니 생각보다 너무 멋진 작품들이 나와서 기뻤다.

초대장 쓰기와 포스터 만들기

부모님을 전시회에 초대하기 위한 초대장을 쓰기로 했다. 우선 초대장에 꼭 들어가야 하는 내용에 대해 이야기를 나눈 후, 장소, 시간, 무엇을 하는지에 대해서는 꼭 쓰기로 하였다. 초대장의 재료로 유아들이 직접 만든 색깔재생종이를 사용하여 더욱 의미 있었고, 부모님들도 초대장을 보시고 더 많은 관심을 가져 주었다.

색깔재생 종이를 이용해 초대장을 만드는 모습

초대장을 만들고 나서 남은 색깔재생종이는 전시용으로 사용하려고 했는데, 유아들이 나머지 한 장도 쓰고 싶다고 하여 부모님께 편지를 써서 천장에 매달아 전시하기로 했다.

색깔재생 종이에 쓴 편지를 천장에 매달아 전시한 모습

전시회

전시회 당일에는 하원시간에 오시는 부모님들께 시화전을 보여 드리기 위하여 유아들과 함께 작품을 설치하는 활동을 하였다. 신난 유아들은 열심히 전시회를 준비하였고, 옆 반 선생님이 지나가면 "우리 전시회하는데……." 하고 조심스럽게 말을 걸기도 했다. 마지막으로 간판을 만들어 달고 부모님이 오시기만을 기다렸다. 유아들은 부모님이 오시자 얼른 달려가 자신의 작품들을 보여 주고 자신이 쓴 편지를 찾아 읽어 주며 뿌듯한 표정을 지었고, 부모님들도 유아들의 멋진 작품을 보며 감탄하고 대견스러워하셨다.

전시회 간판을 쓰는 유아들

전시회를 준비하느라 분주한 유아들

'종이' 주제탐구표현활동을 진행하면서 알게 된 여러 가지 정보를 담은 '종이'책

자신의 작품 앞에서 뿌듯해하는 유아들

전시회를 보러온 동생들

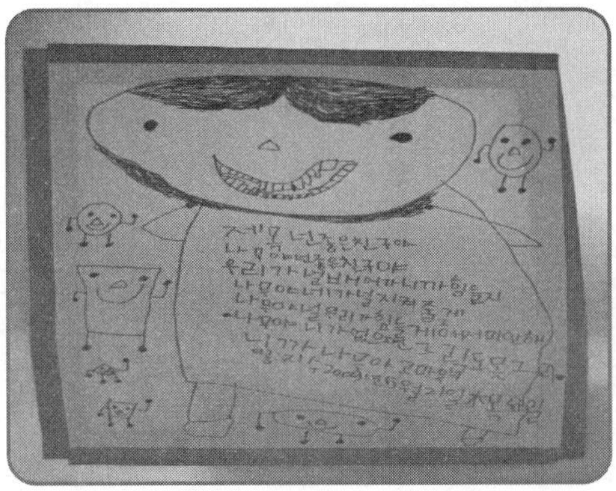

시화전에 전시된 유아의 동시 작품

5) 평 가

'종이'는 만 5세반에 올라와서 처음으로 진행된 주제탐구표현활동이었다. 그럼에도 불구하고 유아들이 주제에 몰입하는 수준이 높았고 진행기간 내내 정말 즐겁고 신나게 활동할 수 있었다. 유아들이 생각한 방법대로 종이를 만들어 보는 활동으로부터 시작된 주제였던 만큼 유아들은 자신의 의견이 존중받고 있다고 생각하였고, 그 결과 더 적극적으로 활동에 참여할 수 있었다. 유아들은 놀이시간이나 산책시간 등 일상생활에서도 '종이'라는 주제와 관련하여 스스로 탐구하고 자신들의 경험과 지식을 공유하였다. 활동을 진행할 때 유아들의 생각을 이야기하고 의견을 나누는 시간을 많이 갖기는 하지만 그 생각을 실천에 옮겨 유아들이 직접 경험함으로써 깨우칠 수 있도록 하는 것은 여러 가지 환경과 상황으로 인해 지키지 못하는 경우가 있는데, 이번 활동을 진행하면서 그 부분이 얼마나 중요한 것인지를 느낄 수 있었다. 또 과학적 탐구영역이나 쓰기, 이야기 나누기 등의 언어영역 활동이 활발히 진행된 것에 비해 사회관계나 예술적 탐색, 특히 음률영역의 활동을 많이 다루지 못한 것은 아쉬움으로 남는다.

종결행사로 진행된 시화전은 유아들의 무한한 능력을 다시 한 번 느낄 수 있었던 기회였다. 더 나은 전시회를 위해 열정적으로 활동에 참여하고 작품들을 직접 설치하고 준비한 종결행사는 성공적으로 진행되었으며, 유아들도 무척 뿌듯해하고 성취감을 느꼈다.

제 7 장

생명체와 자연환경

1. '맛있는 과일' 주제탐구표현활동(만 1, 2세반)

1) 사전준비

[주제선정 배경]

우리가 먹는 과일을 탐색하는 과정을 통해 과일에 대한 영아의 호기심을 충족시키고 오감을 활용해 개념 형성을 돕는다. 과일의 맛, 향, 질감을 직접 느껴 볼 수 있는 다양한 활동을 해 봄으로써 여러 가지 과일의 종류가 있음을 알고, 생김새와 모양과 맛이 다르다는 것을 경험해 본다.

[중심 개념]

✎ 여러 가지 과일에는 이름이 있어요.

✎ 과일은 맛, 향, 질감이 달라요.

✎ 여러 과일을 관찰해 보고 겉과 속을 살펴보아요.

✎ 과일의 색깔을 알아보아요.

✎ 과일로 맛있는 음식을 만들 수 있어요.

[자원목록 및 환경구성]

✎ 여러 가지 과일 사진 자료(A4 크기)를 출력해 뒤에 색지를 대고 바닥에 원 모양으로 붙인 후, 아세테이트지를 붙여 오염 및 파손을 방지하였다. 원형으로 붙인 과일 사진을 보며 이야기를 나누고, 게임(교사가 이야기하는 과일 사진 위에 서기) 등을 하며 과일의 이름과 모양을 익혔다.

✎ 부직포로 나무를 만들고 여러 가지 과일 사진을 출력해 모양대로 오린 후 코팅하여 뒷면에 찍찍이를 붙여 과일나무를 만들었다. 나무에서 열리는 과일은 초록색 배지를 대어 나무에 붙이도록 하고 땅에서 열리는 과일(열매채소)은 황토색 배지를 대어, 나무에서 열리는 과일과 땅에서 열리는 과일을 구분할 수 있게 하였다.

✎ 스티로폼과 백업을 이용해 포도송이와 넝쿨을 만들어 벽면을 장식했다. 보라색 습자지와 연두색 습자지를 이용해 포도송이(스티로폼)를 싸서 청포도와 보라색 포도를 구별하게 하였다.

✎ 영아들의 작품을 벽면에 전시해 환경구성을 하였다. 수박 표상하기, 멜론 껍질 탁본하기, 포도송이 찍기, 과일나무 꾸미기 등의 작품활동을 할 때마다 라벨지에 활동명과 날짜, 영아의 이름을 출력하여 부모님께서 영아들이 어떤 활동을 하였는지 한눈에 알아볼 수 있도록 하였다.

표 7-1 '맛있는 과일' 주제탐구표현활동 자원목록

유형	자원목록
도서	『어떤 맛일까?』『과일 기차』『딸기 한 알』『과일 나라 도깨비』『나무 열매』『여러 가지 과일』
교구	부직포로 만든 나무, 여러 가지 과일 사진 자료, 부직포로 만든 과일, 스티로폼으로 만든 포도송이

2) 도입: 여러 가지 과일이 있어요(과일의 이름을 알아보아요)

부직포 과일과 과일 사진 자료를 보여 주며 영아들이 과일의 종류를 얼마나 알고 있는지 알아보고, 과일에 대한 흥미를 유발하여 주제에 대해 관심을 가지고 집중할 수 있는 도입활동의 시간을 가져 보았다. 과일을 주제로 활동을 시작하면서 어떤 과일들이 있는지 그림이나 사진 자료를 통해 영아들과 과일의 이름을 익히고 과일 찾아보기 활동과 과일나무 만들기 활동 등을 통해 여러 가지 종류의 과일을 반복하여 알아보았다. 영아들이 경험해 보고 확실히 알고 있는 과일(사과, 바나나, 수박)이 몇 개 되지 않아 다양한 과일 사진을 준비하여 게임 형식(과일 이름을 반복하여 알려 준 후 교사가 과일 이름을 부르면 영아들은 과일 사진을 찾아오거나 과일 사진 위에 서 보기)을 통해 다양한 과일이 있음을 알고 과일 이름 익히기를 하였다. 영아들이 잘 알고 있고 잘 먹는 과일과 잘 접해 보지 못하고 생소한 과일들을 적절히 선정하여 한 주에 두 가지씩 실제 과일을 탐색하고 미술활동, 신체표현활동, 수 · 과학활동으로 전개시켜 갈 향후 활동에 대한 계획을 세울 수 있는 시간이었다.

여러 가지 과일의 이름을 알아보아요

교사가 준비한 부직포 과일 모양과 교실의 음식 모형 장난감 중 과일 모형을 골라 준비한 후 대집단으로 이야기 나누기 시간을 가졌다. 맛있는 과일에 대해 한 달 동안 알아볼 것임을 알려 주고(새로운 주제가 시작되었음을 알려 주고), 준비할 과일 자료들을 보여 주자 영아들을 호기심 가득한 눈으로 바라보았다. 복숭아 모형을 보여 주자 "하트 모양이다."라고 이야기하는 영아도 있었고, 바나나 모형을 본 한 영아는 "우유랑 같이 먹는 거~."라며 간식시간에 우유와 함께 바나나를 먹던 경험을 기억하고 이야기했다. 또 파인애플을 보고 "상추."라고 답하는 영아가 있었는가 하면, 참외를 보고 "공."이라고 답하는 등 생각지도 못한 이야기가 자유롭게 이어졌다. 과일이 영아들에게는 호

여러 가지 과일 이름을 이야기 나누는 영아들

기심의 대상이자 자주 접하는 음식이어서 그런지 어느 때보다 이야기 나누기 시간에 적극적이고 활발한 참여를 보였다.

내가 좋아하는 과일나무를 꾸며요

나무 모양의 그림과 이야기 나누기를 통해 알아본 여러 가지 과일 그림을 준비하였다. 영아들은 나무 그림에 자신이 좋아하는 과일들을 골라 과일의 이름을 이야기하며 붙여 보았다. 아직 풀칠을 하는 데 익숙하지 않은 영아들이라 과일 그림 뒤에 양면 테이프를 붙여 스티커 붙이기처럼 활동하였고, 교사와의 상호작용을 통해 영아들이 과일 이름을 더 확실히 알 수 있도록 하기 위해 일대일로 활동하였다. 교사와 일대일로 활동을 하다 보니 전체 진행시간은 다소 길어졌지만 영아들이 알고 있는 과일에 대한 지식이 어느 정도인

내가 좋아하는 과일 그림을 나무에 붙이고 있는 영아들

지, 지난 시간 이야기 나누기를 통해 알아본 과일들을 영아들이 얼마나 기억하고 있는지에 대해 자세히 알 수 있었다.

여러 가지 과일을 찾아보아요

과일 사진을 보며 이름을 맞춰 보고 영아들이 잘 접해 보지 못한 과일의 사진도 준비해 알아보는 시간을 가졌다. 처음에는 참외나 파인애플, 밤, 복숭아 등의 과일을 잘 모르던 영아들도 일주일간 반복하여 과일 사진 자료를 보며 이야기를 나누었더니 이제 제법 과일의 이름을 이야기하였다. 이번에는 매실, 자두, 살구를 추가하여 비슷하게 생겼지만 다른 과일을 추가해 보았다.

여러 가지 과일 사진을 A4 크기로 출력해 색지를 덧대고 바닥에 동그랗게 놓은 후 파손과 오염을 막기 위해 아세테이트지를 위에 붙여 영아들이 자유롭게 사진을 볼 수 있고 밟아도 찢어지지 않게 하였다. 교사가 “누가 먼저 과일을 찾아 그 위에 서 볼까요?”라고 이야기한 후 손을 드는 영아들부터 순서대로 게임을 진행하였다. 이 게임을 교사가 “○○는 수박을 찾아가 보자~.”라고 말한 후 “출발~.” 신호에 맞춰 영아들이 징검다리를 건너듯 과일 사진 위를 건너 교사가 이야기한 과일 위에 멈춰서는 게임이었다. 이 게임에서 영아들은 사진을 골라 오거나 손으로 가려 내는 것이 아니라 온몸을 움직여 과일을 찾아 과일 사진 위에 서 보는 게임이라서 더욱 재미있어했다. 사진을 벽이 아닌 바닥에 붙여 주었더니, 벽에 사진을 전시했을 때보다 영아들의 반응과 관심이 더 커지는 것을 볼 수 있었다. 게임을 마친 후 오후 자유놀이 시간에도 영아들이 사진을 보며 “이거 포도 닮은 거 매실이에요?”라고 물으며 과일의 이름을 이야기하였고, 부모님이 오셨을 때도 사진 위에 서 보라며 “○○가 좋아하는 복숭아~.”라고 이야기하여 영아들의 관심이 잘 이어지고 있음을 알 수 있었다.

주제망 및 질문목록 만들기

영아반의 특성상 영아들이 주도적으로 참여하여 생각 모으기를 하기가 어렵다. 따라서 도입단계의 활동과 자유놀이에서 보여 주는 영아들의 놀이를 통해 교사들은 영아들의 '맛있는 과일'에 대한 관심을 파악하고자 하였고, 이에 기초하여 주제망과 질문목록을 예상하여 작성해 보았다. 이 주제망과 질문목록은 활동을 진행하면서 영아들의 관심이 뻗어 나가는 방향과 깊이에 따라 수정되고 추가될 수 있다.

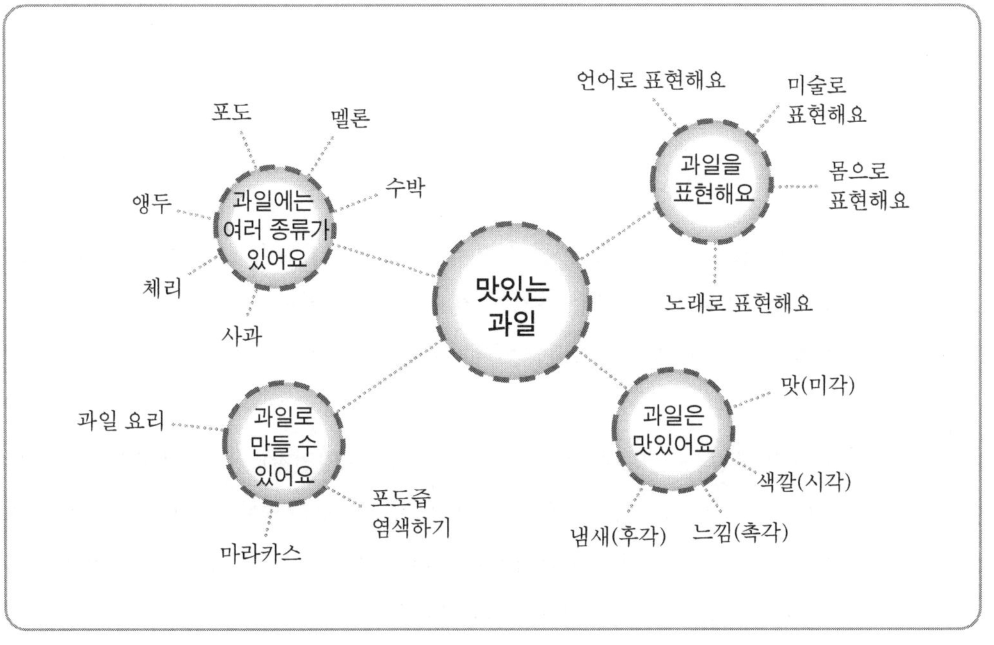

[그림 7-1] '맛있는 과일' 교사 예상 주제망

표 7-2 '맛있는 과일' 주제탐구표현활동 교사 예상 질문목록

소주제	질문목록
여러 가지 과일	• 이 과일의 이름은 무엇일까요? • 이 과일의 모양은 어떻게 생겼나요? • 이 과일의 색깔은 무엇인가요? • 이 과일을 만지면 어떤 느낌이 날까요? • 이 과일의 속은 어떻게 생겼나요? • 이 과일은 어떤 맛이 날까요? • 이것은 어떤 과일의 씨일까요?
과일을 이용해서 할 수 있는 것	• 과일의 수를 세어 볼까요? • 즐거운 악기를 만들어 볼까요? • 과일 껍질로 무엇을 할 수 있을까요?

3) 전개: 실제 과일로 활동하기(수박, 멜론, 포도, 앵두, 체리, 사과)

사진 자료, 그림책 등을 통해 여러 가지 과일의 생김새와 이름을 어느 정도 익힌 영아들은 이제 실제 과일을 가지고 보고 만지고 느끼고 맛보고 두드리며 소리를 들어보는 오감을 이용한 여러 가지 활동을 시작하였다. 사진이나 그림으로 보던 과일들의 실제 모습을 비교하고 탐색하며 질감은 어떤지, 겉과 속의 모양은 어떤지, 씨앗은 있는지(어떤 모양인지), 맛은 어떤지(과일의 맛을 보며 '달콤한 맛' '신맛'에 대한 개념을 세우고 있는 영아들이다.), 과일이 가지고 있는 색은 어떤 것인지(과일 활동을 하며 색깔의 이름을 알고 우리 주변에서 과일과 같은 색을 찾고 있는 영아들이다) 등 단순히 과일의 이름과 종류를 아는 데 그치지 않고 좀 더 다양하고 심도 깊은 탐색활동을 통해 여러 가지 활동으로 확장시키며 언어, 신체, 인지, 예술, 사회 등 모든 영역의 균형 있는 경험과 발달을 도모하였다.

[수 박]

수박 파티

오전 자유놀이시간에 〈수박 파티〉 노래를 들으며 영아들이 익숙해지도록 하였다. 어느 정도 영아들이 〈수박 파티〉 노래에 익숙해졌을 때 교사와 함께 가사판을 보며 불러 보고, 영아들이 노랫말과 율동을 익히면 3~4명씩 짝을 지어 친구들 앞에 나와 율동과 함께 노래를 불러 보았다. 단순히 노래를 배워 부르는 데 그치지 않고, 친구들 앞에 나와 배운 노래를 함께 불러 보며 발표력과 사회성을 길러 보았다.

〈수박 파티〉 동요에 맞추어 율동하고 있는 영아들

수박처럼 데굴데굴

동작실에서 스트레칭을 한 후 수박이 어떻게 생겼는지, 수박이 어떻게 굴러가는지 등의 이야기를 나누며 수박이 구르는 모습을 형상화하고 몸으로 표현해 보았다. 교사가 몸을 둥글게 모아서 앞구르기 하는 시범을 보여 주고 영아들을 한 명씩 불러 앞구르기 하는 것을 도와주었다. 처음에 쪼그리고 앉는 것이 잘 되지 않아 '응가하고 씻을 때처럼' 이라고 설명했더니 이해가 빠른 한 영아가 "이렇게!"라며 쪼그리고 앉아 친구들에게 쪼그리고 앉는 방법을 설명해 주었다. 아직 앞구르기가 힘든 연령이라 대부분의 영아들이 쪼그리고 앉았다가 옆으로 굴렀지만 운동신경이 발달한 한두 명의 영아는 정확하게 앞구르기를 하기도 했다.

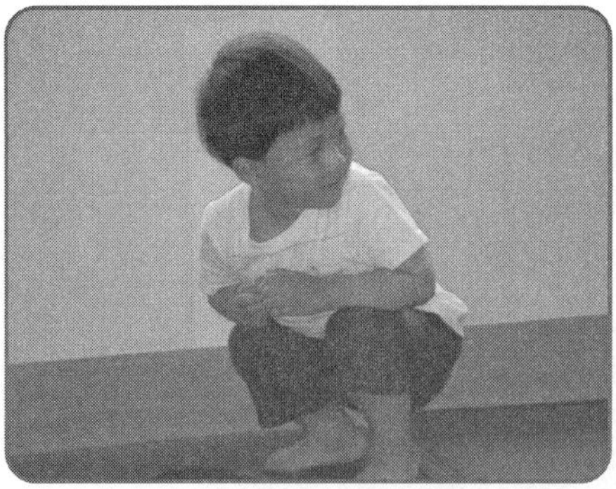

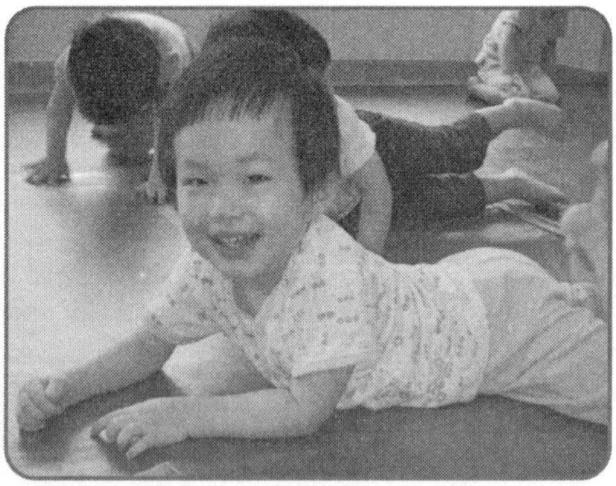

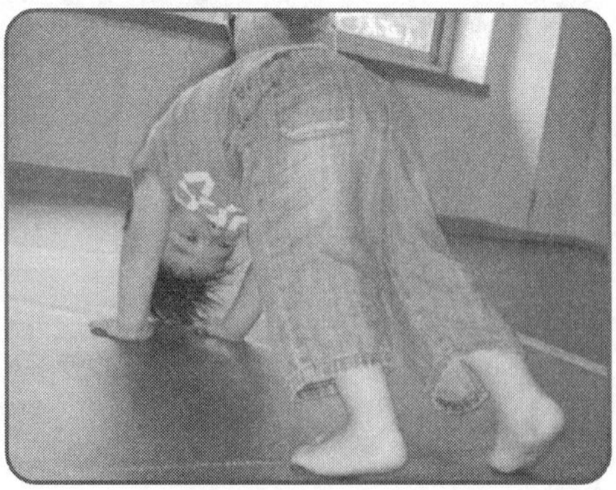

수박처럼 데굴데굴 신체표현을 하고 있는 영아들

수박 탐색하고 표상하기

수박의 겉모습을 살펴보면서 어떤 모양인지, 색은 어떤지 이야기 나누고 〈수박 파티〉 노래에서처럼 잘 익었나 통통통 두드려 보기도 하였다. 수박의 속은 어떨지 예상해 보고 칼로 잘라 단면을 보여 준 후, 어떤 냄새가 나는지 돌아가며 냄새를 맡아 보았다. 탐색을 마친 수박은 간식 접시에 나눠 담고 맛을 보았다. 시각, 청각, 후각, 미각, 촉각을 이용한 모든 탐색활동을 마친 후 수박의 겉모습과 자른 단면의 모습을 색칠해 보았다.

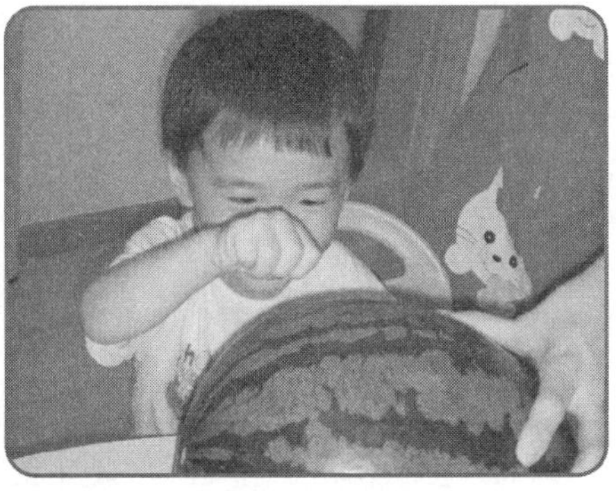

수박을 두드려 보고 속의 냄새를 맡아 보는 영아들

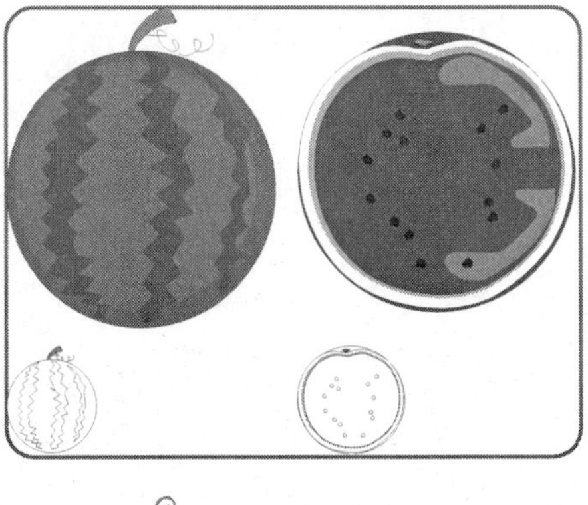

수박의 겉모습과 자른 단면을 관찰하고 색칠해 보는 영아

[멜론]

멜론을 탐색하고 멜론 껍질 탁본하기

멜론의 겉모양을 살펴보며 어떤 모양인지, 색은 어떤지 이야기 나누고 멜론 껍질을 만져 보며 감촉에 대해 이야기를 나누었다. 공과 비교해 보기도 하고 전날 탐색한 수박과 비교하여 매끈매끈하고 까칠까칠한 감촉에 대해 이야기를 나누었다. 멜론의 속은 어떨지 예상해 보고 칼로 잘라 단면을 보여 준 후 어떤 냄새가 나는지 돌아가며 냄새를 맡아 보았다. 멜론을 잘라 맛을 보고 아직 자르지 않은 멜론에 화선지를 대고 크레파스로 문질러 멜론 껍질의 모양을 본떠 보았다.

멜론과 같은 색(연두색)의 옷을 입고 온 친구들이 많아서 멜론의 색깔을 이야기하면서 ○○와 **의 옷 색깔과 똑같다고 이야기했더니, 초록색 줄무늬 옷을 입고 온 ☆☆과 ◎◎가 "나두 여기!"라며 옷에 있는 초록색을 보여 줬다. 아직 영아들은 맛을 표현할 수 없어 "어떤 맛이지요?"라는 질문에는 대답을 할 수 없었다. 그러한 질문보다는 멜론이나 수박을 먹으면서 이런 맛이 달콤한 맛이라고 이야기해 주는 것이 보다 효과적인 상호작용이라는 생각이 들었다.

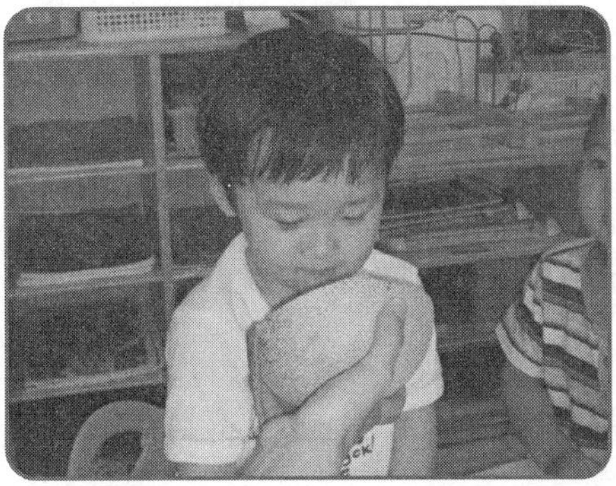
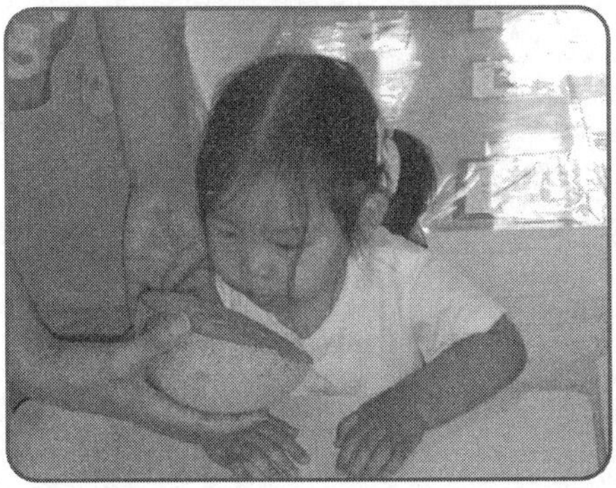
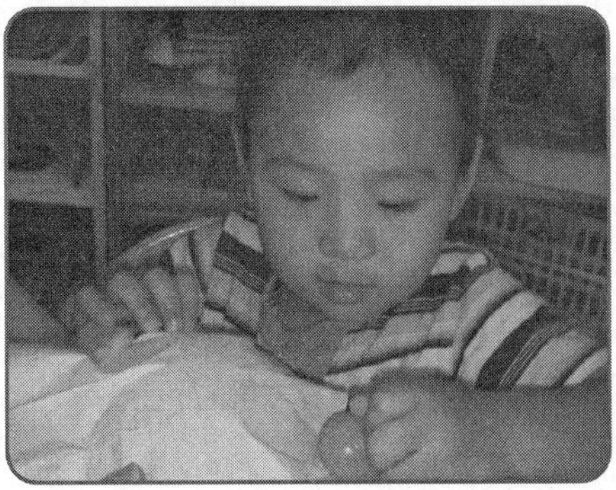

멜론의 겉면과 잘린 단면을 탐색하고 겉면을 탁본해 보는 영아들

멜론 셰이크 만들기

탐색과 탁본하기 활동을 마치고 남겨 두었던 멜론으로 셰이크를 만들어 보았다. 필요한 재료(멜론, 우유, 믹서기)를 함께 알아보고 믹서기를 본 경험이 있는지, 믹서기로 무엇을 하는지 이야기 나눈 후 멜론을 잘라 믹서기 안에 넣어 보았다. 멜론을 넣을 때 한 사람이 몇 개씩 넣을지 의논하고 3개씩 집어서 넣기로 약속을 정하며 수 개념을 익혔다. 또 믹서기 안의 내용물이 갈리는 것을 보며 믹서기 안에 들어간 고체의 멜론이 액체 상태로 변하는 것에 대해 이야기 나누었다. 믹서기 돌아가는 소리와 모습을 무서워하는 영아도 있었지만, 대부분의 영아들이 믹서기 단추를 누르고 투명한 믹서기 컵 안에서 내용물이 갈리며 섞이는 모습을 보고 신기해했다. 믹서기를 집에서 본 적이 있느냐고 묻자 한 영아가 "엄마가!"라고 이야기를 하였고, 친구들이 믹서기의 단추를 누를 때마다 옆에 서서 믹서기 윗부분을 꼭 눌러 주었다. 우유와 멜론을 섞어 셰이크를 완성하여 맛을 보고 영아들과 '달콤하다' 라고 대화를 나누었다.

멜론 셰이크를 만들어 마시고 있는 영아들

[포 도]

포도 탐색하고 포도송이 찍기

'포도' 주제를 시작하기 전에 포도넝쿨을 만들어 교실 벽에 전시해 영아들의 관심을 자연스럽게 포도로 이끌었다. 실제 포도를 보며 영아들은 "우리 반에도 포도 있어~."라고 말하기도 하고, "청포도랑 그냥 포도 있어."라며 벽에 전시한 포도넝쿨을 보면서 이야기를 하였다.

포도의 겉모습이 어떻게 생겼는지, 무슨 색깔인지 탐색하고 이야기 나눈 후 반으로 잘라 속은 어떻게 생겼는지, 어떤 냄새가 나는지 살펴보았다. 마침 부모님께서 앵두를 준비해 주셔서 포도를 탐색한 후 앵두와 비교하여 어떤 것이 더 크고 색깔은 어떻게 다른지 비교해 보기도 하였다. 두 과일을 비교하며 포도가 더 크다고 쉽게 대답하는 것을 보고 영아들이 비교의 개념을 가지고 있음을 알 수 있었다. 포도와 앵두 모두 동그랗다며 손가락으로 동그라미 모양을 그려 보여 주는 친구들도 있었다.

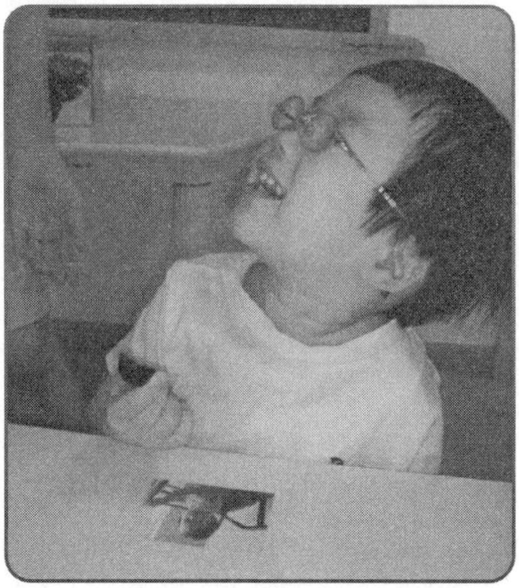
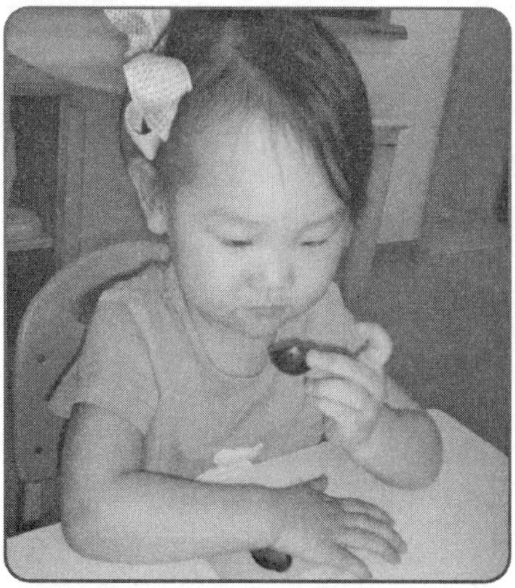

포도를 먹어 보는 영아들

포도의 맛은 어떤지 다 같이 포도를 먹어 본 다음 포도송이 그림 위에 '뽕뽕이 막대'를 이용해 물감으로 포도송이를 표현해 보았다. 포도송이 찍기를 할 때 붓 대신 뽕뽕이를 나무젓가락에 붙여 포도송이를 표현할 수 있도록 해 주었더니 포도송이 그림 안에 선을 넘지 않고 포도송이를 찍으려고 노력하는 모습을 볼 수 있었다.

뽕뽕이 막대로 포도송이를 표현하는 영아들

[체 리]

체리 탐색하고 스티로폼 공으로 체리 만들기

체리의 겉과 속모양, 냄새, 촉감, 크기 등을 살펴보고 직접 맛을 보았다. 앵두와 비교하여 크기와 색깔, 감촉 등은 어떤지 이야기해 보기도 하였다. 영아들이 사진으로만 볼 때는 체리와 앵두를 많이 헷갈려하고 '체리'의 이름이 어려운지 잘 말하지 못했었는데, 직접 과일을 눈으로 보고 만지고 맛을 보면서 체리라는 과일의 이름을 익히고 그 개념을 세울 수 있었다.

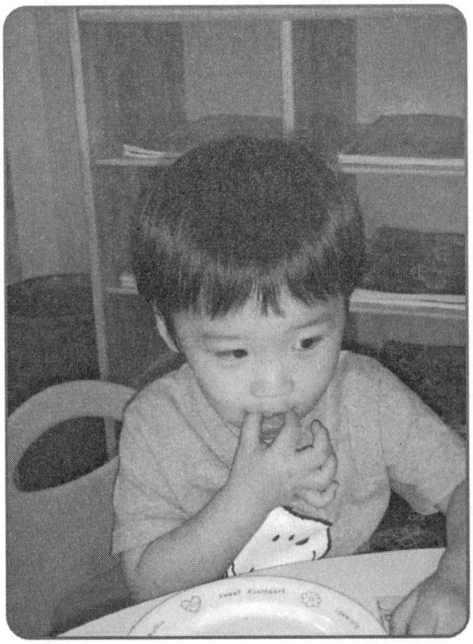

체리의 맛을 보고 있는 영아

스티로폼 공에 아크릴 물감을 묻혀 체리를 표현해 보기로 하였다. 스티로폼 공을 들고 물감을 묻히기에는 다소 어려움이 있었고, 스티로폼 공이 작아 한 개씩 칠하기에도 무리가 있어 그릇에 아크릴 물감을 풀어 놓고 스티로폼 공을 넣은 후 붓으로 공을 굴려 가며 색을 칠했다. 영아들도 "굴려서?" "데굴데굴?" "살살살~?" 이라며 그릇에 스티로폼 공을 담고 붓으로 꼼꼼하게 잘 칠할 수 있었다. 물감이 마른 스티로폼 공은 송곳으로 살짝 구멍을 내어 말려 둔 실제 체리 꼭지를 꽂아 진짜 체리처럼 형상화할 수 있었다.

또 속모양을 탐색하면서 체리에서 진한 색의 물감(즙)이 나온다는 것을 알게 되어 흰색 종이에 체리의 단면을 도장처럼 찍어 보기도 하였다.

스티로폼 공에 색을 입혀 체리를 만들고 있는 영아

체리즙으로 도장찍기를 하는 영아

[앵 두]

〈앵두〉 노래 배우기

오전 자유놀이시간에 영아들이 쉽게 익숙해지도록 〈앵두〉 노래를 반복하여 틀어 주고 교사와 함께 대집단으로 불러 보았다. 율동을 만들어 함께 부르면서 '우리 아기 입 속에 쏙 넣었으면' 부분에서 '아기' 대신 영아들의 이름을 불러 앵두를 입에 넣어 주는 시늉을 하였더니 영아들이 까르르 웃으며 무척 좋아했다. 그리고 자신의 이름을 부르거나 이름이 불리지 않은 친구를 알려 주며 "○○도~!"라고 하였다.

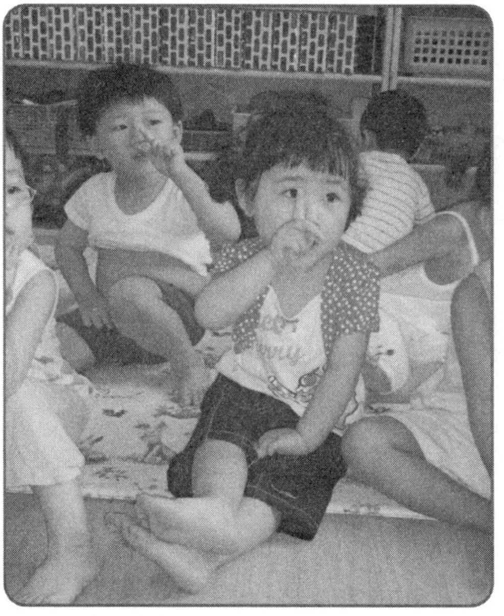

〈앵두〉 노래를 부르며 손유희를 하는 영아들

[사 과]

사과 탐색하기

사과의 겉모습을 손으로 만지며 느낌을 이야기하고 단면의 가로, 세로의 모습을 보며 이야기 나누었다. 사과를 본 한 영아가 손가락으로 동그라미 모양을 만들며 "동그래~."라고 표현하였다. 사과의 느낌은 어떨지 물어보자 영아들이 "매끌매끌해."라고 대답했다.

사과를 만져 보던 한 영아가 사과를 굴리며 "데굴데굴."이라고 말했다. 앞에서 사과를 보고 동그랗다고 표현한 영아에 이어 사과를 굴리며 '데굴데굴'이라고 표현하는 영아가 있어 사과가 동그랗기 때문에 굴러가는 것이라는, 동그란 것과 굴러가는 것의 상관관계에 대해 영아들이 언급할 수 있음을 알 수 있었다.

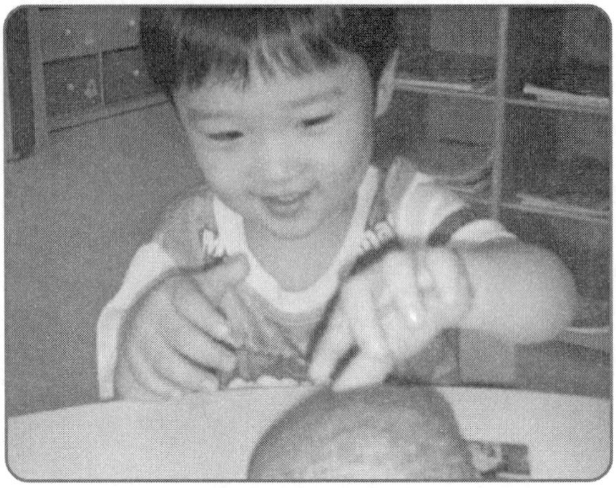

사과를 데굴데굴 굴려 보는 영아

사과를 씻어 오자 여아 한 명이 "씨! 씨가 있어요!"라며 단면을 자르기도 전에 사과 안에 씨가 있다고 이야기했다.

사과를 잘라 탐색하기 전에 영아들과 이야기 나누는 모습

전개단계의 마무리 활동으로 '사과 탐색'을 하였는데, 사과를 깎아 먹으면서 그동안 우리가 탐색하고 맛본 과일들을 기억하며 어떤 것이 있었는지 이야기하고, 그중에 어떤 과일이 제일 맛있었냐고 묻자 모두 "사과."라고 대답했다. 그동안 탐색하고 먹어 본 과일 중에 사과를 제일 잘 먹었고, 과일을 잘 먹지 않고 맛도 보지 않으려고 했던 두 명의 영아도 사과는 맛있게 먹고 더 먹기까지 하였다.

사과를 맛보는 영아들

4) 마무리

과일씨 마라카스 만들기

'과일' 을 주제로 활동하는 동안 모아 온 과일씨(수박, 체리, 앵두)를 영아들이 뚜껑이 있는 투명한 플라스틱 병에 직접 넣고 병과 뚜껑에 색깔 시트지와 과일 모양 스티커를 붙여 마라카스를 만들었다. 작은 씨를 병에 집어넣는 소근육운동활동, 스티커를 붙이고 꾸미는 미술활동, 마라카스를 흔들며 박자 맞춰 율동하는 음률활동 등 '마라카스 만들기'에 여러 가지 영역의 활동이 내포되어 있어 의미 있는 활동이었다.

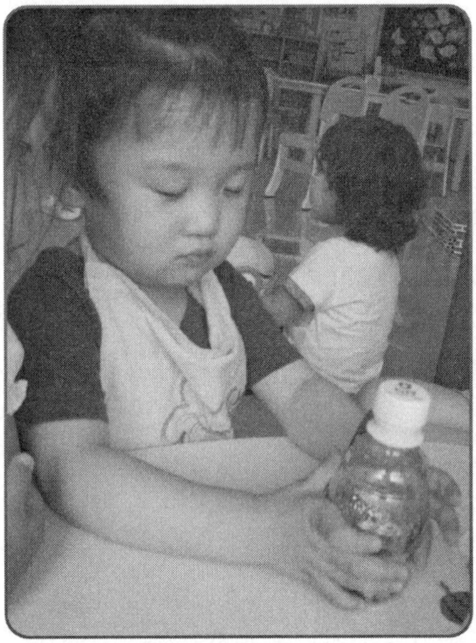

과일씨 마라카스를 만들고 있는 영아들

포도즙으로 염색하기

하얀색 가제 손수건에 3~4개의 고무줄을 묶은 후 포도즙(포도껍질에 물을 붓고 끓인 것)에 손수건을 넣고 손수건에 포도즙이 잘 스며들도록 나무젓가락으로 꾹꾹 눌러 주었다. 포도즙이 골고루 스며들었을 때 손수건을 꺼내어 고무줄을 풀어 보면 예상치 않았던 멋진 무늬들이 생겨 영아들의 흥미를 더욱 자극하였고, 모두 다른 무늬의 손수건이 되어 서로의 손수건을 비교하며 이야기할 수 있었다.

포도즙으로 염색하고 있는 영아

지점토로 과일틀 찍어 색칠하기

과일 모양의 틀로 지점토를 찍고 실제 과일과 같은 색의 물감으로 색을 칠해 보았다. 지점토는 영아들이 자유롭게 만지며 놀이하는 것만으로도 좋아하는 재료이므로 충분히 만지며 놀 수 있도록 하고 한 명씩 교사와 함께 모양틀을 찍었다. ○○는 남은 지점토를 가지고 "반죽하고 있어. 반죽~."이라며 신나게 주물렀고, **는 동글동글하게 플라스틱 칼로 자르더니 "이거 어제 봤던 포도껍질이에요."라고 했다. ☆☆는 "☆☆는 사과 만들어 볼게."라고 말하며 열심히 만들었다. ◎◎는 "선생님, (남은 지점토) 이걸로 내일 또 할 거에요?" 라며 오랜만에 하는 점토놀이를 즐거워했다.

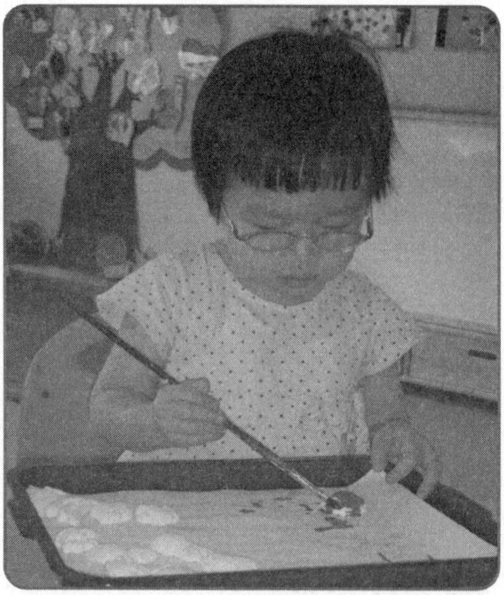

지점토 과일에 색칠을 하고 있는 영아

5) 평 가

우리가 먹는 과일을 탐색하는 과정을 통해 과일에 대한 영아의 호기심을 충족시키고 오감을 활용해 개념 형성을 돕도록 활동을 계획하고 진행하였다. 과일의 맛, 향, 질감을 직접 느껴 볼 수 있는 다양한 활동을 해 봄으로써 여러 가지 종류의 과일이 있음을 알고 생김새와 모양과 맛이 다르다는 것을 직접 경험할 수 있도록 하였다.

'맛있는 과일' 을 주제로 활동을 시작하면서 첫 주에는 어떤 과일들이 있는지 그림이나 사진 자료를 통해 영아들과 과일의 이름을 익히고, 과일 찾아보기, 과일 나무 만들기 등의 활동을 통해 여러 가지 종류의 과일을 알아본 후,

둘째 주부터는 구체적으로 과일을 두 가지씩 정해 탐색하고 활동하였다. 영아들이 실물을 직접 보며 활동하고, 특히 맛을 볼 수 있어 매우 흥미로워하였다. 또한 더운 날씨에 시원하게 여러 가지 과일을 맛볼 수 있어 기분도 좋고 건강에도 도움이 된 것 같다. 한 주에 두 가지의 과일을 정해 활동하면서 영아들이 각각의 과일에 대한 명확한 개념을 형성해 가도록 활동을 계획했다. 겉과 속, 맛, 색 등을 단순히 탐색하는 데서 그치지 않고 탐색활동을 마친 후 겉과 속의 모습을 그려 보거나, 껍질을 탁본해 보거나, 뽕뽕이를 이용해 포도송이를 찍어 보거나, 스티로폼 공을 색칠하여 체리를 만들어 보는 등 다시 한 번 탐색한 과일에 대해 표상하는 과정을 가졌다.

마무리활동으로 투명 페트병에 과일씨를 넣어 마라카스를 만들었는데, 시트지로 과일 모양의 스티커를 만들어 병을 꾸며 활동의 연계성을 가질 수 있도록 했다. 과일을 이용한 여러 요리활동이 있겠지만 한 가지 과일을 정해서 소주제를 진행하다 보니 매번 주스 만들기의 활동에 그쳐 아쉬움이 남는다. 더 다양한 요리활동 방법을 연구해 보고 동료교사들에게 도움을 받거나 자료를 찾아보았다면 훨씬 더 풍부한 요리활동이 가능했을 것 같다.

2. '달팽이' 주제탐구표현활동(만 3세반)

1) 사전준비

[주제선정 배경]

교사는 유아들에게 친숙하면서도 연령에 적합하고 직접 경험해 볼 수 있는 주제를 정하기 위해 유아들을 세심하게 관찰하였다. 달팽이는 주변에서 자주 볼 수 있어 유아들에게 친숙하며, 자유놀이시간에 그림을 그리거나 점토로 조작놀이를 할 때 자주 등장하는 동물이다. 또한 키우기도 비교적 쉬워 직접 키우면서 관찰하기가 용이하였다. 이러한 배경에서 '달팽이'라는 주제를 선정하게 되었다.

[중심 개념]

- 달팽이에 관심과 흥미를 가진다.
- 달팽이의 종류에 대해 안다.
- 달팽이의 생김새의 특징을 알고, 관찰력을 기른다.
- 달팽이의 움직임을 통해 관찰력과 표현력을 기른다.
- 달팽이의 먹이, 사는 곳 등의 생활습성에 대해 안다.
- 달팽이가 주는 이로운 점, 해로운 점에 대해 안다.
- 달팽이뿐 아니라 다양한 동물을 사랑하는 마음을 가진다.

[자원목록 및 환경구성]

'달팽이' 주제탐구표현활동에 활용된 자원목록은 다음과 같다.

표 7-3 '달팽이' 주제탐구표현활동 자원목록

유형	자원목록
실물	• 달팽이, 달팽이 집, 달팽이 먹이, 달팽이 톱밥, 달팽이 놀이목
도서	• 『네가 달팽이니?』 • 『달팽이』 • 『배고픈 달팽이와 너무 먼 채소밭』 • 『달팽이가 말하기를』 • 『부끄럼쟁이 달팽이』 • 『달팽이의 특별한 선물』 • 『달팽이를 따라가자』 • 『달팽이야 넌 왜 집을 지고 다니니?』 • 『달팽이 똥은 노란색이래요』 • 『느림보 달팽이』 • 『달팽이 집』 • 『명품 꼬마 자연관찰 12권–달팽이편』

영상/ 잡지/	• 달팽이 관련 영상 자료, 사진, 팸플릿 등 • 달팽이 관련 노래 자료
팸플릿/ 기타 자료	• 달팽이 관련 게임/퍼즐
현장견학	• 어린이집 주변, 달팽이 농원

달팽이와 관련된 다양한 주제의 동화책을 언어영역에 배치하였고, 수조작 영역에는 달팽이 관련 퍼즐을, 미술영역에는 점토와 여러 가지 재활용 재료를 배치하여 유아들이 자유선택활동시간에 사용할 수 있게 하였다. 또한 어린이집과 부모님들의 협조로 백와 달팽이 한 쌍과 달팽이 집, 달팽이 톱밥, 달팽이 먹이, 돋보기, 분무기, 절구통과 절굿공이를 두어 유아들이 직접 달팽이를 키우며 경험해 보게 하였다. 그리고 달팽이 관찰일지를 매일매일 기록해 유아들과 부모님이 볼 수 있게 하였고, 활동 자료와 유아들의 작품을 교실 벽면에 전시하여 주제에 대한 유아들과 부모님의 관심을 지속시켰다.

표 7-4 '달팽이' 주제탐구표현활동 환경구성

영 역	환경구성 내용
언어영역	• 도서: 『달팽이』 달팽이와 가재』 『좋아질 것 같아』 『달팽이는 왜 집을 지고 다닐까요?』 『침대를 버린 달팽이』 『달팽이 꼬물이』 『달팽이가 말하기를』 『꼬마 달팽이』 • 벽면에 게시한 주제망, 주제선정표, 달팽이 활동 자료들
수조작영역	• 달팽이 관련 퍼즐
미술영역	• 점토/여러 가지 재활용 재료
'달팽이' 주제 영역	• 실물 자료: 백와 달팽이 한 쌍, 달팽이 집, 달팽이 톱밥, 달팽이 먹이, 돋보기, 분무기, 절구통과 절굿공이, 달팽이 관찰일지 • 벽면 게시: 달팽이와 관련된 활동 자료, 유아들의 작품

2) 도 입

'달팽이' 주제탐구표현활동의 활동 방향을 정하기 위해 유아들의 달팽이에 대한 사전지식과 관심사를 알아보았다. 또한 달팽이를 키우며 관찰함으로써 새로운 지식을 쌓고 궁금한 것들을 찾아 갔다.

[달팽이에 대해 유아들이 알고 있는 내용 알아보기]

달팽이에 대한 이전 경험 나누기

달팽이를 본 적이 있는 유아들이 8명, 본 적이 없는 유아들이 6명이었다. 달팽이를 본 적이 있다고 손을 든 유아들에게 어디에서 보았는지 묻자, "나는 큰 달팽이는 안 보고 작은 달팽이만 유치원 앞에서 봤어요." "놀이동산 밖에 약국 옆에서 봤어요." "도곡동 할머니가 집에 가져왔는데 뿔에 눈이 달렸고 만지면 눈이 쏙 들어가요. 그런데 가만히 있으면 다시 나와요." "바닷가에서 아빠가 안아 줘서 엄마 달팽이랑 아기 달팽이가 먹이 먹는 것 봤어요." "미국 어린이집에서 봤어요." "병원 약국 옆 놀이터에서 봤어요." "놀이터 미끄럼틀 위에 작은 달팽이가 있었어요." "난 책에서만 봤어요. 아주 길쭉하고 뿔이 두 개밖에 없었어요." 등의 반응이 나왔다.

생각보다 달팽이를 본 적이 없는 유아가 많아 도입단계에 달팽이에 대한 경험의 기회를 제공할 필요가 있음을 느꼈고, 달팽이를 키우면서 직접 경험하게 하고 책을 통해 간접적으로 경험하게 하는 것으로 방향을 잡았다.

달팽이 1차 표상하기

'내가 아는 달팽이'를 그림으로 그려 달팽이에 대한 1차 표상을 했다. 달팽이만 그림으로 그려 보자고 했는데, 달팽이에 대해 잘 모르는 유아들은 달팽이 관련 책을 보면서 그리기도 했고, 자기가 그리고 싶은 그림을 그린 유아들도 있었다. 1차 표상한 것을 살펴보니, 달팽이를 본 적이 있는 유아들도 달팽이 더듬이 끝에 동그란 눈이 있고 껍데기 앞에 얼굴을 그리는 경향이 있었고, 달팽이의 특징을 부분적으로만 묘사한 유아들도 있었다. 또한 동화책에서 달팽이를 묘사한 것같이 몸통에 눈을 그리는 유아들이 많았다.

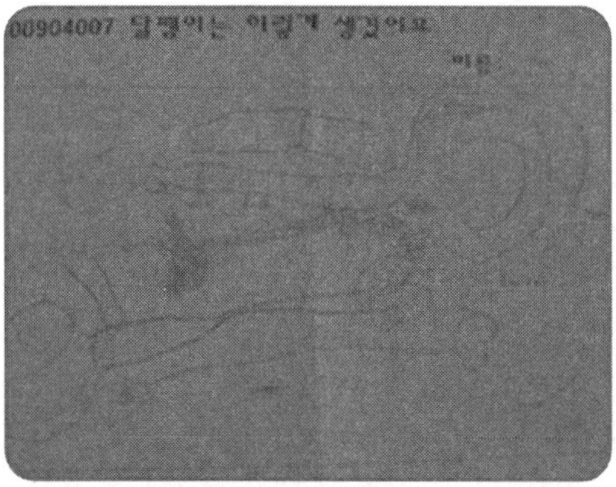

달팽이의 특징을 부분적으로 묘사한 1차 표상

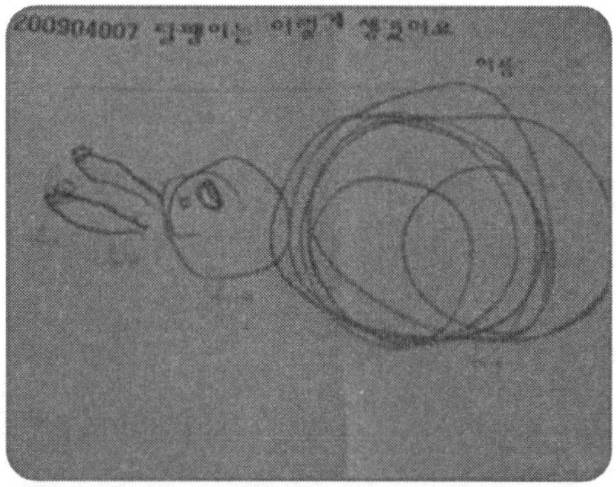

달팽이 더듬이 끝에 동그란 눈이 있고 껍데기 앞에 얼굴을 그린 1차 표상

달팽이 관련 도서 활동

달팽이를 관찰하기 전에 달팽이에 대한 사전정보를 알려 주기 위해 『달팽이』 『달팽이와 가재』 『좋아질 것 같아』 『달팽이 꼬물이』 『달팽이가 말하기를』과 같은 도서를 도입단계에 읽어 주었다.

이러한 도서들을 통해 달팽이가 어떻게 생겼고 달팽이의 한살이, 달팽이의 먹이, 달팽이가 좋아하는 것과 달팽이의 움직임, 달팽이 똥에 대한 정보를 알 수 있었다. 유아들은 특히 달팽이 똥에 관심이 많아 똥 색깔이 먹이에 따라 변하는 것을 다른 내용보다 재미있어했다. 그래서 "파란색을 먹으면 파란색 똥 눠요?" "딸기를 먹으면 빨간색 똥 누겠네요?"라며 이야기하기도 했다.

[유아들의 궁금증 알아보기]

달팽이에 대한 질문목록 만들기

달팽이에 대해 궁금한 것들을 알아보았다. 질문목록을 적어 본 결과 달팽이의 먹이, 사는 곳, 습성, 생김새, 움직임, 부화과정, 종류, 천적에 대한 질문들로 크게 분류할 수 있었고, 유아들은 특히 "달팽이야~ 너는 왜 등껍데기에서 사니?" "달팽이야~ 넌 땅콩 먹으면 검정똥 싸니?" "달팽이야~ 너는 어떻게 등딱지 속으로 쏙 들어갈 수 있니?" "달팽이야~ 너는 무엇을 먹고 사니?" 와 같이 달팽이 먹이, 똥 색깔, 달팽이의 집, 사는 곳이 어디인지 궁금해 했다.

표 7-5 '달팽이' 주제탐구표현활동 질문목록

영 역	질문목록
달팽이의 먹이	• 달팽이야 너는 무엇을 먹고 사니? • 달팽이야 너는 무슨 음식을 먹니? • 달팽이 먹이는 뭐예요?
달팽이의 습성	• 달팽이야 너는 왜 여러 가지 색깔 똥을 싸니? • 달팽이야 너는 왜 빨간색 똥도 싸고 초록색 똥도 싸니? • 달팽이야 너도 옷을 입니? • 달팽이야 너는 왜 똥 색깔이 다르니? • 달팽이야 너는 왜 긴 똥도 싸니? • 달팽이 똥에서는 냄새가 날까? • 달팽이야 너는 비가 오면 우산이 필요하니? • 달팽이야 너는 어떻게 집을 짓니? • 달팽이는 왜 색깔 똥을 싸요? 달팽이가 땅콩을 먹으면 검정 똥을 싸요? • 왜 달팽이 흙에서 냄새나요? • 달팽이야~ 너는 언제 잠을 자니?
달팽이의 종류	• 달팽이야 너는 왜 껍질이 없는 친구들도 있니? • 달팽이야 너는 왜 어떤 애는 몸이 까맣고 어떤 애는 하얗니?

달팽이의 생김새	• 달팽이야 너는 입이 어떻게 생겼니? • 달팽이야 아기 달팽이는 다리가 안 보이니? • 달팽이야 어떻게 등딱지 속으로 쏙 들어갈 수 있니? • 달팽이는 어디로 똥을 싸요?
달팽이의 움직임	• 달팽이야 너는 뾰족한 데 올라가면 피가 나지 않니? • 달팽이야 너는 벽돌 위에도 올라갈 수 있니? • 달팽이야 너는 불이 나면 어떻게 하니? • 달팽이야 너는 바깥으로 어떻게 나가니?
달팽이가 사는 곳	• 달팽이야 너는 왜 물 속에도 있니? • 달팽이야 너는 왜 흙에 사니? • 달팽이야 너는 왜 알(등껍데기)에서 사니? • 달팽이야 너는 왜 바다에도 사니? • 달팽이야 너는 어디에서 사니? • 달팽이야 너는 집이 땅속이니? • 달팽이야 너는 집이 어디니? 나뭇잎이니?
달팽이의 천적	• 달팽이가 무서워하는 동물은 뭐에요?
달팽이의 부화과정	• 달팽이야 너는 왜 알에서 나올 때 눈만 보이고 다리는 보이지 않니? • 달팽이야 너는 왜 알을 흙에 묻니? • 엄마 달팽이는 아기 달팽이를 몇 마리 낳니?
기 타	• 달팽이로 만든 요리도 있어요?

달팽이에 대한 생각 모으기

교실에서 달팽이를 키우면서 달팽이를 관찰하고 질문목록에서 나온 소주제로 생각 모으기를 해 보니 다음과 같은 결과가 나왔다. 첫째, "달팽이는 무엇을 먹을까요?" 에 대한 유아들의 생각은 "당근/배추/상추/오이/계란 껍질/양배추/사과/포도/계란/김치/백김치/키위/티라노사우루스/딸기." 였다. 둘째, "달팽이는 어디에서 살까요?" 에 대해서는 "사육통/돌 밑/돌 밑 큰 집에 침대 이불 접시 베개까지 있을 것 같아요/물/모래." 라고 대답하였다. 셋째, "달팽이가 무서워하는 동물은 무엇일까요?" 라는 질문에는 "공룡/악어/개똥

지바퀴/딱정벌레/여우/늑대/사자/유령/멍멍이."라고 답하였다. 넷째, "달팽이는 어떻게 생겼을까요?"라는 질문에는 "등껍질이 동그래요/눈이 동그래요/배가 미끌미끌해서 벽에 올라갈 수 있는 거예요. 우리도 샤워하고 물 묻히면 벽에 딱 붙을 수 있을 거예요/입이 동그래요/옆에서 똥 눠요."라고 답하였다. 마지막으로 "달팽이가 어떻게 움직이나요?"라고 물었을 때 유아들은 "배발로 미끌미끌하게(엉금엉금) 올라가요/움직일 때 물(거품) 같은 것이 나와요/껍데기는 발로 엎드려서 움직여요/벽에 올라갈 때 등껍질이 떨어지려고 해요/더듬이가 왔다갔다 움직여요/기어다니고 눈이 쏙 들어갔다 나왔다 해요/더듬이가 움직여요/등껍질이 뾰족해요. 움직일 때 배도 삐죽해져요/배발로 붙어 서요."라는 대답을 하였다. 이러한 답변을 통해 경험으로 알게 된 정확한 지식과 유아들만의 기발한 상상력과 표현력을 느낄 수 있었다.

'달팽이'에 대한 생각 모으기를 하고 있는 유아들

주제망 짜기

질문목록과 생각 모으기를 바탕으로 전지에 주제망을 그리고 선을 연결해 보았다.

주제망을 짜기 위해 유목화하고 있는 유아들

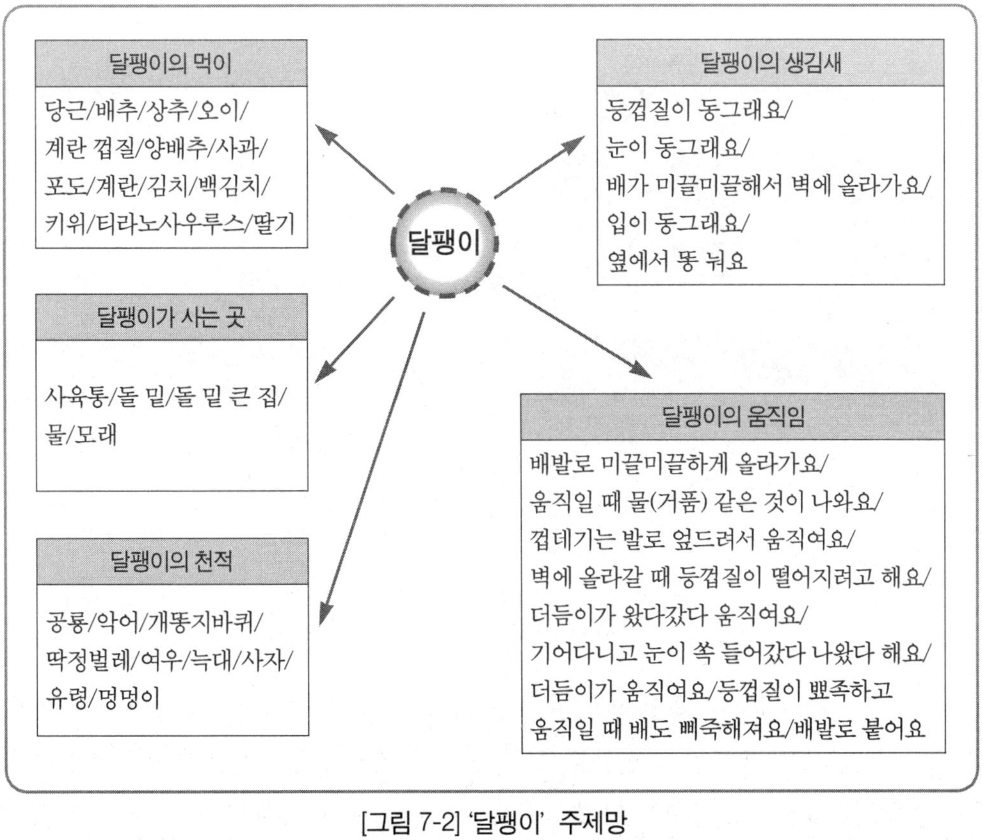

[그림 7-2] '달팽이' 주제망

['달팽이' 키우기]

'달팽이' 주제탐구표현활동을 진행하며 식용달팽이 '백와' 종 한 쌍을 키웠다. 일과시간 중에 자유롭게 달팽이를 관찰하면서 달팽이의 생김새, 움직임, 먹이, 습성, 부화과정을 관찰하고 경험할 수 있었고, 관찰한 부분과 책에서 본 내용들을 비교해 보기도 했다. 또한 달팽이 이사시켜 주기를 시작으로 먹이 주기, 목욕시키기 등 달팽이를 함께 돌보며 동물을 사랑하는 마음까지 키워 갔다.

달팽이 이름 짓기

유아들과 교실에서 직접 기른 '화야'와 '수야' 달팽이

달팽이를 구분할 수 있게 한 마리는 등껍질에 별 표시를 했다. 달팽이에게 어떤 이름을 지어 주고 싶은지 유아들의 의견을 듣고 다수결로 결정하기로 했는데, 달이, 팽이, 백설공주, 신데렐라, 신데왕자, 불화, 물수, 나무목, 상어, 티라노사우루스, 그냥 달팽이 등이 나왔다. 결국 다수결을 통해 '화야'와 '수야'라고 부르기로 했다. 별 표시가 되어 있는 달팽이가 수야, 별 표시가 없는 달팽이가 화야다.

달팽이 이사시키기와 먹이 주기

좁은 부화통에 들어 있는 달팽이를 큰 사육통에 옮겨 주기 위해 사육통에 물 뿌린 달팽이 톱밥을 깔고 달팽이를 사육통으로 이사시킨 후 달팽이가 배고프지 않게 집에서 가져온 먹이를 주었다. 유아들과 이사를 시켜 주었더니 사육통 앞에 모여 돋보기를 가져와 관찰하기도 하고, 달팽이에게 상추나 당근을 주고 달팽이한테 줄 계란 껍질을 빻기도 하면서 너도 나도 먹이를 주려고 했다.

달팽이를 이사시켜요

돋보기를 가져와 달팽이를 관찰하고 먹이를 준비하여 주는 유아들

달팽이 목욕시키기와 톱밥 갈기

달팽이 톱밥을 간 지 2주 정도가 지나니 톱밥에서 냄새가 나기 시작했다. 달팽이 사육 사이트를 찾아보니 톱밥에서 냄새가 나면 톱밥을 갈아야 한다고 나와 있어서 달팽이를 목욕시켜 주면서 사육통 청소도 하고 톱밥도 갈아 주었다. 유아들이 샤워기 물을 뿌려 주면서 달팽이를 손에 올려 놓아 보기도 하고 사육통 톱밥을 갈아 주고 달팽이를 넣어 주면서 달팽이의 촉감도 느껴 보았다.

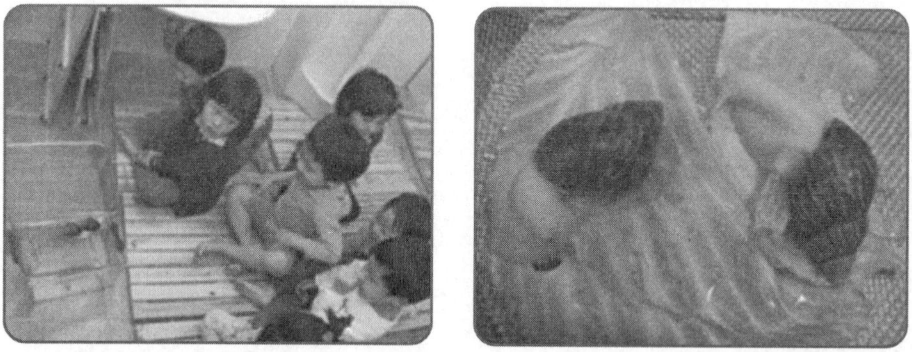

화야와 수야를 목욕시켜요

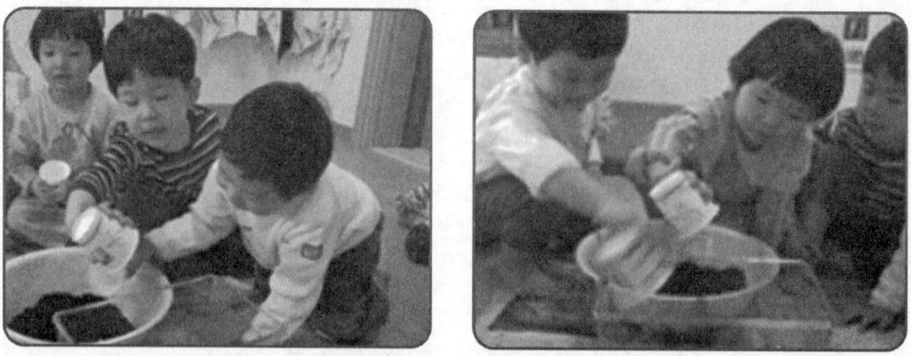

톱밥을 갈아 주어요

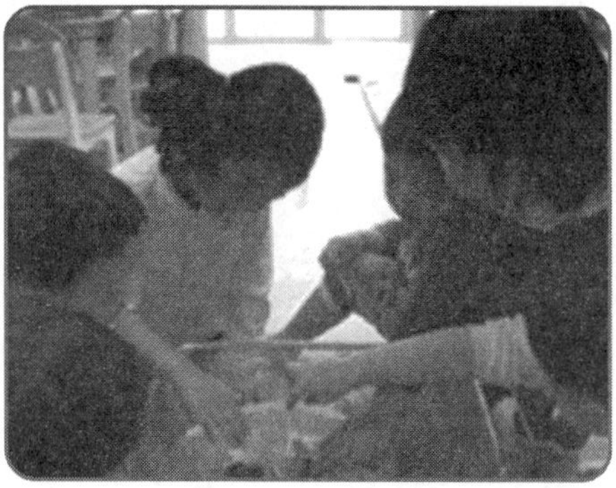

달팽이의 촉감을 느껴 봐요

3) 전 개

'달팽이'에 대한 도입단계에서 책을 통해 달팽이를 키우고 관찰하는 과정 중에 발생한 달팽이에 대한 유아들의 궁금증을 하나씩 해결해 가는 활동들이 전개단계에서 이루어졌다.

민달팽이를 관찰하면서는 또 다른 달팽이가 있는지에 대해 궁금해했고, 달팽이의 먹이 먹는 모습을 관찰하면서 달팽이가 어떤 먹이를 가장 좋아하는지에 대해 궁금해했다. 달팽이의 생김새를 관찰하면서 달팽이가 똥 누는 구멍은 어디인지, 알은 어디에서 나오는지, 달팽이는 어디에서 사는지에 대해 궁금해했으며, 달팽이가 알을 낳고 부화하는 과정을 관찰하면서 알에서 달팽이가 언제 나오는지, 부화를 어떻게 시키는지, 알은 어떻게 생겼는지 궁금해하였다.

궁금증 1. 또 다른 달팽이가 있어요?	• 활동: 여러 종류의 달팽이가 있어요
궁금증 2. 달팽이는 어떤 먹이를 가장 좋아해요?	• 활동: 달팽이는 어떤 먹이를 가장 잘 먹을까?
궁금증 3. 달팽이가 똥을 누는 구멍은 어디에요?	• 활동: 달팽이의 생김새 알아보기 • 활동: 달팽이 만들기
궁금증 4. 알에서 언제 아기 달팽이가 나와요?	• 활동: 달팽이 알 관찰하기
궁금증 5. 달팽이는 어디 살아요?	• 활동: 달팽이의 사는 곳 알아보기

[그림 7-3] '달팽이' 주제탐구표현활동의 전개활동

[또 다른 달팽이가 있어요?]

〈달팽이 관찰〉 민달팽이 관찰 → 〈궁금증〉 또 다른 달팽이가 있어요? → 〈활동〉 여러 종류의 달팽이가 있어요

민달팽이 관찰

어느 날 점심 때 식당 선생님께서 양상추를 씻다가 발견한 민달팽이 한 마리를 주셨다. 그래서 민달팽이를 관찰하며 우리가 키우는 식용달팽이 화야, 수야와 어떤 점이 다른지 살펴보고, 민달팽이와 관련된 책도 찾아보았으며,

민달팽이 집도 만들어 주었다. 이번 계기를 통해 자연스럽게 달팽이의 종류에 관심을 갖게 되었다.

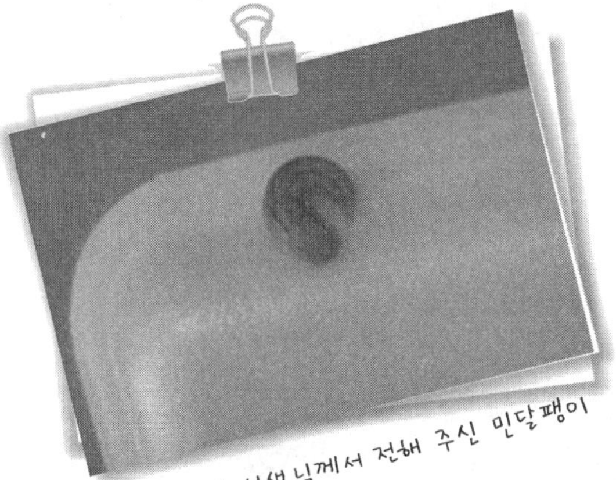

식당 선생님께서 전해 주신 민달팽이

여러 종류의 달팽이가 있어요

달팽이의 종류에 대해 알아보았다. 물레달팽이, 빨강달팽이, 털달팽이, 세줄달팽이, 민달팽이, 노란뾰족달팽이, 처녀달팽이, 에스카르고, 아프리카달팽이, 바다달팽이, 식용달팽이 사진을 보고 유아들이 제일 마음에 든 두 종류의 달팽이에게 스티커를 붙여 주었다. 털달팽이(4표), 물레달팽이/백와/바다달팽이(3표), 처녀달팽이/에스카르고/아프리카달팽이/세줄달팽이/빨강달팽이, 민달팽이/노란뾰족달팽이(1표) 순으로 나왔다. 이번 활동을 통해 모양도 다르고 색깔도 다른 여러 종류의 달팽이가 있다는 것과 교실에서 키우는 달팽이가 식용달팽이 중에서 '백와' 종인 것을 알게 되었다.

[달팽이는 어떤 먹이를 가장 좋아해요?]

〈달팽이 관찰〉 먹이 먹는 모습 관찰	➡	〈궁금증〉 달팽이는 어떤 먹이를 가장 좋아해요?	➡	〈활동〉 달팽이는 어떤 먹이를 가장 잘 먹을까?

먹이 먹는 모습 관찰

부모님들이 가져다주신 먹이를 바꿔 가며 달팽이에게 주면서 달팽이의 반응과 변화를 살펴보았다. 딸기, 청포도, 사과와 같은 과일과 양상추, 상추, 양

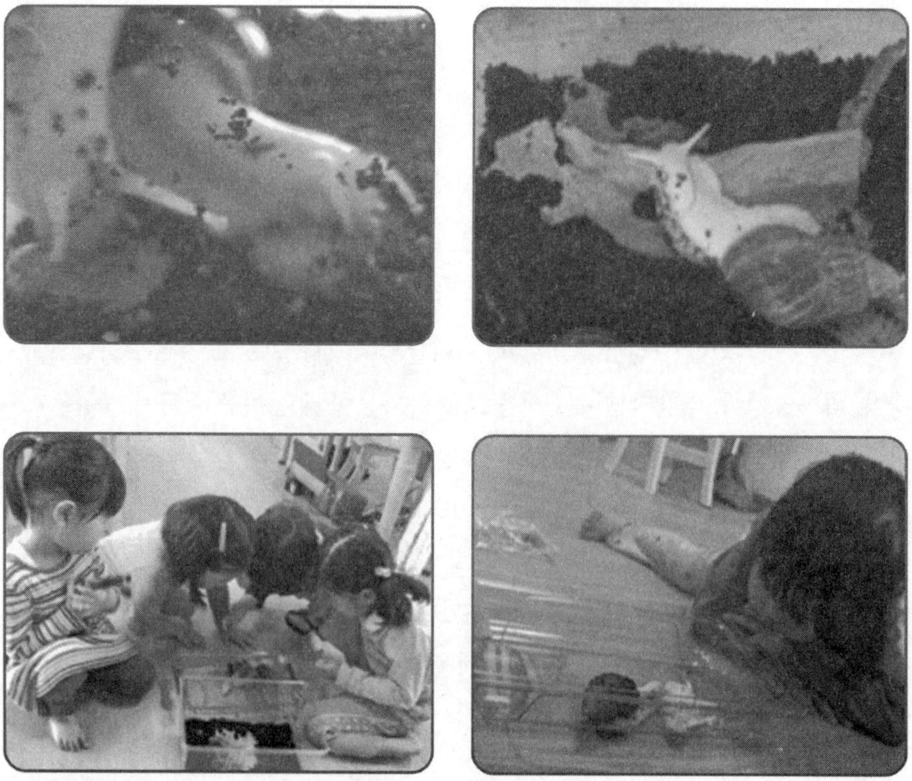

달팽이가 여러 종류의 먹이를 먹는 모습을 관찰하는 유아들

배추, 당근과 같은 야채 등을 주며 달팽이를 관찰하는 과정에서 유아들은 달팽이가 어떤 먹이를 가장 잘 먹을지에 대해 궁금해하기 시작했다.

달팽이는 어떤 먹이를 가장 잘 먹을까?

달팽이가 어떤 먹이를 가장 잘 먹는지 실험해 보았다. 유아들이 가져온 식빵, 사과, 양배추, 당근, 딸기, 청포도, 달걀 껍질 중에서 어떤 먹이를 가장 잘 먹을 것 같은지 먼저 유아들의 생각을 들어보고 그 결과를 표로 만들었다. 그리고 유아들이 선택한 먹이를 일렬로 사육통 안에 넣어 주고 달팽이가 어떤

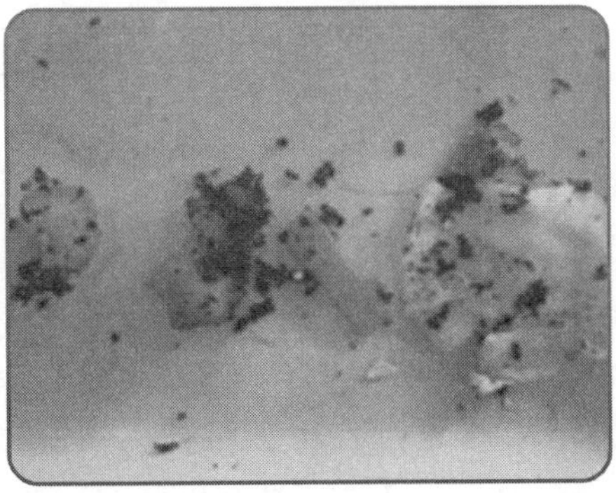

여러 가지 먹이를 주어 달팽이가 어떤 먹이를 가장 잘 먹는지 관찰하는 유아들

먹이를 많이 먹는지 관찰했다. 유아들의 생각은 식빵, 사과, 양배추, 당근, 포도, 달걀 껍질 순서였다. 실험 결과 사과, 식빵, 포도, 딸기, 양배추, 달걀껍질, 당근 순이었다. 이를 통해 달팽이가 식빵을 먹는다는 것, 딱딱하지 않고 달콤한 맛을 좋아한다는 것을 알게 되었다.

[달팽이가 똥을 누는 구멍은 어디에요?]

〈달팽이 관찰〉
- 색깔똥/숨구멍/생식공 관찰

→

〈궁금증〉
- 똥을 누는 구멍은 어디에요?
- 어디서 알이 나와요?

→

〈활동〉
- 달팽이의 생김새 알아보기
- 달팽이 만들기

색깔 똥 관찰

도입활동에서 살펴본 책에 나온 것처럼 달팽이에게 먹이로 상추를 주었더니 초록색 똥이 나왔다. 신기해서 유아들과 당근, 양상추, 양배추, 청포도, 딸기 등 다양한 색깔의 먹이를 번갈아가며 주어 똥 색깔의 변화를 살펴보기로 했다. 그리고 관찰한 똥 색깔의 변화를 활동지에 기록하였다.

청포도 먹고 눈 똥, 당근 먹고 눈 똥, 배추 먹고 눈 똥

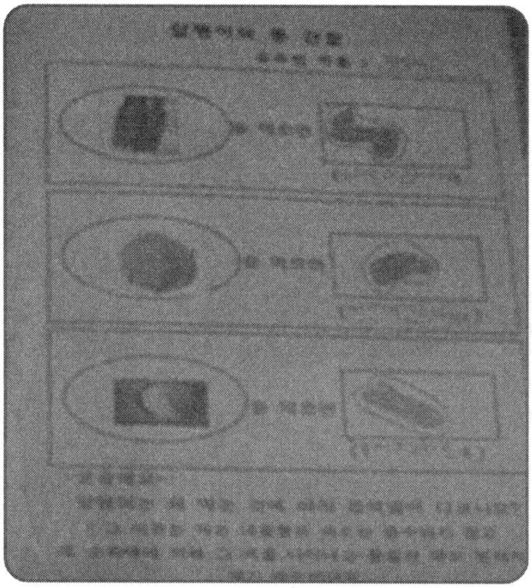

달팽이 똥 관찰일지

숨구멍 관찰

달팽이 껍데기와 연결된 몸 사이에 구멍이 있음을 발견하고 구멍이 열렸다 닫혔다 하는 것을 관찰했다. 이번 관찰을 통해 달팽이가 숨을 쉬는 구멍이 있음을 알게 되었다. 유아들은 달팽이가 똥을 누는 구멍은 어디인지 궁금해했다.

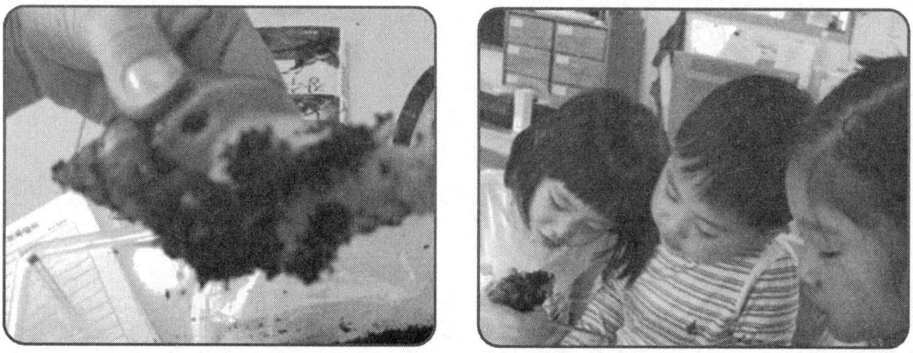

달팽이 숨구멍을 관찰하는 유아들

달팽이 항문과 똥 관찰

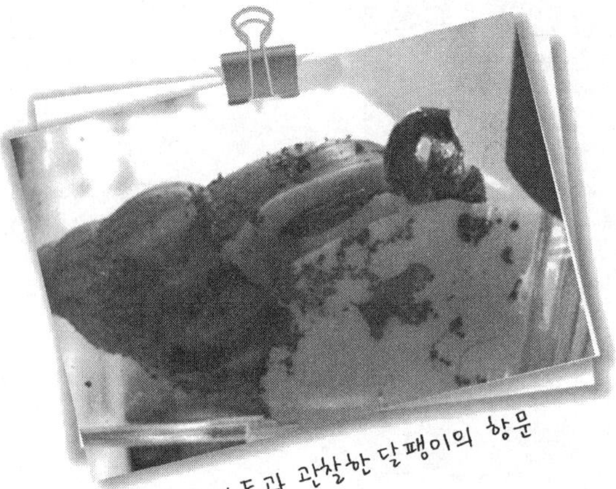
✩ 유아들과 관찰한 달팽이의 항문

달팽이의 어느 곳에서 똥이 나오는지 관찰했다. 유아들은 "얘들아~ 달팽이 똥이 이상한 데서 나온다~." 하면서 웃기도 하고, "그럼 달팽이가 알을 낳는 구멍은 어디에요?" 라고 묻기도 했다. 숨 쉬는 구멍과 항문을 관찰한 뒤 알을 낳는 구멍은 어디인지 궁금해하는 유아들이 많아졌다. 그래서 달팽이의 생김새와 몸의 명칭에 대해서 공부하게 되었다.

생식공 관찰

어느 날 점심시간에 화야와 수야가 서로 몸을 비비는 것을 관찰하게 되었다. 유아들과 책을 통해 달팽이들이 몸을 비비며 춤을 추는 것이 짝짓기를 하는 것이고 이때 생식공이 튀어나온다는 것을 알았는데, 마침 화야와 수야가 춤을 추며 몸을 비볐고 화야 몸에서 생식공이 튀어나온 것을 관찰했다. 아직 수야 몸에서는 생식공이 나오지 않아 짝짓기는 이루어지지 않은 것 같았다. 유아들은 화야와 수야가 빨리 짝짓기를 해서 귀여운 아기 달팽이가 태어나길 바랐다. 이번 관찰을 통해 알을 낳을 때가 된 달팽이는 더듬이 옆에서 생식공이 튀어나온다는 것을 알게 되었다.

생식공이 나온 화야

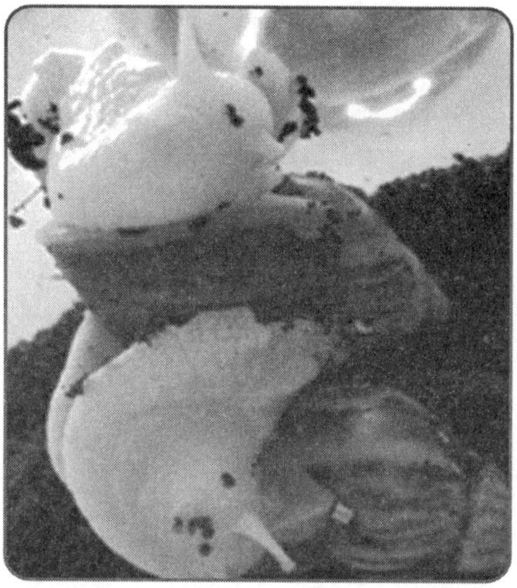

몸을 비비고 있는 화야와 수야

달팽이의 생김새 알아보기

달팽이 몸의 각 부분의 명칭을 알아보았다. 긴 더듬이, 짧은 더듬이, 껍데기, 항문, 눈, 알을 낳는 구멍, 배발, 호흡공, 생식공, 입, 치설의 위치를 알아보았고, 달팽이 몸의 기관의 기능과 역할도 알아보았다. 첫째, 짧은 더듬이는 냄새, 바람, 온도, 습도를 알 수 있어 우리의 코와 비슷하고, 둘째 긴 더듬이에 있는 눈은 시력이 좋지 않아 밝고 어두움만 구별할 수 있으며, 셋째 달팽이는 귀가 없어 소리를 듣지 못하고, 넷째 달팽이의 알을 낳는 구멍과 똥 나오는 구멍이 어디인지 알게 되었다.

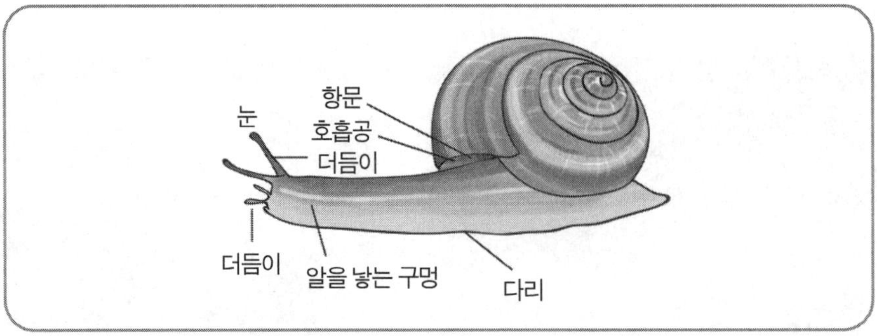

[그림 7-4] 활동에 사용한 달팽이 생김새 그림

달팽이 만들기

달팽이의 생김새에 대해 배운 것을 토대로 달팽이를 만들어 보았다. 골판지와 스티로폼 그릇, 눈알, 오공본드를 이용해 달팽이를 만들었고, 그릇에 크레파스로 성장선도 그려 주고 뿅뿅이로 꾸며 주기도 했다. 교사가 "달팽이를 만들려면 무엇이 필요할까요?"라고 묻자, 유아들은 "눈이 필요해요." "긴 더듬이가 필요해요, 짧은 더듬이도요." "껍데기가 필요해요." "알 낳는 구멍도요." "양배추가 필요해요."라고 말했다.

달팽이 껍데기를 꾸며 주는 유아들

달팽이의 성장선을 그려 주는 유아

더듬이와 눈까지 붙여서 완성한 달팽이

[알에서 언제 아기 달팽이가 나와요?]

〈달팽이 관찰〉 알 관찰/알 심기/ 부화 관찰	➡	〈궁금증〉 아기 달팽이가 언제 태어나요?	➡	〈활동〉 달팽이 알 관찰하기

달팽이 알 관찰하고 알 심기

달팽이 화야와 수야가 휴일 동안 알을 200개 가까이 낳았다. 알과 흙을 분리하고 세 개의 부화통에 알을 심어 주었다. 교사는 "알은 햇빛이 없고 따뜻한 곳에 두어야 한다는데 어디다 둘까요?"라고 묻자, 한 유아가 "달팽이 사

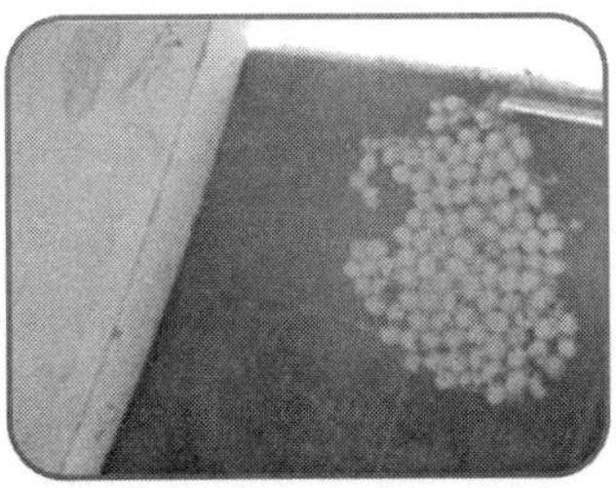 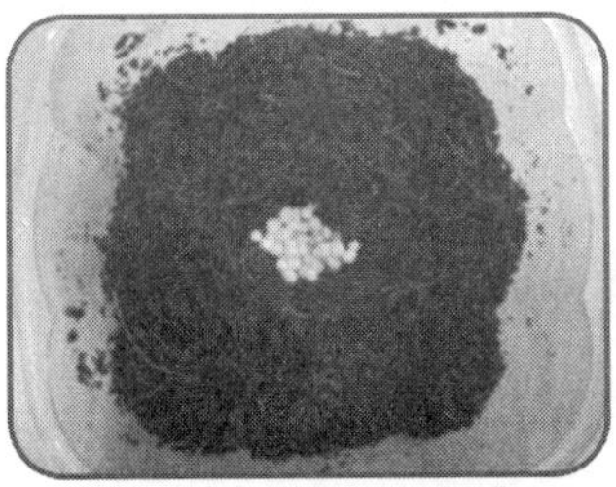 

사육통 밑에 낳은 알을 부화통에 옮겨 심고 책상 밑 사육통 옆에 부화통을 함께 놓았어요

육통이 있는 책상 밑에 두면 어때요?" 라고 이야기했는데, 다른 유아들도 대부분 좋은 의견이라고 생각하여 그렇게 하기로 했다.

아기 달팽이가 태어났어요

화야와 수야가 낳은 달팽이 알을 부화통에 심은 지 3주쯤 지났을 때 알에서 깨어난 아기 달팽이들이 꼬물꼬물 기어나왔다. 유아들은 아기 달팽이를 보고 "아기 달팽이 너무 귀여워요." "얘는 더듬이가 두 개만 있는 거 같아요." "얘는 왜 등껍질이 뾰족하지 않아요?" 라며 이야기하였다. 대부분 어미 달팽이에 비해 너무 작은 달팽이를 귀여워했고 아기 달팽이 더듬이를 친구들이 만지려고 하면 "안 돼~ 아기 달팽이는 너무 작아서 더듬이 자꾸 만지면 죽을지도 몰라!" 라고 이야기하기도 했다.

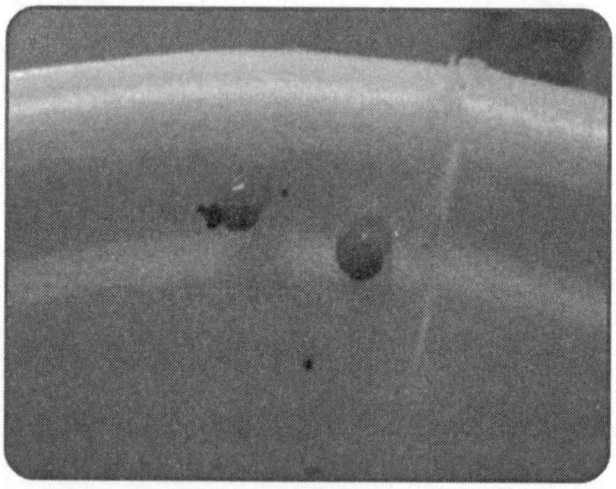

아기 달팽이들이 알에서 깨어나 부화통 위로 올라오고 있어요

달팽이 알 관찰하기

화야와 수야가 낳은 달팽이 알을 흙과 분리하여 자세히 관찰하고 달팽이 알을 그려 주었다. 교사가 "달팽이 알이 어떻게 생긴 것 같나요?" 라고 묻자,

유아들은 "하얗고 동그래요." "계란 같아요." "총알 같아요."라고 표현하였다.

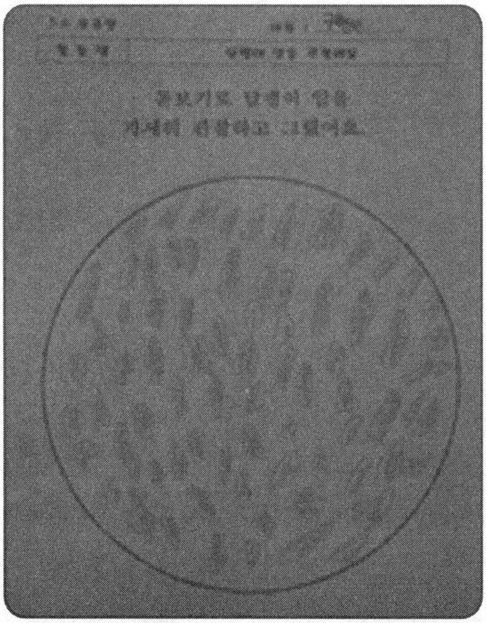

달팽이 알을 자세히 관찰하고 그림으로 표상하는 유아들

[달팽이는 어디에 살아요?]

〈궁금증〉 달팽이는 어디에서 살아요?	➡	〈활동〉 달팽이가 사는 곳 알아보기

달팽이가 사는 곳 알아보기

달팽이를 직접 키워 보고 달팽이에 대한 책을 보면서 달팽이의 집이 어디인지 궁금해하는 유아들이 많았다. 교사가 "달팽이는 어디에서 살까요?"라고 묻자 유아들은 "땅속이요." "돌 밑." "사육통이요." "나무와 산에서 따뜻한데요." "꽃에서요." "눈사람에서요." "딸기 옆에서요." "포도 옆에서요." "무지개빛 조개로 만든 궁전." "아이스크림에서요." "큰 굴속에서요." "케이크에서요." "물속에서요." "모래흙 밭에서요."라고 대답하였다. 교실에 있는 달팽이 관련 책들을 찾아 달팽이가 어느 곳에 사는지 찾아보니 가랑잎 밑/낙엽 밑/수국나무 줄기/나뭇잎/풀/그늘/풀잎/돌 밑/흙/꽃/사육통에서 산다는 것을 알 수 있었다.

달팽이가 사는 곳을 알게 된 후 달팽이가 사는 곳을 도화지에 그려 주고 색종이와 눈알로 달팽이를 만들어 붙여 주었다. 달팽이가 사는 곳으로 풀이나

바다에서 사는 달팽이

꽃밭에서 사는 달팽이

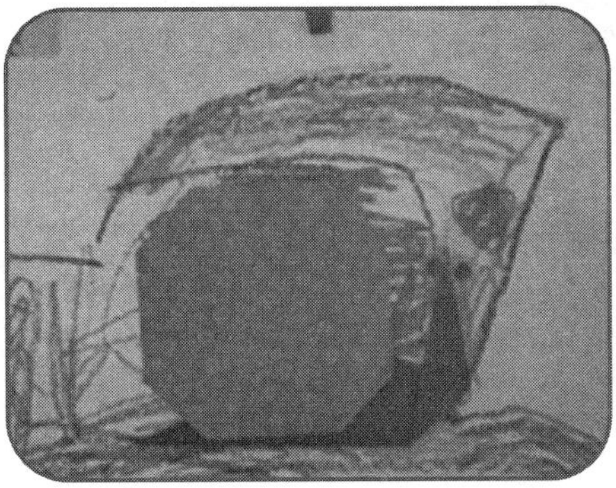

사육통에서 사는 달팽이

꽃, 사육통을 그린 유아들이 많았고, 달팽이의 종류에 대해 배울 때 바다에서 사는 달팽이를 본 것이 인상 깊었던 한 유아는 바다를 그려 주기도 하였다.

4) 마무리

유아들이 달팽이에 대해 궁금해했던 내용들을 관찰과 활동으로 대부분 알아보았다. 알에서 태어난 아기 달팽이를 분양해야 하는 시기가 다가오면서는 아기 달팽이들을 어떻게 하면 좋을지, '달팽이' 주제탐구표현활동을 어떻게 마무리하면 좋을지에 대해 이야기를 나누게 되었다. 종결활동에 대해서는 달팽이 퀴즈 대회, 달팽이 모양 쿠키 만들기, 달팽이 책 만들기, 그 외 다른 의견을 놓고 다수결을 했는데, 달팽이 퀴즈대회 4표, 달팽이 모양 쿠키 만들기 8표, 달팽이 책 만들기 1표가 나와서 종결활동으로 '달팽이 모양 쿠키 만들기' 가 정해졌다.

교사가 달팽이를 분양하겠다고 제안하자 유아들은 달팽이를 받아간 사람이 달팽이를 잘 키우지 못하면 어떻게 할지 걱정을 하여 '달팽이 키우는 법' 책을 만들어 분양하는 사람에게 나누어 주자고 의견이 모아졌다.

마무리 1. '달팽이' 주제탐구표현활동 돌아보기	• 제일 생각나는 활동에 대해 이야기 나누기 • 달팽이 2차 표상
마무리 2. 달팽이 모양 쿠키 만들기	• 지점토로 달팽이 쿠키 만들기 • 달팽이 모양 쿠키 만들기
마무리 3. '달팽이 키우는 법' 책 만들기	• 달팽이를 사육할 때는 이렇게 해 주세요 • 달팽이가 좋아하는 먹이 • 달팽이가 싫어하는 것 • 달팽이 목욕시키기 • 책 표지 만들기

[그림 7-5] '달팽이' 주제탐구표현활동의 마무리활동

['달팽이' 주제탐구표현활동 돌아보기]

제일 생각나는 활동에 대해 이야기 나누기

달팽이 관찰일지와 달팽이 활동책을 소개해 주고 '달팽이 활동' 중에 제일 생각나는 것들에 대해 이야기를 나누었다. 달팽이 공부 중에서 생각이 나는 내용은 달팽이가 먹이 먹는 것, 알 낳는 것과 같이 대부분 유아들이 직접 관찰하여 경험한 활동이었다. "달팽이가 색깔똥 누는 거요." "달팽이가 상추 먹는 거 봤잖아요." "달팽이 알도 봤잖아요." 라고 말하는 것을 보면 유아들에게 기억에 남는 내용은 대부분 직접 관찰하여 경험한 활동들이었다는 것을 알 수 있었다.

달팽이 2차 표상

'달팽이' 주제탐구표현활동을 마무리하며 다시 한 번 달팽이를 그려 봄으로써 유아들이 얼마나 더 알게 되었는지를 알아보았다. 그 결과 1차 표상에 비해 눈, 긴 더듬이, 작은 더듬이를 표현하고 달팽이가 알 낳는 구멍과 달팽이 알, 달팽이 몸에 있는 돌기 모양까지 표현하는 모습을 보였다.

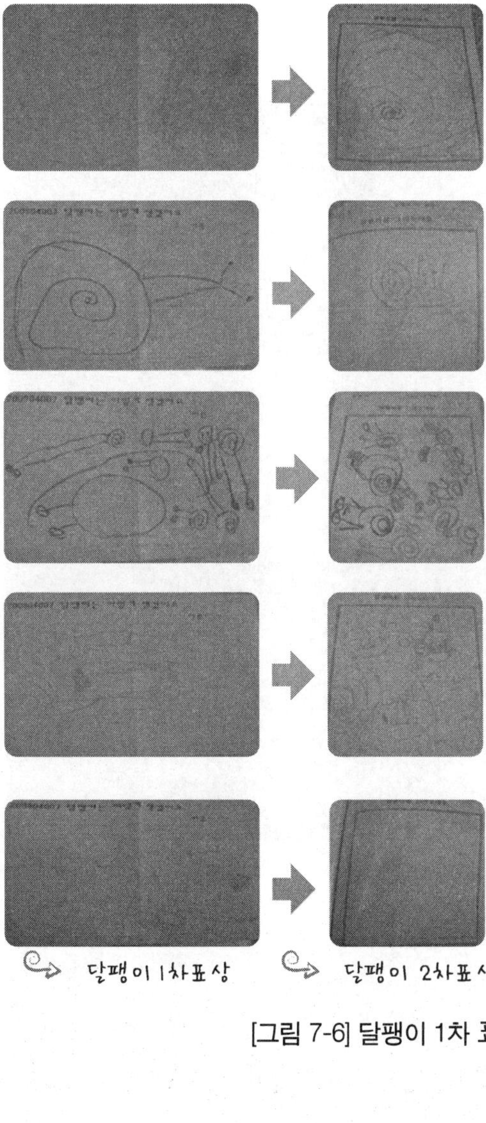

1차 표상에는 달팽이 몸을 얼굴로 나타냈는데, 2차 표상에는 몸을 그리고 긴 더듬이, 작은 더듬이로 표현해 주었어요.

자세히 보니 몸에 이런 것도 있어요. 2차 표상에는 긴 더듬이, 작은 더듬이뿐 아니라 달팽이 몸에 있는 돌기까지 그려 주었어요.

1차 표상에는 긴 더듬이만 있었는데 2차 표상에는 긴 더듬이, 작은 더듬이로 표현해 주었어요.

1차 표상에는 달팽이 몸을 얼굴로 나타내고 눈이 얼굴에 붙어 있었는데, 2차 표상에는 몸을 그리고 긴 더듬이, 작은 더듬이로 표현해 주었어요.

1차 표상에는 달팽이 몸을 목이라고 나타냈는데, 2차 표상에는 몸을 그리고 긴 더듬이, 작은 더듬이 위에 눈을 그렸고 알 낳는 구멍과 알까지 표현했어요.

달팽이 1차표상 　 달팽이 2차표상

[그림 7-6] 달팽이 1차 표상과 2차 표상의 차이점

[달팽이 모양 쿠키 만들기]

지점토로 달팽이 쿠키 만들기

달팽이 모양 쿠키를 만들기 전에 지점토로 달팽이 모양 쿠키 만드는 연습을 해 보기로 했다. 지점토로 달팽이 모양을 만들고 찍어 보면서 진짜 쿠키를 만들 때도 예쁘게 만들어지기를 기대했다.

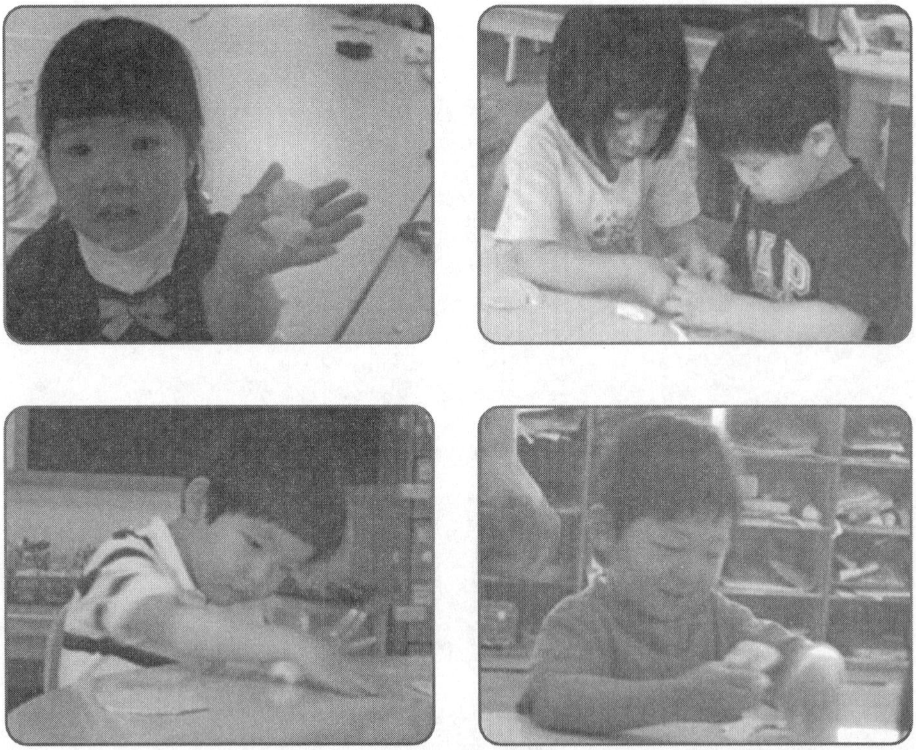

지점토로 달팽이 쿠키를 만들고 있는 유아들

달팽이 모양 쿠키 만들기

'달팽이' 주제탐구표현활동에 대한 종결 활동으로 유아들이 제안한 달팽이 모양 쿠키 만들기를 했다. 쿠키 만드는 방법을 배우고 초코쿠키 반죽과 치즈쿠키 반죽을 밀대로 밀어 주었다. 그다음에 달팽이 모양틀을 찍고 등껍질 부분을 장식해 준 뒤 오븐에 구워 쿠키를 완성했다.

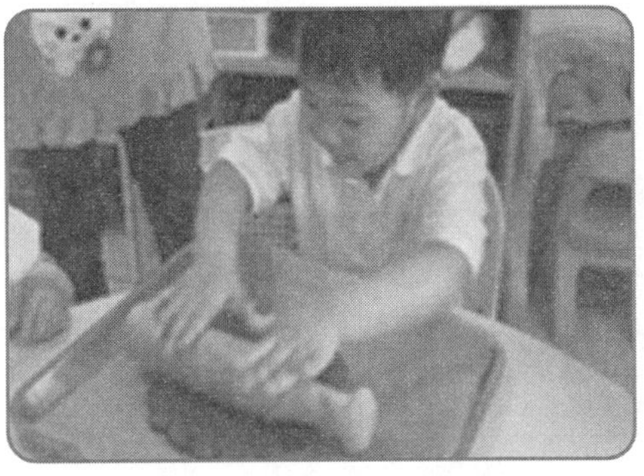

쿠키 만드는 방법에 대해 설명을 듣고 밀대로 민 다음 달팽이 모양 틀로 찍어내 달팽이 모양 쿠키를 만들었어요

['달팽이 키우는 법' 책 만들기]

유아들이 '달팽이 키우는 법' 책을 만들어 달팽이를 분양할 때 나누어 줘야 사람들이 달팽이를 잘 키울 수 있을 것 같다고 제안하여 '달팽이를 사육할 때 이렇게 해 주세요' '달팽이가 좋아하는 먹이' '달팽이가 싫어하는 것' '달팽이 목욕시키기'에 대해 지금껏 우리가 알고 있는 지식들을 함께 적고 책의 겉표지를 만들어서 분양받는 사람들에게 나누어 주었다. 이 활동을 통해 실질적으로 '달팽이' 주제탐구표현활동이 총정리되고 마무리되었다.

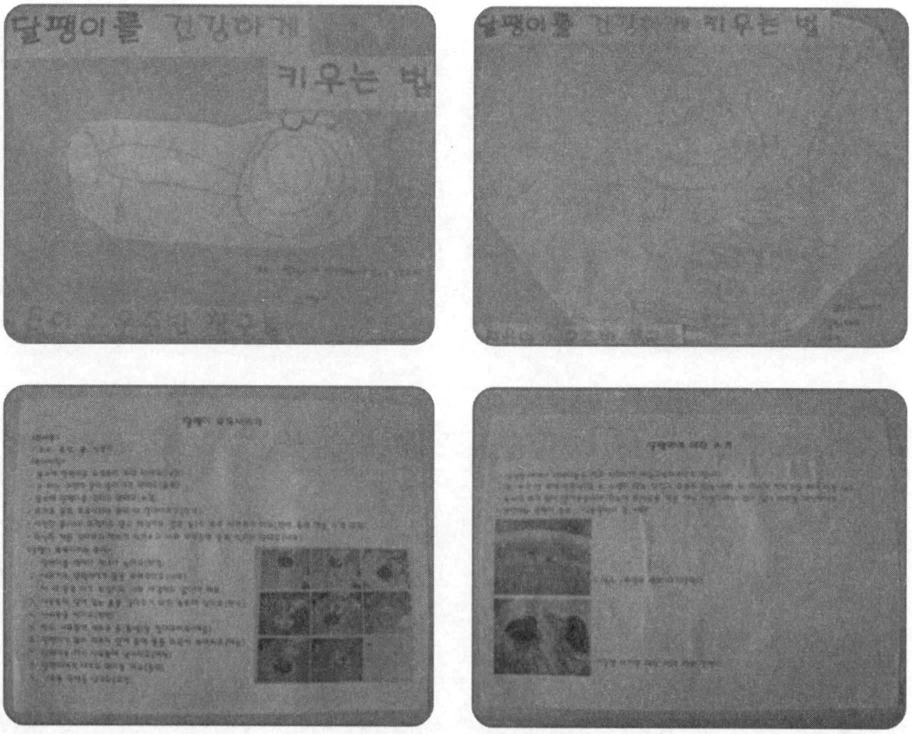

'달팽이 키우는 법' 책의 표지와 속지

5) 평 가

달팽이를 직접 키우며 관찰함으로써 구체적인 경험이 제공되어 유아들이 적극적으로 활동에 참여하였고, 유아들의 생각이 확장될 수 있었으며, 더불어 동물을 사랑하는 마음까지 키울 수 있었다. 또한 부모님들이 주제탐구표현활동에 깊은 관심을 갖고 풍성한 활동이 이루어질 수 있도록 달팽이 먹이, 달팽이 관련 책을 많이 제공해 주시는 등 가정과의 연계가 잘 이루어진 것이 의미 있었다.

그러나 주제 자체가 생물이고 직접 키우다 보니 자연스럽게 관찰활동이 주가 되어 음률활동이나 신체활동의 비중이 적었던 점이 아쉬웠다. 달팽이 모양 쿠키 만들기를 종결활동으로 했지만 진정한 의미의 마무리활동은 사후활동이었던 '달팽이를 건강하게 키우는 법' 책을 만든 것이었다. 이 경험으로 종결활동이 종결을 위한 활동이 아닌 활동을 정리하고 마무리하는 의미가 내포될 필요가 있다는 것을 깨닫게 되었다.

제 8 장

자연현상

1. '별' 주제탐구표현활동(만 4, 5세반)

1) 사전준비

[주제선정 배경]

여름방학을 보내고 온 유아들은 어린이집 산책시간에 과학전시관의 별자리체험관을 다녀온 후 별자리에 대한 이야기를 자주 하였다. "공주 같은 별자리 있지."라며 처녀자리를 이야기하는 유아도 있었고, "사자모양 별자리도 있어."라고 이야기하는 유아도 있었다. 이와 더불어 방학 동안 많은 경험을 한 유아들은 "나는 대구에서 밤에 불 빛나는 거 봤다~." "박물관에 가서 의자 타고 그림 그려진 것도 봤어. 전갈이랑 호랑이도 있었어!"라고 말하며,

과학전시관 별자리 체험관에서 산책을 하고 있는 유아들

'우주 공간'과 '행성' '별' '별자리'에 대해 많은 관심을 보였다. 한 유아는 "별은 왜 반짝거리고 예뻐요?"라고 하며 신비로워하기도 하였다. 유아들이 신기해하는 '별'에 대해 주제탐구표현활동을 진행하면서 별자리 이야기, 나만의 별자리를 찾아보며 유아들의 상상력과 호기심을 자극해 보는 것을 시작으로 별에 대한 과학적인 지식까지 점차 확장해서 알아보고자 한다.

[중심 개념]

- 별에서 빛이 나는 이유를 안다.
- 별에는 항성, 행성 등 여러 가지 종류가 있음을 안다.
- 별을 밤에 볼 수 있는 이유를 안다.
- 시골에서 별이 더욱 반짝이는 이유를 안다.
- 별을 더 잘 볼 수 있게 하는 방법을 안다.
- 여러 개의 별을 연결하여 별자리를 만들 수 있다.
- 내 별자리가 생겨난 이야기를 안다.

[자원목록 및 환경구성]

별자리판을 게시하여 자신의 별자리를 찾으며 별자리에 관심과 흥미를 가질 수 있도록 하였다. 조작영역에 별자리상자를 비치하여 유아들이 별이 빛나는 것에 대해 알고 여러 가지 별자리에 대해 알 수 있도록 하였다. 교실 벽면에는 망원경, 천문대 등 별을 관찰하는 방법에 대한 사진 자료를 게시하였다. 가정에서 가지고 온 책과 도서실에서 가지고 온 '별'과 관련된 책을 도서영역에 비치하고 소주제에 따라 책을 교체해 주었다.

표 8-1 '별' 주제탐구표현활동 자원목록 및 환경구성

영 역	자원목록
도 서	• 『신기한 스쿨버스 '태양계에서 길을 잃다'』(콜/디건-비룡소) • 『뉴 도담 자연관찰 '별들의 세계'』(유아교육) • 『지구의 노래』(메러디스 후퍼/루퍼트 반 와이크-웅진) • 『태양으로 날아간 화살』(인디언 설화/제럴드 맥더멋-시공주니어) • 『첫 발견 시리즈 '지구와 하늘'』(꼬마샘터) • 『두산동아 원리과학 '태양의 가족들'』(두산동아) • 『웅진 과학 탐험 '우주 탐험'』(웅진) • 『프뢰벨 자연 관찰 '별'』(프뢰벨) • 『우르릉우르릉 로켓』(토니 미턴/앤트 파커-웅진) • 『뉴 도담 자연관찰 '태양계의 모든 것'』(유아교육) • 『과학앨범 '별자리를 찾아요'』(웅진) • 『두산동아 원리과학 '별과 우주는 어떻게 생겼을까'』(두산동아) • 『두산동아 원리과학 '신나는 별자리 여행'』(두산동아) • 『별 하나 나 하나』(조제트 쉬슈포르티슈/미셸 게-비룡소)
사진 및 그림 자료	• 태양계 사진 • 별 관찰을 위한 도구 사진 • 별자리 관련 사진 • 별자리 벽 그림 • 우주 관련 영상물
주제영역	• 별자리상자
실외환경	• 천문대 • 박물관 • 과학전시관

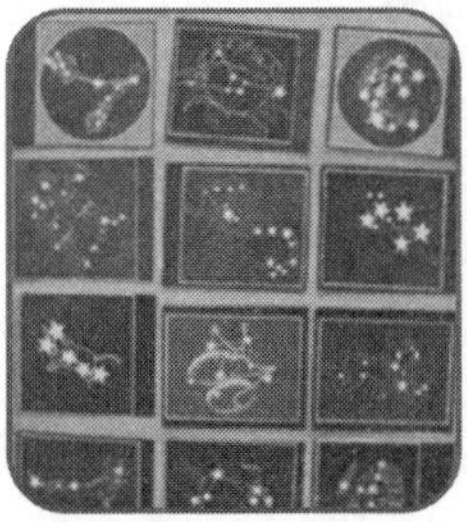

별자리에 대한 관심을 높이기 위해 별자리상자를 만들어서 교실에 두었다

2) 도 입

생각 모으기와 주제망 작성

'별' 하면 떠오르는 것으로 생각 모으기를 하자 유아들은 '항성, 우주왕복선, 혜성, 목성, 명왕성, 별똥별, 별은 반짝반짝 빛나요!, 망원경, 천체망원경, 과학전시관, 로켓, 외계인, 우주, 박물관'을 이야기하였다. 유아들과 생각 모으기 한 것을 유목화하여 주제망을 작성해 보니 별자리, 우주, 별 관찰, 별의 종류로 분류할 수 있었다.

'별'에 대한 유목화

별자리: 곰자리, 뱀자리, 호랑이자리,
전갈자리, 처녀자리

우주: 외계인, 우주왕복선, 로켓

별 관찰: 박물관, 하늘, 우주, 망원경

별의 종류: 토성, 목성, 항성, 명왕성

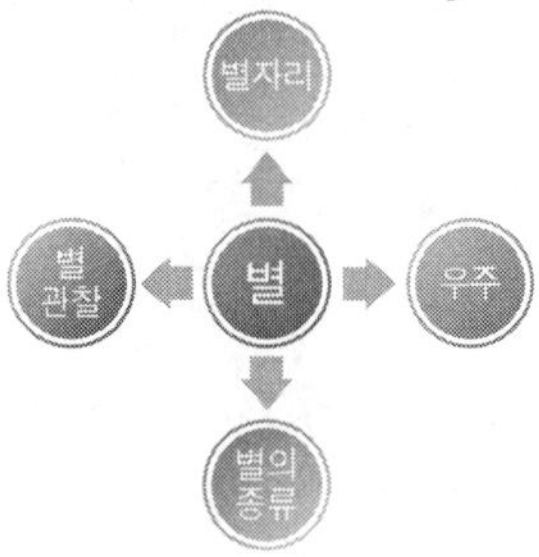

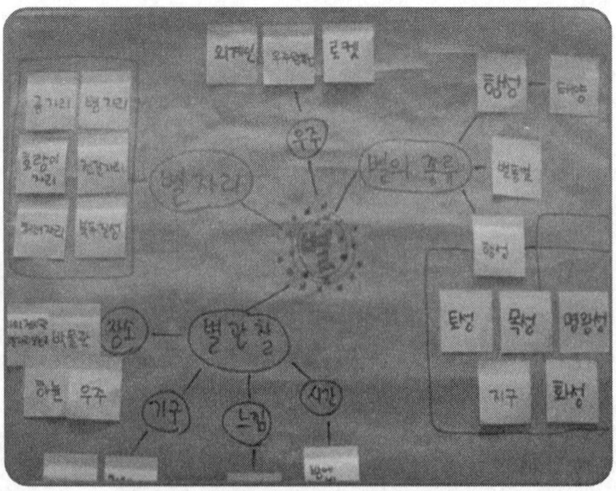

유아들과 함께 생각 모으기를 유목화하여 주제망으로 나타내 보았다

질문목록 만들기

유아들은 '별'에 대해 궁금한 것을 손을 들고 친구들 앞에서 이야기하며 질문목록을 작성해 보았다. 유아들이 제기한 질문은 다음과 같다.

표 8-2 '별' 주제탐구표현활동 질문목록

질문목록
• 집에서는 왜 별이 잘 안 보여요? • 블랙홀은 왜 동그란 모양이에요? • 별자리는 어떻게 생겨나요? • 별자리에 어떻게 그림이 나오는지 궁금해요. • 지구는 왜 별이에요? • 아침에는 별이랑 달이 왜 눈으로 잘 안 보여요? • 별은 왜 반짝거려요? • 별은 어떻게 생겨나요? • 지구는 왜 돌아요? • 하늘은 왜 밤이랑 낮이 돼요? • 별은 왜 멀리 보여요? • 별똥별은 왜 떨어져요? • 태양은 왜 뜨거워요? • 별이 뭐예요? • 별똥별은 왜 잘 안 보이고 가끔 보여요? • 별에서는 왜 불빛이 나요? • 로켓은 어떻게 우주까지 가요? • 별은 왜 별같이 생겼어요?

별을 그려 보아요(1차 표상)

우주선과 밤하늘이 그려진 도화지에 유아들이 생각하는 별의 모습을 그려 보았다. 우리가 의례적으로 생각하는 '별'모양으로 그린 친구, 별이 빛나는 것을 원이나 색으로 표현한 친구도 있었다.

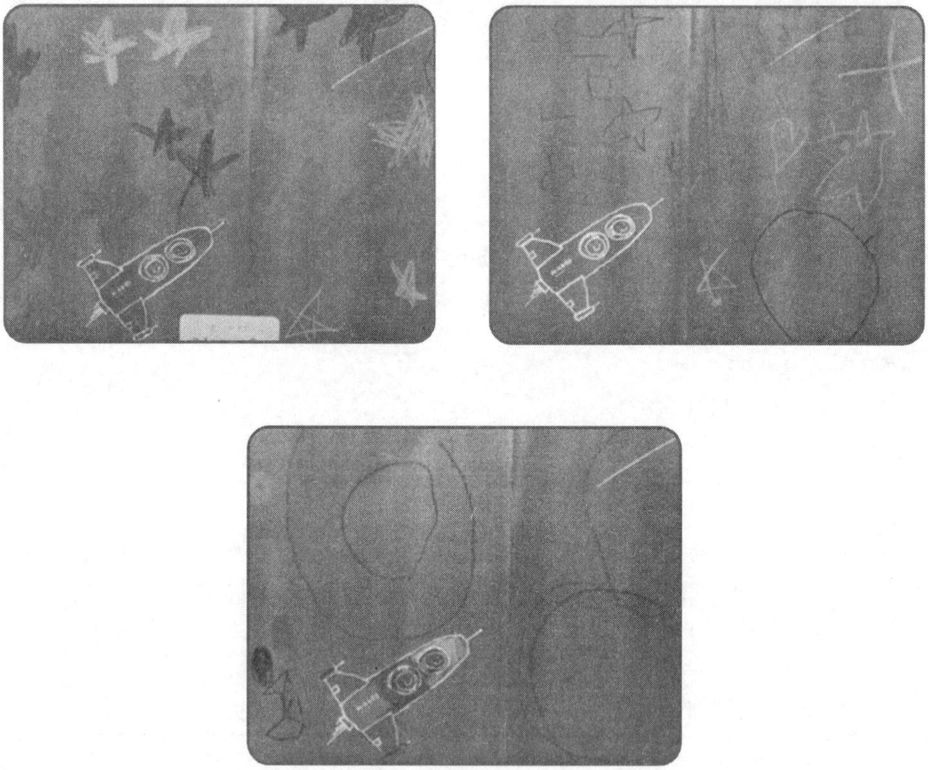

'별'에 대한 유아들의 1차 표상

3) 전 개

[별자리]

내 별자리를 찾아보아요

나의 생일을 알고 내 별자리를 찾아보면서 유아들의 별자리에 대한 흥미를 높였다. 친구들의 별자리도 이야기해 보고 식당이나 동작실로 이동할 때에도 "황소자리 출발!" "양자리 먼저 출발할까?" 라고 하면서 별자리에 대한 관심을 구체적으로 나타내기 시작했다.

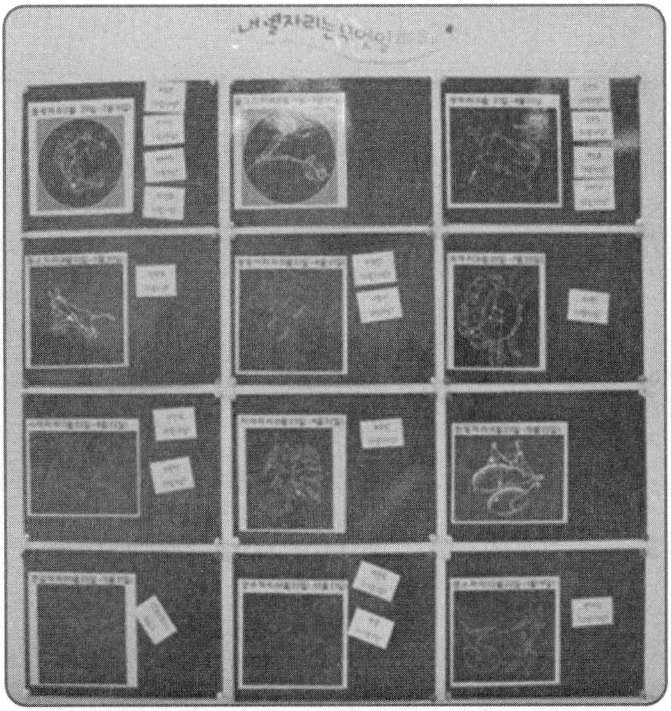

별자리에 해당하는 생일을 가진 유아들의 이름을 붙여서 벽에 게시해 주었다

내 별자리를 그려 보아요

'별' 주제탐구표현활동의 출발점이었던 별자리에 대한 유아들의 관심을 반영하여 검정도화지를 밤하늘이라고 생각하고 '내 별자리'를 표상해 보는 시간을 가졌다. 유아들에게 면봉과 물감을 제시하자 면봉에 물감을 찍은 것을 별이라고 생각하며 별을 찍어 보기도 하고, 물감이 마른 후 선을 그어 별자리를 표현하기도 하였으며, 점을 찍고 면봉으로 선을 그어 별자리를 표현한 유아들도 있었다. 한 유아는 "나는 전갈자리예요~ 전갈자리 같아요?" 하고 완성한 별자리 그림을 그려 교사에게 보여 주기도 하였다.

별자리를 표현하고 있는 유아

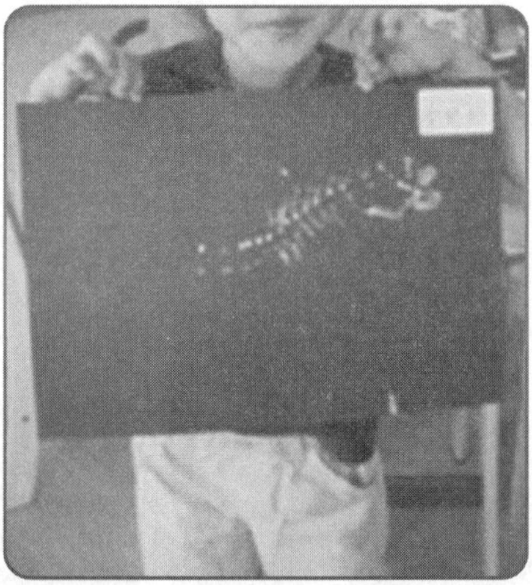

전갈자리를 표현한 유아

별자리 이야기 꾸미기

별자리에 대해 알아 가던 중 동화책을 보면서 별자리마다 이야기가 있다는 것을 알게 되었다. 한 유아가 "우리도 만들어 봐요~."라고 제안하여 각 유아의 탄생일에 따른 '내 별자리'에 나만의 별자리 이야기를 만들어 보았다. 그러자 유아들은 새로운 별자리를 만들어 보는 활동을 하자고 제안하였다.

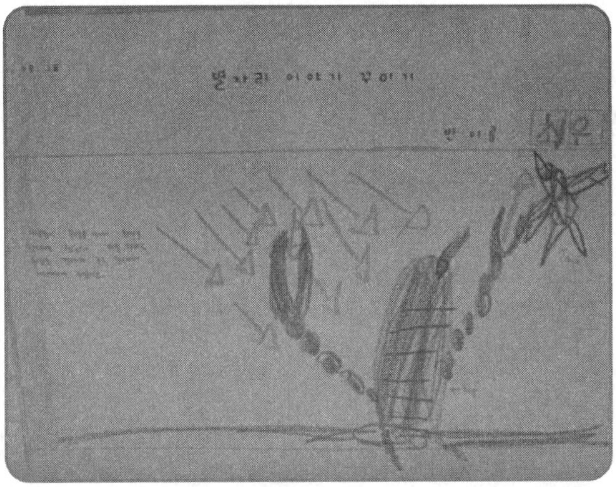

〈○○이의 처녀자리 이야기〉
사냥꾼이 전갈한테 화살을 쏴서 전갈을 잡으려고 했는데 전갈집게로 화살을 잡았어요! 그래서 화살을 처녀한테 주었어요!"

별자리 이야기 꾸미기 작품

우리가 별들이 되어

별자리가 어떻게 만들어지는지 알아보면서 한 유아가 "북두칠성 어떻게 만드는지 알아?"라고 하자, 다른 유아가 "별들이 모여서지~."라고 이야기를 하였다. 별자리가 어떻게 만들어지는지 알아보기 위해 유아들이 직접 별이 되어 별자리를 만들어 보았다. 유아들이 모여 별자리를 만드는 과정에서 한 유아가 "그런데 별자리는 선으로 이어졌잖아요~."라고 이야기하여 끈을 이용하여 별과 별을 연결하였다. 예전부터 알고 있던 북두칠성, 물고기자리도 만들고 새로운 별자리도 만들었는데, 남아들은 '호랑이 별자리' 여아들은 '하트 별자리'를 만들었다. 별자리마다 별자리 이야기가 있다는 것을 아는 유아들은 '호랑이 별자리'와 '하트 별자리' 이야기를 만들어야 한다고 하여 돌아가면서 별자리 이야기를 만들어 보았다.

유아들이 별이 되어 끈으로 별들을 이어 새로운 별자리를 만들어 보았다

별자리 동화책 만들기

'우리가 별들이 되어' 활동을 마치고 유아들이 만든 '호랑이 별자리'와 '하트 별자리' 이야기를 보고 한 친구가 "우리 친구들이랑 만든 이야기를 책으로 만들면 어때요?"라고 제안하였다. 유아들은 돌아가면서 한 문장씩 만들었고 '하트 별자리'와 '호랑이 별자리' 이야기에 맞게 그림을 그리고 풀칠도 하여 별자리 동화책을 만들었다.

유아들이 직접 이야기를 짓고 그림을 그려 만든 별자리 동화책

[별 관찰]

별을 관찰하는 방법

별자리에 대한 활동을 하면서 실제로 밤하늘에서 별자리를 찾기 위해서는 별을 관찰해야 하는 것을 알게 되었다. 밤하늘에서 별자리를 실제로 본 경험이 있는지 이야기해 보면서 자연스럽게 별을 관찰하는 방법에 대해 관심을 갖게 되었다. “눈으로 별을 보면 별이 어떻게 보일까?”라는 교사의 질문에 “작게 보여요.” “별이 멀리 있어서요.”라고 대답하였고, “그럼 어떻게 하면 별을 더욱 잘 볼 수 있을까?” 하고 물어보니 “망원경이요. 천체망원경!!” 이라고 이야기하였다. 눈(육안)으로 별을 관찰하기도 하지만 천문대에 가거나 망원경과 같은 도구를 이용하여 별을 관찰한다는 것을 알게 되었다.

천체망원경으로 본 별은 어떠한 모습일까?

별을 관찰하는 방법 중 하나인 천체망원경을 이용하여 별을 관찰한다면 별이 어떤 모습으로 보일지 생각해 보고 친구들과 이야기를 나눈 후, 도화지에 ‘천체망원경으로 본 별의 모습’을 상상하여 그려 보는 활동을 하였다. 유아들

천체망원경으로 본 별이 어떤 모습일지 표상한 유아들의 작품

은 천체망원경으로 별을 보면 "엄청 크고 색깔도 다 다르게 보일 것 같아요." "뾰족뾰족하기도 하고 둥근 모양일 것 같기도 해요."라고 상상하였다.

돋보기 천체망원경 실험

천체망원경으로 별을 보면서 유아들이 생각한 것과 어떤 점이 다르고 어떤 점이 비슷한지 알아보기 위해 과학전시관의 천문대 견학을 계획하였다. 하지만 유아들이 너무 어려 견학이 불가능하다는 과학전시관 측의 입장으로 천체망원경을 보며 별을 관찰하는 방법 대신 '돋보기 천체망원경 실험'을 하게 되었다. 모래가 별이고 돋보기가 천체망원경이라고 생각한 후, 모래를 맨눈으로 볼 때와 돋보기로 볼 때를 비교해 보는 실험이었다.

모래 알갱이가 매우 작듯, 천체망원경으로 별을 보면 별이 너무 멀리 있어 작게 보이고 흐릿하게 보이는 것을 알게 되었다. 천체망원경으로 별을 관찰하는 이유는 별모양도 선명하게 보고, 눈으로 볼 때 잘 보이지 않는 별의 색깔을 선명하게 보기 위해서라는 점을 간접적으로 느껴 볼 수 있는 활동이었다.

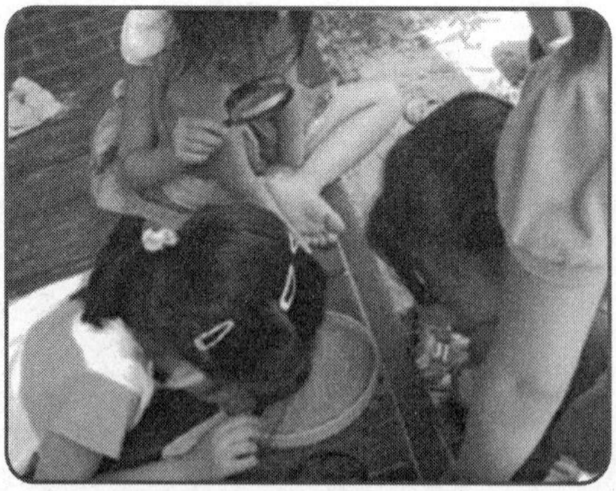

돋보기로 모래를 관찰하고 있는 유아들

우주에서 별을 관찰하는 방법

'별' 주제탐구표현활동을 진행하는 도중에 마침 나로호 발사가 있었다. 유아들은 나로호 발사를 보면서 로켓의 구조와 발사원리에 대한 궁금증이 생겼다. 여러 가지 별을 관찰하는 방법 중 하나인 우주망원경에서 로켓으로 유아들의 호기심이 확장되는 계기가 되었다.

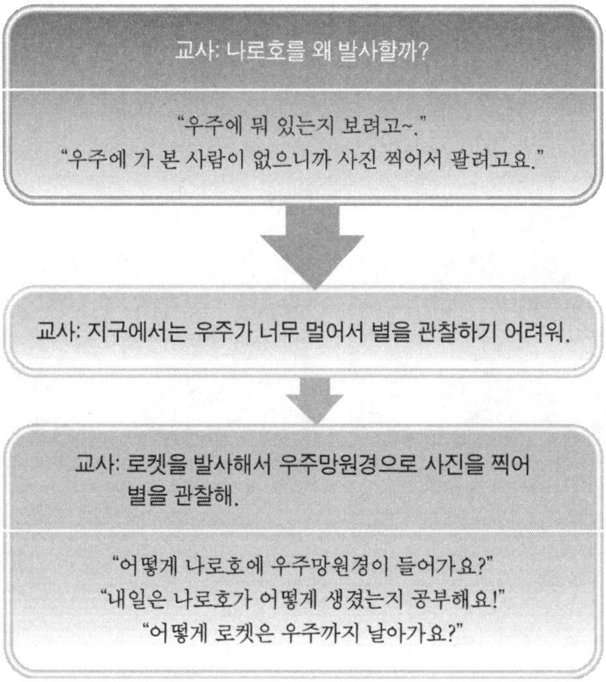

[그림 8-1] 망원경에서 로켓으로 유아들의 흥미가 전환되는 과정

[로 켓]

풍선로켓 실험

로켓에 대한 관심이 커져 가던 유아들은 로켓에 대한 여러 가지 호기심을 이야기하였다. "어떻게 로켓이 우주까지 갈 수 있어요?"라는 궁금증을 해결하기 위해 풍선로켓 실험을 하게 되었다. 풍선 속 공기를 연료가 타서 생긴 가스라고 생각하고 풍선 입구에서 손을 떼어 바람이 빠져 나가는 풍선 모습을 관찰하였다. "내 풍선이 이렇게 날아갔어요." "높이 날아갔어요." 하며 로켓의 발사 원인을 이해하며 즐거워하였다.

풍선 로켓 실험을 하고 있는 유아들

로켓의 구조를 알아요

풍선로켓 실험을 마치자, 유아들은 "로켓 연료는 어디에 담아?" "어디에 우주망원경이 있어?"라며 로켓의 구조에 대한 궁금증이 생겼다. "음…… 밑에 있는 거랑 위에 있는 거랑 같이 발사했다가 연료탱크가 떨어져 나가니깐 망원경은 위에 있어. 뾰족한 곳!"이라는 한 유아의 말을 확인해 보기 위해

『로켓을 타고 우주로』라는 동화책을 함께 보며 로켓이 분리되는 과정을 살펴 보고 로켓의 상단부에 위성, 사람이 타는 우주선, 우주망원경을 싣고 발사한다는 것을 확인해 보았다.

국내 위성 자력발사 1호 로켓 'KSLV-1'

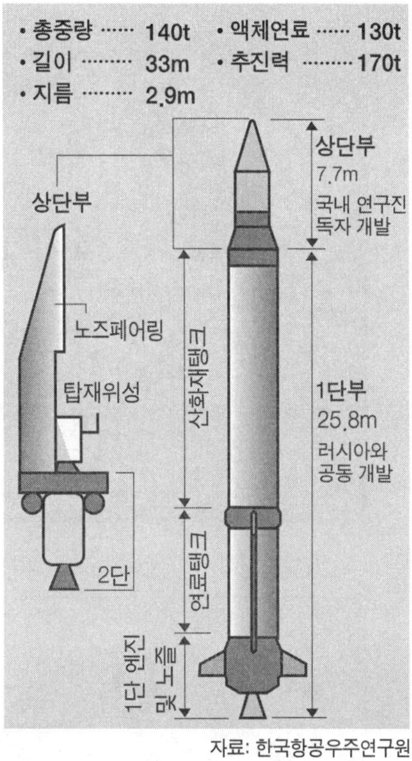

자료: 한국항공우주연구원

로켓의 구조를 알아보기 위한 활동지를 하고 있는 유아들

로켓 만들기

로켓의 구조를 알아본 후 "로켓이 우주로 갈 수 있는 힘을 주는 연료를 담을 수 있는 것은 무엇일까요?"라고 교사가 퀴즈를 내자, "연료탱크!" "우주망원경, 우주선이 들어가는 곳은 로켓의 어디일까요?" "상단부!" 하며 손을 번

쩍 들고 이야기하였다. 그리고 유아들이 좋아하는 미술 재료인 '플레이콘'을 이용하여 로켓을 표상해 보는 시간을 가졌다. 유아들은 플레이콘으로 만든 멋진 로켓을 놀이시간에도 바라보며 "이거 집에 갈 때 가져가야지~."라고 무척 마음에 들어 하였다.

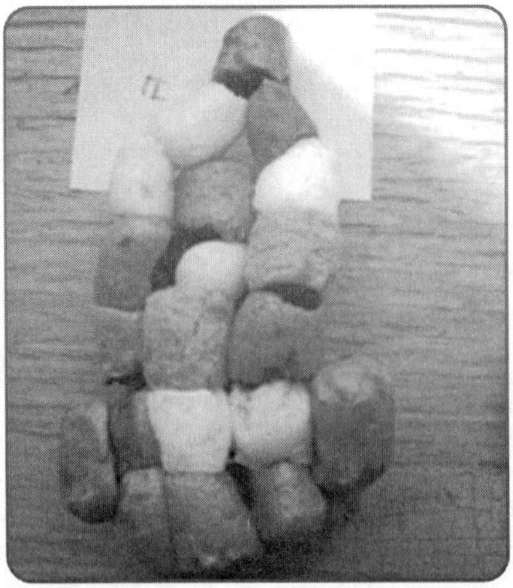

플레이콘으로 표상한 로켓의 모양

로켓을 타고 우주에서 보고 싶은 별이 있어요

한 유아가 "로켓을 왜 발사해요?"라고 교사에게 질문하는 것을 들은 유아들은 "여기에서는 안 보이니까 지구가 어떻게 생겼는지 보려고 그러는 거야." "외계인이 정말 있는지 보려고 우주로 가는 거야." "블랙홀이 정말 빨아들이는지 보려고."라며 여러 가지 생각을 이야기하였다. 로켓에 대한 활동과 동화책 『로켓을 타고 우주로』에 등장하는 우주인들을 보면서 "나도 우주에 가고 싶다~ 나로호 타고~." "나는 토성에 가서 고리 보고 싶다~."라며 우주에 가 보고 싶어 하는 친구들이 많았다. 그러나 유아들이 우주에 갈 준비가 되어 있지 않아 실제로 우주에 갈 수 없기에, 유아들이 우주에 가서 보고 싶은 별에 대해 알아보기로 하였다. 대부분의 유아들이 태양과 지구, 태양계 행성에 대한 표상을 하여 이후의 활동으로 태양계 행성에 대한 활동들을 진행하게 되었다.

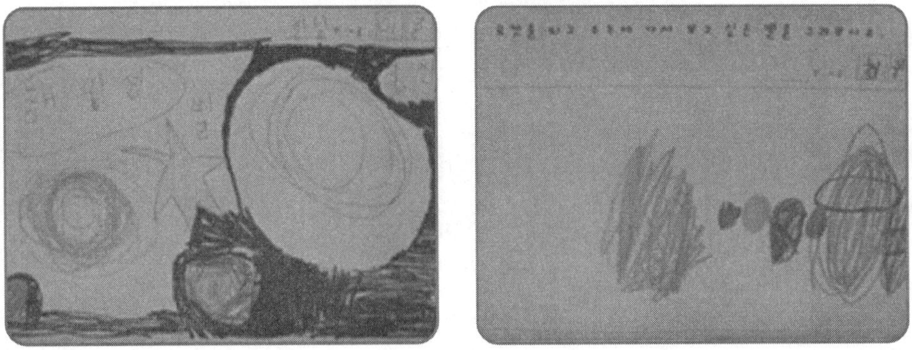

로켓을 타고 우주에 가서 보고 싶은 별을 표상한 유아들의 작품

[태양계 행성]

태양계 행성은 어떻게 빛날까?

『태양계의 모든 것』 동화를 함께 본 유아들은 "태양은 어떻게 빛날까? 태양 속에는 무엇이 들어있을까?" 라는 의문을 가졌다. 한 유아가 "태양이 빛을 비추면 반사가 되어서야." 라고 하여 교사가 "반사가 뭐야?" 하고 되묻자, 다른 유아가 손을 번쩍 들며 "다시 비추는 거요." 라고 대답하였다. 그래서 손전등을 태양, 거울지를 행성이라고 생각하고 손전등을 비춰 빛이 반사되는지 실험해 보았다. 유아들이 좋아하는 태양계 행성을 선택하여 "수성이 태양을 받으면 빛이 날까?" 하고 물어본 후 손전등을 비춰 빛이 나는 것을 확인해 보며 반사에 대한 개념을 알게 되었다.

빛 반사 실험을 하고 있는 유아들

태양을 중심으로 돌아요

태양의 빛을 반사해 행성이 빛나는 것을 알게 된 유아들은 『태양계 행성』 책 속에 나오는 낮과 밤에 대해 이야기를 나누며 "낮은 왜 있어요?" "항성은 없어요, 낮이랑 밤이?" 라고 이야기해 낮과 밤이 생기는 원리에 대해 알아보았다. 짝꿍을 정해 한 사람은 태양, 다른 한 사람은 태양계 행성이 되어 태양을 중심으로 돌아보았다. 태양에서 거리가 먼 명왕성이 된 친구는 태양에서 멀리, 해왕성이 된 친구는 "기울어서 돌아야지." 라고 하면서 돌아보기도 하였다. 이 활동을 통해 유아들은 행성들이 태양을 중심으로 도는 궤도를 경험하게 되었고, 한 유아는 "궤도는 바로 행성이 도는 길이군~!" 이라고 이야기하기도 하였다.

태양을 중심으로 도는 것을 신체로 표현해 보는 유아들

태양계 행성 만들기

유아들과 그동안 태양계 행성에 대해 알아본 것을 정리해 보기 위해 찰흙을 이용하여 태양계 행성을 만들어 보는 시간을 가졌다. 찰흙을 가지고 "나는 목성을 만들어야지~ 목성이 제일 크니깐!" "이거 작지요? 수성이라서 그래요." 라고 말하는 유아도 있었고, 행성은 아니지만 지구의 위성인 달을 만든 친구도 있었다. 태양계 행성을 만들며 가운데에 태양을 놓고 주변에 작은 크기로 원을 만들며 "난 사진에서 본 것처럼 만들어야지~." 라고 하던 유아도 있었다.

찰흙이 다 굳은 후에는 채색작업도 해 보았는데, 두꺼운 도화지를 검정색으로 칠하며 "여긴 우주에요!"라고 하는 유아도 있었고, 자신이 생각한 행성의 색을 표현하기 위해 여러 가지 색을 요청하는 유아도 있었다.

찰흙으로 태양계 행성을 만들고 색칠하였다

4) 마무리

['별' 책 만들기]

'별' 주제탐구표현활동을 종결하기 위해 유아들에게 "그동안 별에 대해 공부한 것을 어떻게 정리하고 마무리할까요?" 하고 물어보자, 유아들은 "교실을 별로 꾸미고 엄마랑 아빠를 초대해요!" "파티해요!" "별에 대한 수수께끼를 내요." "별을 만들어요." "책 만들어요. 별자리책 만든 것처럼!"이라는 의견을 많이 내놓았다. 유아들과 논의해 본 결과 별 모양 책을 만들어 그동안 별님반 친구들이 재미있게 했던 활동을 책으로 담아 '별' 주제탐구표현활동을 종결하기로 하였다.

'별' 책 내용 정하기

유아들과 '별' 책의 내용을 정하는데, 유아들은 "내 생일이랑 우리 별자리를 그려 보고 싶어요." "우리 바깥놀이터에서 돋보기로 모래 본 것 사진으로 찍어서 책에 붙이고 싶어요." "풍선으로 로켓 실험 했던 것도요."라고 이야기 하였다. "우리 풍선로켓 실험을 어떻게 책에다가 담지?" 하고 교사가 물어보자, 사진을 찍자는 유아도 있었지만 한 유아가 "풍선을 책에 매달아서 집에 가서 또 해 볼 수 있게 해 주세요."라고 제안하여 풍선을 불지 않고 책에 붙이고 책에는 실험방법을 적어 집에서 쉽게 부모님들과 함께 풍선로켓 실험을 해 볼 수 있도록 만들기로 하였다. 그리고 태양계 행성도 그려 그동안 별에 대해 공부한 내용이 '별' 책 속에 모두 담길 수 있도록 하였다.

'별' 책 만들기

유아들과 함께 주제탐구표현활동을 진행하면서 가장 기억에 남고 재미있었던 활동을 되돌아보며 책을 만들었다.

기억에 남는 활동을 기록하여 '별' 책을 만들고 있는 유아들

'별' 책 전시

'별' 책은 "별 모양으로 책을 만들고 싶어요!"라는 한 유아의 아이디어로 스타북의 형태로 만들었다. 책을 만들어 어떻게 전시할까 고민하다가 복도에 '별님반 갤러리'를 만들어 스타북을 펼쳐 별 모양이 되도록 전시하기로 하였다. 유아들과 부모님들 모두 완성된 책을 보며 뿌듯해하며 기뻐하는 모습을 볼 수 있었다.

복도에 전시한 '별' 책들

5) 평 가

유아들은 놀이를 하면서 자기 가족들의 별자리를 이야기하기도 하고, 블록으로 로켓을 만들어 발사하는 놀이도 하며, 의자를 이어 붙여 우주선을 만들어 목성, 토성 등 행성으로 여행을 떠나기도 하였다. '별' 주제탐구표현활동을 하면서 유아들과 함께 과학전시관 천문대에 견학을 가서 직접 별을 보는 도구인 망원경을 관찰해 보고 싶었지만 유아들이 아직 어려 견학을 할 수 없었던 것이 아쉬움으로 남는다. 그러나 유아들이 별에 대해 가진 흥미에 맞추어 활동을 진행하고 그 가운데에서 새롭게 생겨난 호기심과 궁금증을 해결해 나가며 별의 생김새부터 별을 관찰하는 방법, 로켓과 우주에 이르기까지 많은 것을 알고 경험해 볼 수 있는 기회였다.

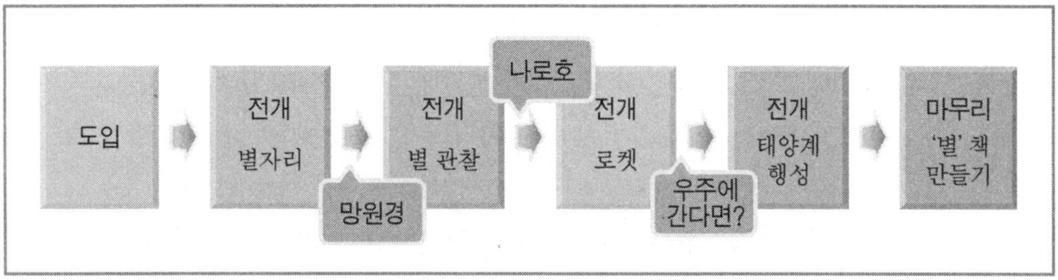

[그림 8-2] '별' 주제탐구표현활동의 전체 흐름도

2. '가을' 주제탐구표현활동(만 5, 6세반)

1) 사전준비

[주제선정 배경]

가을은 계절에 따라 변화하는 자연의 모습에서 아름다움과 신비감을 느낄 수 있는 좋은 계절이다. 또한 곡식과 열매를 거두어들이고 사람뿐 아니라 동식물들이 겨울을 준비하는 때이기도 하다. '가을' 주제를 통해 유아들은 호기심을 가지고 변화하는 자연현상을 관찰하고 자연의 변화에 적응하는 능력을 기를 수 있다. 유아들은 특히 가을에 볼 수 있는 단풍잎에 관심이 많았다. 산책길에서 볼 수 있는 낙엽과 서서히 물들고 있는 단풍잎을 교실로 가져오기도 하고 이 나뭇잎으로 여러 가지 활동을 하고 싶다고 이야기했다. 주제탐색

기간 동안 몇 가지 새로운 주제들이 나왔으나 유아들끼리 토론을 한 결과 '가을'이라는 주제에 가장 큰 관심을 보였고 전원 동의하에 '가을'을 주제로 하기로 결정하였다. '가을' 주제탐구표현활동을 진행하면서 계절에 따른 자연의 아름다움을 감상하며, 풍성한 추수에 대한 기쁨과 감사의 마음을 가지는 기회가 되길 기대한다.

[중심 개념]

- 가을에 볼 수 있는 곤충은 잠자리, 메뚜기, 귀뚜라미 등이 있다.
- 가을에는 나뭇잎의 색깔이 변하기도 하고 잎이 떨어지기도 한다.
- 단풍은 날씨의 변화로 나뭇잎의 색이 변하는 현상이다.
- 낙엽은 날이 추워짐에 따라 나뭇잎이 말라 떨어지는 현상이다.
- 가을에 볼 수 있는 대표적인 꽃은 코스모스, 국화 등이 있다.
- 가을에는 곡식과 열매가 익는다.
- 가을에 열리는 열매로는 밤, 대추, 호두 등이 있다.
- 가을 곡식으로는 쌀, 콩, 수수, 조, 깨 등이 있다.
- 사람들은 아름답고 풍성한 가을의 풍경을 감상하고 즐긴다.
- 가을의 대표적인 명절로 추석이 있다.

[자원목록 및 환경구성]

'가을' 주제탐구표현활동을 정한 후에 유아들과 함께 도서실에서 가을 관련 책을 찾아보고 교실에 준비하였다. 그리고 매일 오전 주제탐구표현활동시간에 집에서 가져온 자원을 발표하는 시간을 가졌는데, 유아들은 가을과 관련된 책이나 신문 자료를 가져와서 친구들 앞에서 소개하고 교실에 전시해 두었고, 어린이집에 오는 길에 주운 낙엽이나 가을 꽃, 열매 등을 가져와서 교실에 전시하거나 집에서 감, 배, 사과 등의 과일을 가져와서 하루 동안 관찰하고 오후 간식시간에 다 같이 나누어 먹기도 했다. 또한 주제에 대한 관심이 지속되도록 생각 모으기와 주제망, 질문목록을 교실 벽면에 게시하였다.

유아들은 '가을' 주제를 정하는 과정에서 교실을 가을 동산으로 꾸미고 싶다고 이야기했다. 그래서 주제탐구표현활동을 진행하면서 가을의 자연현상에 대해서 탐구하며 교실에 가을 하늘, 잠자리, 도토리와 밤나무, 낙엽길 등

표 8-3 '가을' 주제탐구표현활동 자원목록 및 환경구성

영 역	자원목록
언어영역	• 도서: 『고추잠자리 맴맴』(페스탈로찌), 『깨』(프뢰벨), 『벼가 자란다』(보리), 『무궁화 장미 국화』(유아교육), 『도토리』(프뢰벨), 『궁금한 것 못참는 우리 유아를 위한 책』(삼성출판사), 『단풍』(교연아카데미), 『쿵! 도토리가 떨어졌어요!』(언어세상), 『떡잔치』(보림), 『모두가 기른 벼』(웅진), 『하늘을 빙글빙글 잠자리』(기탄동화), 『사계절 생태 도감』(사계절), 『가을꽃』(교연아카데미), 『바빠요 바빠』(보리), 『가을 이야기』(유아템플), 『과일나라 도깨비』(웅진), 『우리가 기른 벼』(웅진), 『도토리』(시공주니어), 『하늘 그림책 별자리 이야기』(한국노벨), 『저요 저요』(교원), 『무』(프뢰벨), 『가을을 만났어요』(보림), 『가을이 왔어요』(웅진), 『봄 여름 가을 겨울』(두산동아), 『봄 여름 가을 겨울』(한국노벨), 『아기곰의 가을나들이』(보림), 『Thanksgiving is for giving thanks』(scholastic), 『Five little pumpkins』(scholastic), 『Apple farmer Annie』(scholastic) • 〈코스모스〉, 〈가을〉 동시 게시 • 그림/사진: 가을 관련 그림과 실물사진 게시 • 유아들이 자유놀이시간에 만든 '가을' 책, 자작 동시 전시 • 가을 관련 신문 스크랩 게시 • 〈단풍잎의 가을밤〉 연극 대본 게시
미술영역	• 가을 관련 도안 색칠하기, 가을 관련 종이접기 책
음률영역	• 〈노을〉 〈도토리〉 〈다람쥐〉 등 가을 동요 가사판, 내 맘대로 노래(개사) 가사 전시, 동요 CD, 곡식 마라카스, 탬버린, 핸드벨
역할놀이영역	• 소꿉놀이 놀잇감, 역할놀이 도구들
수조작영역	• 민속놀이 퍼즐, 나뭇잎 패턴 게임
'가을' 주제 영역	• 생각 모으기, 주제망, 질문목록 전시 • 가을 곡식과 과일 열매류, 가을 나뭇잎, 가을 꽃, 돋보기 • 잠자리

가을을 나타내는 것을 유아들과 함께 만들어 보았다. 유아들과 환경구성을 하며 주제탐구표현활동을 진행하였더니 주제에 대한 유아들의 관심을 지속시킬 수 있었고, 유아들은 자신들이 한 활동에 대해서 보다 자부심과 성취감을 느낄 수 있었다.

2) 도 입

[사전경험 표상하기]

자원 소개

집에서 직접 가져온 다양한 자원을 친구들 앞에 나와서 소개하는 활동을 했다. 유아들이 책, 신문 스크랩 자료, 나뭇잎, 열매, 과일, 자작 동시, 그림

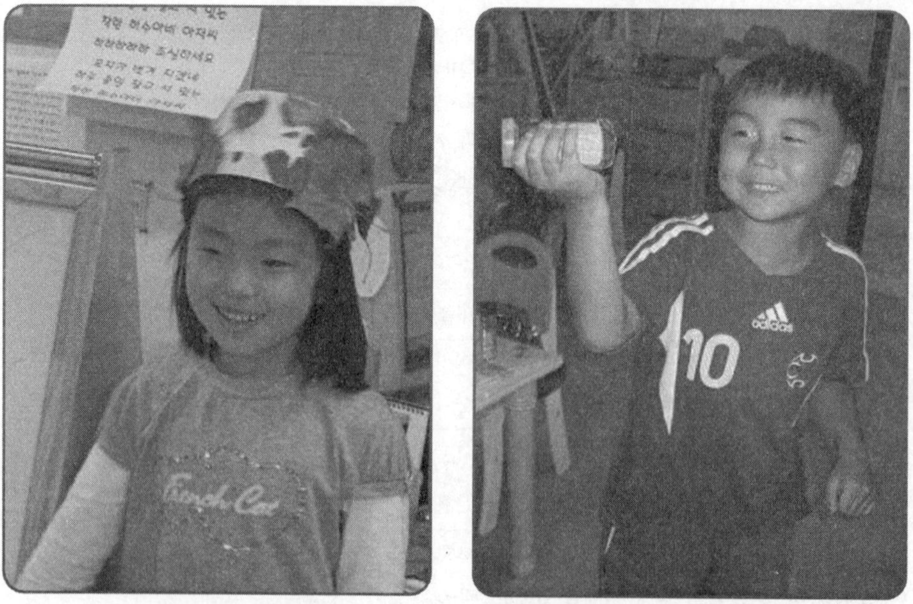

나뭇잎 왕관을 소개하는 유아와 곡식을 소개하는 유아

등을 가져올 때마다 친구들 앞에 나와서 직접 자원을 소개하도록 하였더니, 거의 매일 여러 사람 앞에서 발표할 수 있는 기회가 생겼다. 유아들이 발표를 하고 싶어서 더 적극적으로 가을과 관련된 자원을 찾아온 결과, 교실에는 주제 관련 자원이 풍부해졌고 유아들도 지속적으로 주제에 대한 흥미를 유지할 수 있었다.

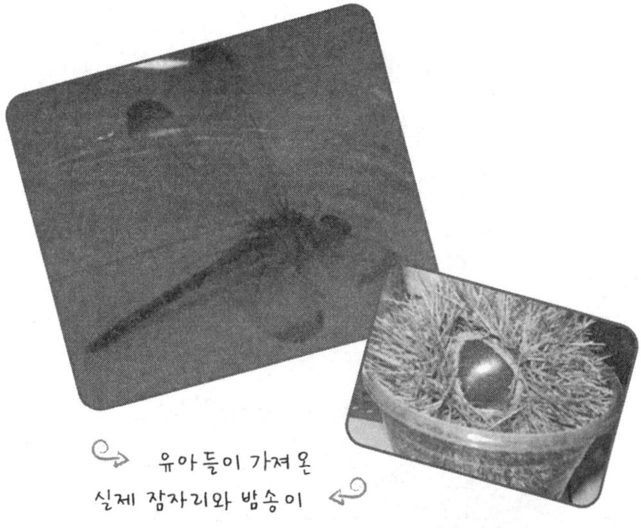

유아들이 가져온 실제 잠자리와 밤송이

가을 책 읽기와 가을 노래 부르기

유아들은 매일 아침 어린이집에 도착하면 책보기영역에서 '가을' 관련 동화책을 두 권씩 읽었다. 꾸준한 책 읽기를 통해서 주제에 대한 흥미를 느끼도록 하고 관심을 지속시킬 수 있었다. 대집단 활동시간에도 다양한 종류의 책(동화, 과학책, 동시)을 자주 읽어 보았다. 또한 가을과 관련된 동요(〈노을〉 〈도토리〉 〈다람쥐〉 〈꿀밤나무 밑에서〉 등)도 배우고 유아들이 좋아하는 가사 바꿔 부르기 활동도 해 보았다.

가을을 느껴요!

날씨가 좋아지면서 유아들과 산책을 많이 다녔고 가을로 변화하는 자연환경에 유아들이 관심을 가지도록 유도하였다. 유아들이 직접 자연물을 수집하여 대집단 활동시간에 발표를 할 수 있도록 한 것도 유아들의 관심을 유지시키는 데 효과적이었다. 유아들은 산책을 통해서 늦여름에서 초가을로 계절이 변하는 것을 직접 몸으로 느낄 수 있었다. 나무, 풀, 하늘, 꽃 등의 모습이 변하는 것을 볼 수 있었고 자연의 변화에 호기심을 갖게 되었다. 산책활동을 하면서 유아들은 교실도 가을 동산으로 만들고 싶다는 재미있는 생각을 이야기했고, 이때부터 가을 동산 꾸미기 활동이 시작되었다.

산책을 하면서 가을을 온몸으로 느끼고 있는 유아들

[생각 모으기와 주제망 만들기]

충분한 도입활동을 한 후 유아들과 가을에 대한 생각 모으기를 했다. 간단히 가을에 대해서 어떤 것을 생각할 수 있을지 이야기하고 쪽지에 자유롭게 적어 보았다. 교사와 유아들은 소포지에 붙여 놓은 쪽지를 보면서 비슷한 것끼리 유목화 작업을 해 보았고 유목화한 생각을 주제망으로 표현해 보았다. 2학기에는 유아들이 직접 소주제의 제목을 생각해 내고 적극적으로 주제망을 만드는 활동에 참여하는 모습을 보였다. '가을' 주제망은 '가을에 나는 과일과 열매, 가을에 피는 꽃, 가을 나무와 나뭇잎, 가을에 볼 수 있는 곤충, 가을 축제'의 다섯 가지 소주제로 구성되었다.

생각 모으기 및 유목화

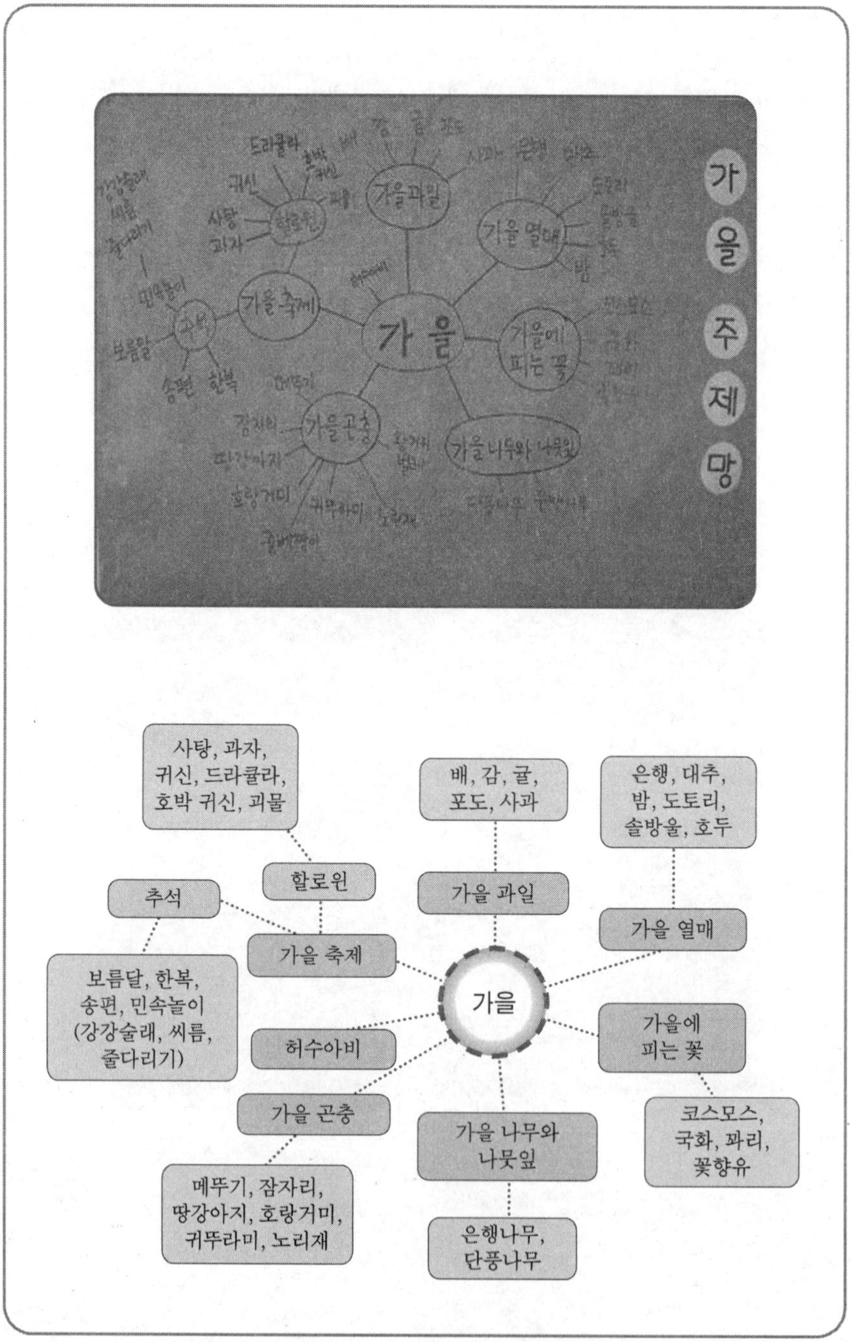
가을 주제망
가을
사탕, 과자,
귀신, 드라큘라,
호박 귀신, 괴물
할로윈
배, 감, 귤,
포도, 사과
가을 과일
은행, 대추,
밤, 도토리,
솔방울, 호두
가을 열매
추석
가을 축제
보름달, 한복,
송편, 민속놀이
(강강술래, 씨름,
줄다리기)
허수아비
가을에
피는 꽃
코스모스,
국화, 꽈리,
꽃향유
가을 곤충
메뚜기, 잠자리,
땅강아지, 호랑거미,
귀뚜라미, 노리재
가을 나무와
나뭇잎
은행나무,
단풍나무

[그림 8-3] '가을' 주제망

[질문목록 작성하기]

완성된 '가을' 주제망을 바탕으로 가을에 대해 궁금한 점이 무엇인지 이야기해 보고 질문목록지에 각자 자유롭게 적어 보았다. 유아들은 소주제별로 다양한 질문을 했다. 교사는 유아들이 쓴 질문목록을 한눈에 알아볼 수 있도록 정리해서 함께 벽면에 게시하였다. 주제망과 질문목록을 항상 볼 수 있도록 교실에 게시함으로써 유아들이 주제 전개에 지속적으로 관심을 가질 수 있도록 했다.

표 8-4 '가을' 주제탐구표현활동 질문목록

소주제	질문목록
가을 나무와 나뭇잎	• 은행나무에서는 왜 이상한 냄새가 나요? • 솔방울은 왜 땅에 떨어져 있어요? • 가을 나뭇잎에는 왜 무늬가 있어요? • 나뭇잎 색깔은 왜 앞면이 진하고 뒷면은 연해요? • 나뭇잎은 왜 떨어져요? • 단풍잎은 가을이 아니면 초록색인데, 왜 가을이 되면 빨간색이나 노란색이 되요?
가을 과일과 열매	• 배는 왜 가을에 열려요? • 감은 어떻게 익는 거예요? • 감은 왜 말랑말랑한 것과 딱딱한 것이 있어요? • 곶감 겉에는 왜 하얀 것이 있어요? 얼어서 하얀 게 있는 거예요? 아이스크림처럼? • 왜 가을이 되면 딸기가 없어요? 난 딸기가 좋은데……. • 왜 밤은 가시가 있어요? • 왜 도토리는 딱딱한 껍질이 있어요? • 사과는 왜 초록색이랑 빨간색이 있어요? 둘이 다른 거죠? • 왜 은행은 초록색이었다가 가을이 되면 노란색으로 변해요?
가을 동물과 곤충	• 다람쥐는 왜 도토리를 먹어요? • 귀뚜라미는 왜 멀리 뛸 수 있어요? 날개가 있어서요? • 고추잠자리는 왜 이름이 고추잠자리예요? • 잠자리는 이빨이 있어요? 없어요?

추석	• 추석에는 왜 송편을 먹어요? • 송편은 어떻게 만들어요? • 추석에는 왜 한복을 입어요? • 추석에는 왜 보름달이 떠요? • 추석은 몇 월 며칠이에요? • 추석에는 왜 강강술래를 해요? • 추석에는 어떤 민속놀이를 하고 왜 민속놀이를 해요?
기타	• 가을에는 왜 하늘이 더 높아 보여요? • 참새는 왜 허수아비를 무서워해요? • 허수아비는 왜 참새를 쫓아요?

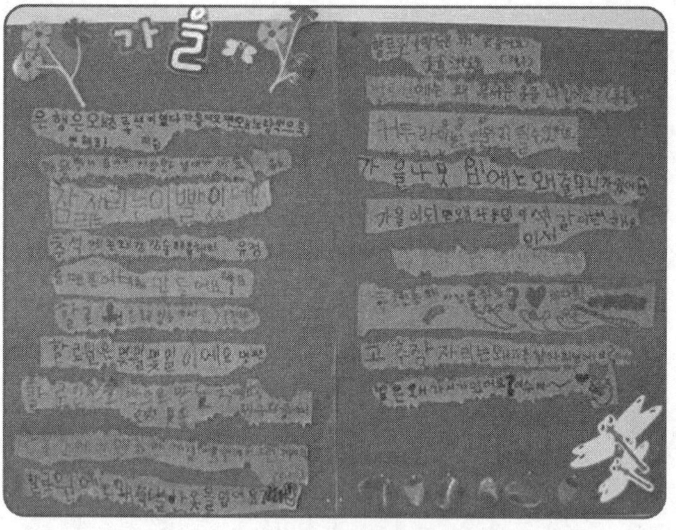

벽면에 게시한 '가을' 질문 목록

3) 전 개

[우리 교실을 '가을 동산'으로 꾸며요!]

이야기 나누기 및 계획 세우기

유아들은 '가을' 주제탐구표현활동을 하면서 교실을 '가을 동산'으로 꾸미고 싶다는 재미있는 생각을 이야기했다. 교실 환경구성을 유아들과 함께 하는 것이 더욱 의미 있을 것으로 생각했고 유아들이 몰입해서 즐겁게 활동할 수 있을 것으로 생각되어 '가을 동산 꾸미기' 활동을 시작하였다. 먼저 대집단 활동시간에 교실이 가을 동산으로 변하기 위해서는 어떤 것이 필요할지 이야기를 나누었다. 유아들은 산책을 나갔다가 나뭇잎과 나뭇가지, 솔방울 등을 주워 왔는데, 이러한 자연물을 사용해서 모빌을 만들어서 교실을 꾸미자는 이야기를 했다. 가을 하늘처럼 파란 색지에 구름을 만들어서 교실 천장을 꾸미자는 의견도 있었고, 단풍이 든 나무들을 만들어서 교실을 꾸미자는 생각과 잠자리를 만들어서 색한지 나비처럼 날아다닐 수 있게 천장에 달아놓자는 이야기, 나뭇잎으로 낙엽길을 만들자는 이야기, 허수아비를 만들고 코스모스도 만들어서 교실을 꾸미자는 이야기도 했다. 그리고 유아들은 지점토로 송편을 만들고 직접 요리도 하고 싶다고 이야기했다. 교사와 유아들은 가을 동산 꾸미기를 하면서 다양한 아이디어를 얻기 위해 가을에 대한 책을 많이 읽고 가을 동시도 감상했다.

잠자리 만들기

유아들과 산책을 나가서 가장 많이 볼 수 있었던 가을 곤충은 '잠자리'였다. 유아들은 잠자리를 따라 다니면서 좋아하였고, 잠자리가 꽃 위에 앉으면 살며시 다가가서 관찰하기도 하였으며, 잠자리를 잡아서 관찰하는 유아들도 있었다. 잠자리에 대한 책도 읽어 보면서 유아들과 이야기를 나눈 후 수수깡과 색철사로 잠자리를 만들어서 교실에 달아 두기로 했다. 잠자리를 만들어서 달아 놓은 후 창문을 열었더니 바람에 따라 잠자리가 흔들렸다. 유아들은 교실에서 잠자리가 날아다닌다며 환호성을 지르며 좋아했다.

잠자리를 만드는 유아

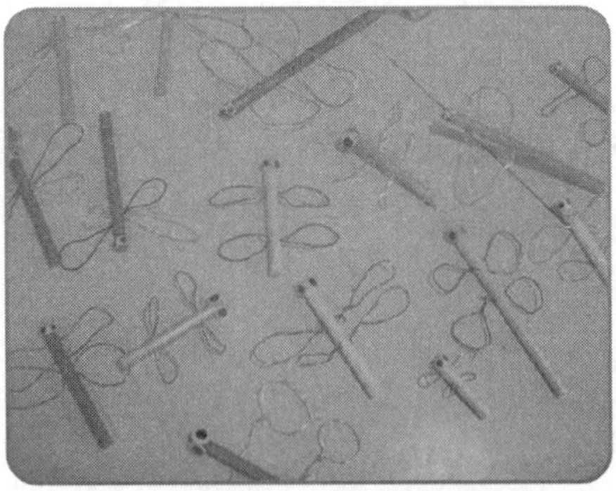

완성된 잠자리

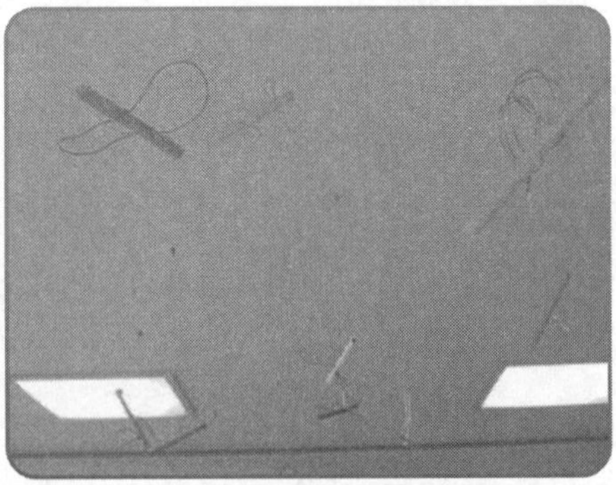

천장에 장식한 잠자리

가을 하늘 만들기

잠자리 만들기에 이어서 한 가을 동산 꾸미기 활동은 교실 천장을 가을 하늘처럼 만드는 것이었다. 유아들과 먼저 바깥 놀이터에 나가서 가을 하늘은 어떤지 살펴보았다. 높고 파란 가을 하늘을 보면서 유아들은 "정말 높아 보여요!" "아주 파래요! 예뻐요!"라며 가을 하늘을 보고 느낀 점을 자연스럽게 이야기했다. 교실로 돌아와서 색한지와 솜 등을 사용해서 하늘 만들기를 시작했다. 유아들이 느낀 가을 하늘을 자유롭게 표현하고 교사가 천장에 한지를 달아 주었다. 유아들은 하늘에 걸어 놓은 잠자리가 드디어 가을 하늘에서 날게 되었다며 좋아했다.

하늘색 색한지와 솜, 색연필을 사용해서 가을 하늘을 만드는 유아들

도토리와 밤나무

유아들이 종이접기를 좋아하여 교사와 함께 도토리와 밤 접기를 해 보았다. 색종이로 도토리와 밤을 접은 후 어떻게 환경구성에 이용할지 생각하다가 교실에 도토리나무와 밤나무를 만들기로 했다. 지난 '음식' 주제탐구표현 활동에서 사과나무 만들기를 해 본 경험 때문인지 이번에 만든 밤과 도토리

나무 기둥을 만드는 유아들

밤나무에 그림을 그리는 유아

완성된 도토리나무

나무는 더 쉽고 재미있게 만들 수 있었다. 사과나무 만들기를 했을 때와는 달리 나무 기둥에 그림도 그리고 새와 다람쥐 등을 만들어서 나무를 꾸며 주는 유아들도 있었다.

지점토와 곡식으로 모빌 장식물 만들기

지점토, 교실에 모아 둔 다양한 곡식, 바깥놀이터에서 모은 나뭇잎과 꽃잎을 사용해서 모빌 장식물을 만들었다. 바깥놀이터 정자에서 가을 날씨를 느끼며 만들기를 하자 유아들은 더욱 신이 나서 했다. 며칠 동안 교실에 곡식을 관찰할 수 있도록 전시해 두고 돋보기도 놓아 두었더니 유아들은 교사가 만들기 재료를 소개하면서 보여 주는 곡식들의 이름을 쉽게 대답했다. 원하는 모양의 나뭇잎과 꽃이 없다며 바깥놀이터에 직접 만들기 재료를 찾아다니는 유아들도 있었다. 유아들은 범고래, 아기 악어 얼굴, 코알라, 꽃, 별 등 여러 가지 재미있는 모양의 장식물을 만들었다. 완성된 장식물들은 굳을 때까지 기다렸다가 니스를 칠하고 모빌로 만들어서 교실에 장식하기로 했다.

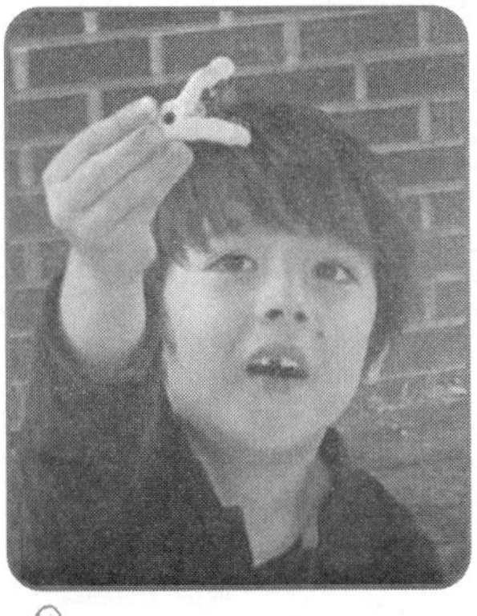

악어 머리를 만든 유아

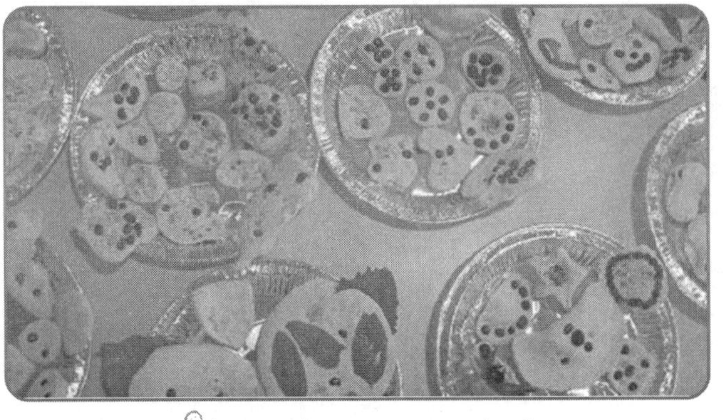

다양한 모양의 모빌 장식물

가을 동시 쓰기

모빌 만들기 활동을 하면서 가을을 소재로 한 동시들을 읽어 보았다. '동시'를 처음 접해 본 유아도 많이 있었다. 교사가 '동시'의 뜻이 무엇인지 물었더니 "한 사람이 들어가고 다른 사람이 바로 들어가면 그게 동시에요."라고 대답한 유아도 있었다.

동시를 읽어 본 유아들 중 한 명은 "동시는 마음이 따뜻해지고 편안해지는 말인 것 같아요."라고 이야기했다. 교사가 가을과 관련된 동시 몇 편을 읽어 준 후 유아들도 가을과 관련된 동시를 직접 써 보는 시간을 가졌다. 처음에는 어려워하는 유아들도 많았지만, '가을' 주제망을 보면서 동시의 주제를 생각해 보고 그동안 여러 번 해 본 노랫말 바꾸기 활동처럼 노래 가사를 쓰듯 동시를 써 보자고 이야기하자, 동시 쓰기를 좀 더 쉽고 재미있게 생각하는 것 같았다.

시화전 장식용 허수아비 만들기와 허수아비에게 편지 쓰기

유아들이 스스로 지은 동시를 부모님과 친구들에게 보여 드리고 싶다고 이야기해서 시화전을 계획하게 되었다. 시화전에 대해서 설명하고 아름답게 시화전을 만들 방법에 대해서 이야기했다. 유아들은 가을 모빌을 시화전에 사용할 장식으로 만들자고 했다. 그리고 허수아비로 모빌을 장식하기로 했다. 그래서 유아들과 아이스크림 막대, 헝겊, 노끈을 사용해서 시화전 모빌을 꾸밀 허수아비를 만들었다. 평소에 잘 사용하지 않던 재료인 헝겊을 사용하니 만들기 시간이 더욱 즐거웠다. 또 유아들 얼굴 사진을 사용해서 허수아비를 만들었더니 유아들이 무척 재미있어했다. 허수아비 만들기와 허수아비에 대한 이야기를 하다보니 유아들은 허수아비에게 고마운 마음이 생겼다. 그래서 허수아비에게 편지를 써 주기로 했다.

아이스크림 막대, 헝겊, 노끈으로 만든 내 얼굴 허수아비

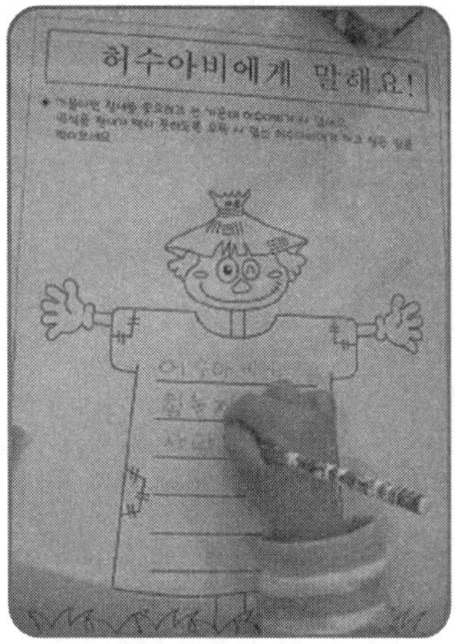

허수아비에게 편지 쓰기

가을 시화전

지점토와 가을 곡식으로 만든 모빌 장식과 산책길에 주워 온 도토리, 솔방울, 낙엽들, 그리고 유아들이 만든 허수아비와 직접 지은 가을 동시를 김발에 붙여서 멋진 동시 모빌을 만들었다. 유아들의 작품을 복도에 전시해서 부모

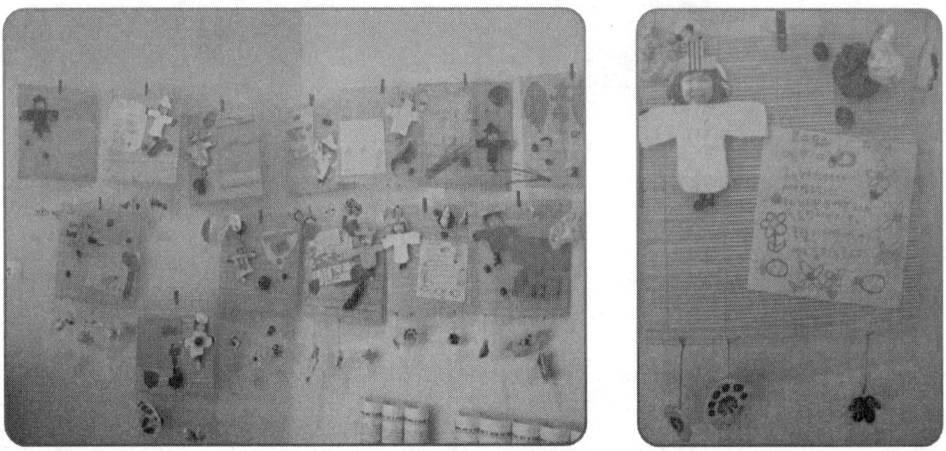

시화전 모습과 작품

님과 다른 반 친구들, 선생님들도 감상할 수 있도록 했다. 시화전을 연 후 동시에 대한 유아들의 관심이 더욱 커져서 동시를 지어 친구들 앞에서 발표하고 싶어 하는 경우가 늘었다.

[가을 소풍]

민속놀이와 함께하는 가을 소풍

근처 공원으로 가을 소풍을 다녀왔다. 공원의 유래에 대해서도 알아보고 민속놀이와 보물찾기도 했다. 유아들은 딱지치기, 투호놀이, 대문놀이 등을 체험하고 우리나라의 민속놀이에 대해서 더 많은 관심을 갖게 되었다.

대문놀이를 하는 유아들

투호놀이를 하는 유아들

가을 소풍을 다녀와서

가을 소풍을 다녀와서 가장 재미있었던 것을 그림과 글로 표현해 보았다. 민속놀이를 한 것을 특히 재미있어했던 유아들이 많아서인지 민속놀이 그림을 많이 그렸다. 민속놀이에 대한 이야기를 나누다가 우리나라 대표 명절 중

하나인 추석에 대해서 이야기하게 되었고 추석에 하는 민속놀이에 대해서도 이야기를 나누었다. 유아들은 '추석' 하면 가장 먼저 떠오르는 민속놀이로 '강강술래'를 꼽았다. 그래서 다음 활동시간에 강강술래를 해 보고 인형도 만들기로 했다.

[민속놀이와 추석]

강강술래 인형 만들기

추석에 하는 민속놀이에 대해서 이야기를 나누다가 유아들은 강강술래에 대해서 궁금해했다. 직접 강강술래를 해 보고 강강술래를 하는 종이인형을 만들어 보기로 했다. 종이를 아코디언 접기 한 후 한복을 입은 여아와 남아를 그려서 한 번에 오리는 방법으로 강강술래를 하는 인형들을 만들었다. 유아들은 인형을 만드는 과정을 매우 재미있어했고 자유선택활동 시간에도 같은 방법으로 만들기를 하는 유아들을 볼 수 있었다. 유아들이 만든 인형을 모두 모아 연결하여 협동작품으로 완성하고 일주일 동안 교실에 전시했다.

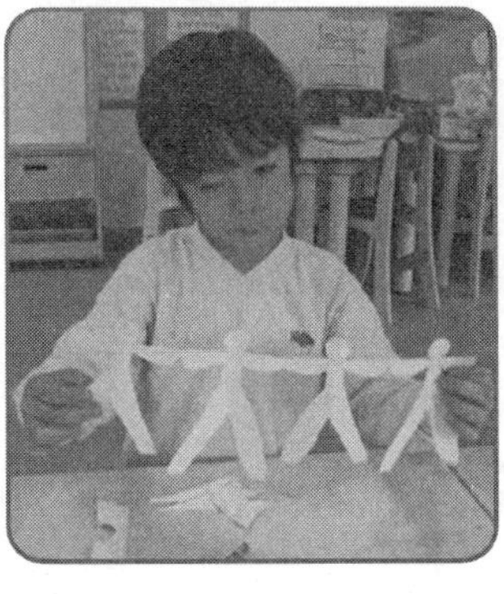

강강술래 인형 전시작품

송편 요리활동

추석을 앞두고 추석의 대표 음식인 '송편'을 만들어 보았다. 송편을 어떻게 만드는지 궁금해하는 유아들이 많았는데, 요리활동을 통해서 직접 송편을 빚고 먹어 볼 수 있어서 즐겁고 의미 있는 활동이었다. 송편을 빚은 후 찌는 과정까지 보지 못한 점은 아쉽다. 유아들은 교사가 게시해 둔 그림과 사진을 봐서 송편 모양을 잘 알고 있었지만 송편 모양대로 송편을 만드는 유아들은 많지 않았다. 유아들은 우주선 모양, 별 모양, 동물 모양 등 자신의 개성에 따라 다양한 모양의 송편을 빚었다.

유아들이 만든 여러 가지 모양의 송편

추석 지낸 이야기 & 내가 추석에 먹은 음식

추석을 지내고 와서 유아들과 추석 지낸 이야기를 했다. 유아들은 추석에 먹은 음식, 추석에 만난 사람, 방문한 장소, 재미있었던 일 등을 이야기하고 그림으로 표현했다. 추석에 먹은 음식에 대한 이야기가 많이 나와서 맛있게 먹은 추석 음식을 조사해서 그래프로 만들어 보는 수활동을 하였다. 유아들은 적극적으로 그래프 만들기 활동에 참여하였으며, 가장 많은 유아가 맛있었다고 뽑은 음식은 잡채였다.

추석 지낸 이야기를 하고 있는 유아들

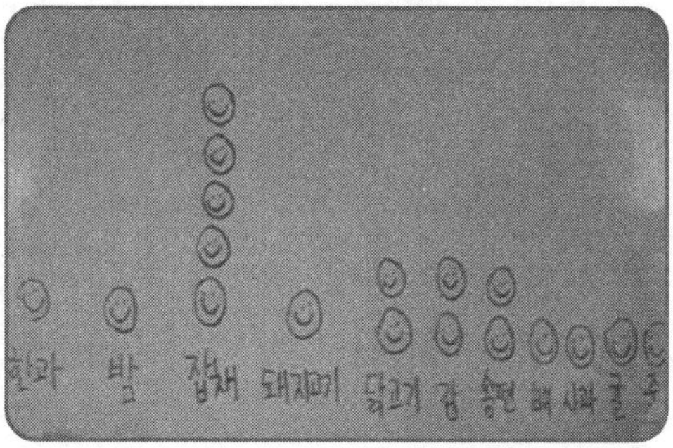

맛있었던 추석 음식 그래프 만들기

[가을 곡식과 열매]

가을 곡식과 열매 관찰 기록하기

유아들은 집에서 많은 자원을 가져와서 발표했는데, 특히 곡식과 길가에 떨어져 있던 가을 열매가 많았다. 다양한 곡식과 열매를 실제로 볼 수 있었고 유아들끼리 곡식 이름 수수께끼 놀이도 하면서 곡식을 가지고 놀이를 하는 모습도 관찰할 수 있었다. 집에서 열매를 관찰하는 『생태도감』 책을 가져온 유아가 있었는데, 대집단 활동시간에 유아들과 함께 그 책을 보다가 우리도 교실에 모아 놓은 곡식과 열매를 책처럼 자세히 관찰하고 기록해 보자고 이야기하게 됐다. 그래서 유아들과 자기 마음에 드는 곡식이나 열매 네 가지를 골라서 오감을 사용하여 탐색하고 관찰기록지에 기록해 보았다.

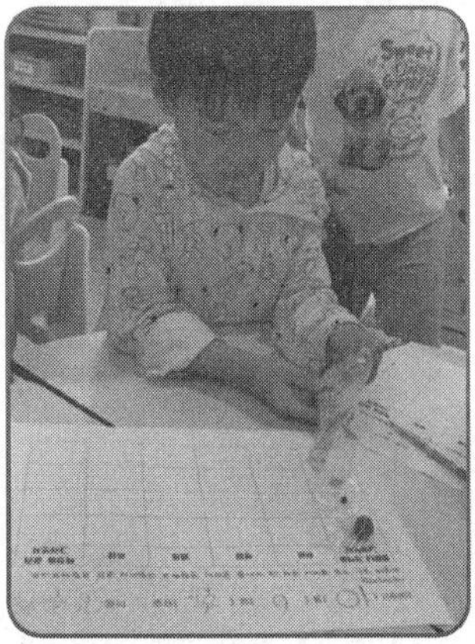

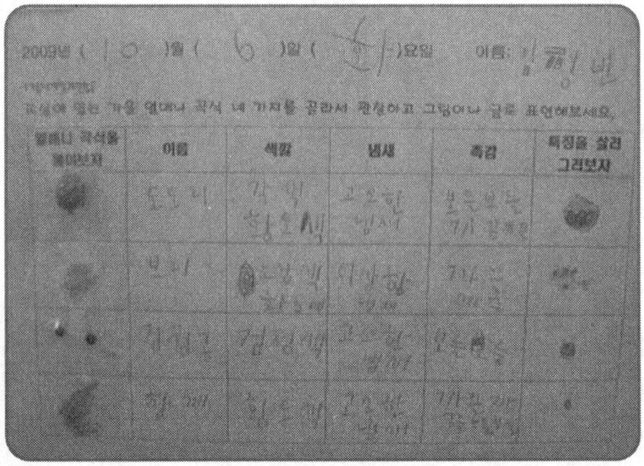

열매와 곡식을 관찰하고 관찰기록지에 기록하고 있는 유아

마라카스 만들기와 리듬 합주

곡식과 요플레통, 신문지로 마라카스를 만드는 유아들

유아들이 집에서 가져온 곡식과 열매를 사용하여 모빌장식을 만들고 관찰기록활동도 했는데, 여전히 곡식과 열매가 많이 남아서 어떻게 하면 좋을지 유아들에게 의견을 물었다. 유아들은 오전 간식시간에 먹은 요플레통으로 곡식 마라카스를 만들자는 생각을 해냈다. 그래서 요플레통에 곡식을 담고 신문지를 찢어 붙여서 악기를 만들었다. 유아들은 마라카스를 흔들어 보면서 놀이를

했는데, 어떤 유아들은 컵 안에 넣은 곡식의 종류와 양에 따라 모두 다른 소리가 난다는 사실을 알고 재미있어하기도 했다. 마라카스 만들기를 한 후 마라카스와 탬버린, 핸드벨을 사용해서 리듬합주활동을 했다. 그동안 배운 가을 동요에 맞춰서 연주하고 조별로 친구들 앞에 나와서 미니 연주 발표회를 하기도 했다.

가을 노래에 맞춰서 리듬합주 연습 중인 유아들

4) 마무리

[종결행사 '단풍잎의 가을밤' 동극]

종결행사 정하기

'가을' 주제탐구표현활동을 되돌아보며 종결행사를 무엇으로 할지 생각해 보는 시간을 가졌다. 유아들과 주제망, 질문목록을 보면서 어떤 활동을 했었는지 생각해 보고 지난 활동 중 무엇이 재미있었는지 이야기했다. 유아들이 특히 재미있어하고 다시 해 보고 싶은 활동이 무엇인지 알아본 후 종결활동으로 연결할 생각이었다. 유아들은 교실을 가을 동산으로 만드는 활동이 재미있었다고 말했고, 극놀이 동화인 〈단풍잎의 가을밤〉을 직접 연극으로 하고 싶다고 이야기했다. 그래서 가을 분위기로 풍성해진 교실을 무대로 동극을 하기로 결정했다.

종결행사 준비하기 (1) – 역할 정하기 및 대본 수정과 노래·율동 연습

〈단풍잎의 가을밤〉 동화를 동극으로 꾸미기로 하였다. 동극을 좀 더 재미있게 하기 위해서 등장인물을 첨가하고 대본도 조금씩 수정하기로 하였는데,

유아들의 상상력이 돋보이는 활동이었다. 원래 동화에는 아빠 단풍잎, 엄마 단풍잎의 대사가 없는데, 유아들과 이야기해서 아빠, 엄마 단풍잎의 대사도 만들어 주었다. 그리고 유아들이 뮤지컬처럼 동극에 노래도 나오면 좋겠다고 이야기해서 각각의 등장인물이 나올 때 관련된 노래를 부르기로 했다. 유아들은 다람쥐가 등장할 때는 〈다람쥐〉 노래를, 토끼가 등장할 때는 〈산토끼〉 노래를, 곰이 등장할 때는 〈곰 세 마리〉 노래를, 참새 세 마리가 등장할 때는 〈참새 세 마리〉 노래를 부르고, 별이 반짝반짝 빛난다는 대목에서는 〈작은 별〉 노래를 부르고 싶다고 이야기했다. 완성된 대본을 기존 대본과 비교해 보니 원작보다 유아들 생각이 들어간 새로운 대본이 더 재미있었다.

종결행사 준비하기(2) - 가면 만들기

연극에 나오는 등장인물 가면을 만드는 활동을 했다. 교사가 등장인물을 나타내는 도안을 복사해서 나누어 주고 유아들이 색칠을 하고 오려서 가면을 만들었다. 원래 동화에 나오는 등장인물은 아니었지만 유아들이 만들어 낸 바람과 해설자 역할은 빈 종이에 유아들이 직접 생각해서 가면을 만들어 보도록 했다. 바람 역할을 맡은 유아는 토네이도를 표현하는 그림을 그려서 가면을 만들었고, 해설자를 맡은 세 유아는 해설자라고 쓴 여아 그림을 그리기

동극 가면을 만드는 유아들

완성된 참새 역할 가면

도 하고, 단풍잎이 주인공이라며 단풍잎을 그리기도 하고, 왕관을 만들어서 쓰겠다며 왕관과 요술봉을 만들기도 했다.

종결행사 준비하기(3) – 낙엽 무대와 무대벽 만들기

유아들이 교실을 가을 동산으로 꾸미자고 할 때 낙엽을 많이 모으면 교실 바닥에 낙엽을 뿌려서 길을 만들자는 의견이 나왔었다. 그동안 자원소개시간과 산책시간에 모아 온 낙엽을 사용해서 바닥을 꾸미는 활동을 했다. 그러나 교실 바닥을 모두 낙엽으로 꾸미기엔 낙엽의 양도 부족하고 위생상으로도 좋지 않다고 생각하여 유아들과 연극을 할 공간만 낙엽으로 꾸미기로 했다. 어떤 방법으로 낙엽길을 만들면 좋을지 이야기를 나누었는데, 19명 중 18명의 유아들이 사각형 모양의 테두리로 낙엽 무대를 만들자고 이야기했다. 유아들과 함께 낙엽 무대를 만들고 그 위에 시트지로 무대를 고정하여 연

낙엽으로 무대를 만들고 있는 유아들

완성된 낙엽 무대

색지 단풍잎으로 벽을 꾸미는 유아들

극무대를 완성하고 기념사진도 찍었다. 무대 벽도 동극 제목과 어울리도록 단풍잎을 색지로 만들어서 꾸며 주었다. 유아들은 낙엽 무대 위에서 놀이를 하기도 하고 연극 연습을 하기도 하며 즐거워했다.

종결행사 준비하기(4) – 실내/야외 리허설

유아들과 종결행사 준비활동을 하면서 동극 연습을 함께 했다. 공연장으로 꾸며 놓은 교실에서도 연습하고 산책을 나가서 실제 단풍나무와 바람을 느껴 보면서도 연습했다. 유아들은 연습을 할 때도 실제 동극 공연을 하듯이 진지하고 즐겁게 활동했다. 또 유아들끼리 어떻게 대사를 말하면 좋을지 이야기하고 대사를 할 때의 자연스러운 동작에 대해서도 서로 알려 주었다. 대사를 잊어버린 친구를 위해서 대사를 모두 외운 유아들이 살짝 알려 주기도 했다.

교실과 야외에서 동극 연습을 하는 유아들

[종결행사 '단풍잎의 가을밤']

종결행사로 부모님을 초대하여 그동안 연습한 동극 공연을 보여 드렸다. 유아들은 그동안 준비한 무대 위에서 직접 만든 가면을 쓰고 열심히 연기하였고, 부모님이 보고 계신다는 사실에 더 즐거워하였다.

연극을 잘 마치고 난 후 유아들에게 나뭇잎 메달을 상으로 주는 시간을 가졌다. 유아들이 지난 자원소개시간에 친구가 가져온 상장과 금메달을 보고 부러워해서 교사가 유아들을 위해서 준비한 선물이었다. 코팅한 나뭇잎에 상장 내용을 짧게 써서 나뭇잎 메달을 만들었는데, 유아들은 서로 친구들의 나뭇잎 목걸이 내용을 읽어 보면서 기뻐했다. 하루 종일 자신의 나뭇잎 메달을 목에 걸고 다니는 유아들도 있었다. 연극을 보지 못하신 부모님을 위해서는 복도에 노트북을 마련하여 교사가 찍은 동영상을 열람할 수 있도록 하였다.

동극 준비를 하고 있는 유아들

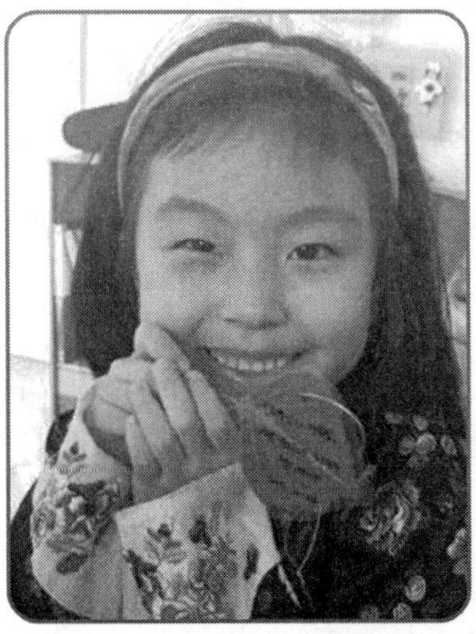

나뭇잎 동극 공연 후 메달을 받고 좋아하는 유아

5) 평 가

'가을' 주제탐구표현활동은 유아들의 감성을 자극한, 유아들의 참여도가 무척 높았던 활동이었다. 주제탐구표현활동이 진행되는 기간 동안 유아들은 여름에서 가을로의 계절 변화를 온몸으로 느낄 수 있었고, 스스로 경험한 것을 다양한 방법으로 표현해 보면서 주변을 관찰하는 힘과 자신의 생각과 느낌을 표현하는 방법도 배울 수 있었다.

교실 안으로 가을을 가져오자는 유아다운 생각이 '가을 동산 꾸미기' 활동으로 연결되었고, 세심한 관찰력과 풍부한 상상력으로 교실을 가을 동산으로 조금씩 바꾸어 보았다. 오전의 주제탐구표현활동시간뿐만 아니라 유아들의 놀이 중에서도 가을과 관련된 놀이들(가을과 관련된 종이접기, 낙엽 줍기, 가을 곡식과 낙엽을 사용한 역할놀이 등)을 많이 볼 수 있었다. 자유선택활동시간에 나타난 '가을' 주제와 관련된 놀이들을 보면서 유아들이 '가을' 주제탐구표현활동에 몰입하고 있다는 것을 느낄 수 있었다.

'가을 동산 꾸미기' 활동으로 친구들과 함께 교실이라는 공간을 천천히 변화시키면서 유아들은 여럿이 힘이 합쳤을 때 어떠한 변화가 생기는지 눈으로 확인할 수 있었고, 자신들의 능력을 확인하는 과정에서 자신감과 성취감을 느낄 수 있었다.

가정에서도 '가을' 주제에 대한 유아들의 관심이 지속될 수 있도록 가족과 함께 야외활동을 자주 하고 낙엽과 가을 열매 등을 주워서 어린이집으로 보내 주시기도 하는 등 가정에서도 '가을' 주제탐구표현활동에 적극적으로 참여하였다.

'가을 동산'으로 바뀐 교실에서 유아들은 다시 한 번 힘을 합쳐 한 편의 멋진 연극을 만들었고 부모님과 친구들 앞에서 공연을 했다. '가을' 주제탐구표현활동은 유아들이 활동의 주체가 되어 자발적이고 적극적으로 활동을 진행하였고, 활동의 진행과정과 결과 모두 기억에 남을 만한 활동이었다.

제 9 장

도구와 기계

1. '신발' 주제탐구표현활동(만 4세반)

1) 사전준비

[주제선정 배경]

유아들은 발레를 시작하면서 발레 슈즈에 관심이 생기고, 동계올림픽의 영향으로 스케이트와 스키에 흥미가 많아지면서 자연스럽게 스케이트 신발과 스키 신발에 관심을 보였다. 또 아침에 등원하면서 신발장의 친구 신발을 보면서 어떤 친구가 등원했는지, 또 친구가 어떤 신발을 신고 다니는지에 대한 궁금증을 많이 보이면서 자연스럽게 신발에 관심을 가지게 되었다.

[중심 개념]

- 평소에 신는 신발은 다양하다.
- 신발마다 크기가 다르다.
- 신발마다 용도와 쓰임새가 다르다.
- 나라마다 신는 전통 신발이 있다.

[자원목록 및 환경구성]

부모님들의 자원 협조를 받은 신발들을 진열하여 유아들이 관찰하면서 자유놀이시간에 역할놀이 소품으로 가지고 놀 수 있게 했다. 가정에서 가져온 책과 도서실에서 가져온 '신발'과 관련된 책을 도서영역에 비치하고 소주제에 따라 책을 교체해 주었다.

표 9-1 '신발' 주제탐구표현활동 자원목록

영 역	자원목록
도 서	•『신발 나무의 전설』(존 패트릭 루이스-마루벌) •『무지개로 된 신발』(휘테메 마쉬하디 로스탐-큰나) •『날아라 신발』(마리앤 리치몬드-리브레주니어) •『신발 박물관』(육길나-한우리북스) •『요술 신발』(보요 라도이치이쉬-중앙 출판사) •『새 옷을 입은 내 신발』(지옥정-창지사) •『거인 신발』(끌레르 아르뛰-솔 출판사) •『구두장이 꼬마요정』(그림형제-보림) •『천사도 구두를 신을까요』(에밀리 파운드-가치창조) •『새 구두를 샀어요』(수잔 롤링스-계림닷컴) •『신데렐라』 •『오즈의 마법사』
사진 및 그림 자료/ 실물 자료	• 다양한 신발 사진 • 전통 신발(짚신, 꽃신……) • 다른 나라 신발(게다, 부츠……) • 특이한 신발(마녀 신발, 유리 구두……) • 특수 신발(스케이트화, 인라인스케이트, 강아지 신발……)

2) 도 입

생각 모으기

"'신발' 하면 친구들은 뭐가 생각나나요?"라는 질문에 유아들은 다양한 신발의 종류와 친구들이 신고 다니는 신발의 특징들(여러 캐릭터 그림, 리본, 찍찍이)을 주로 이야기했다. 생각 모으기를 하기 전에 친구들과 자유놀이시간, 전이시간 등에 신발에 대한 책을 여러 권 읽어서 그 책에서 보았던 내용도 많이 등장했다. 주제탐구표현활동의 주제를 정하는 과정에 나왔던 신발의 종류는 주로 친구들이 신고 다니는 신발들과 스포츠, 발레 신발이었는데, 책을 통해 다양한 신발 종류를 알게 된 후 생각 모으기에서도 책에서 보았던 신발들을 말했다.

브레인스토밍을 통해 나온 것은 다양하고 많았지만 이것을 유목화하고 주제망으로 작성하는 것은 어려워해서 다른 방법이 필요하였다.

〈'신발' 브레인스토밍〉

- 옛날 신발 – 나막신, 꽃신, 당혜, 짚신, 고무신
- 스포츠 신발 – 발레 슈즈, 스케이트, 축구화, 스키 신발
- 다른 나라 신발 – 게다, 조리
- 일상 신발 – 남자구두, 여자구두, 하이힐, 운동화, 실내화, 장화, 샌들, 보행기 신발, 슬리퍼
- 발에 좋은 신발 – 교정 신발, 키 크는 신발
- 동물들이 신는 신발 – 강아지 신발, 말발굽(편자)
- 공연 신발 – 장대 신발, 탭댄스 슈즈
- 책 속의 신발 – 마녀 구두, 유리 구두, 요술 신발, 백설공주 신발
- 신발을 볼 수 있는 곳 – 구둣방, 신발 수선집, 마트, 백화점
- 신발 관련 사람들 – 구둣가게 점원, 구두닦이

• 신발에 있는 것 – 찍찍이, 운동화 끈, 여러 가지 그림, 굽, 리본
• 신발 안에 있는 것 – 발, 발가락, 양말

신발아, 이것이 궁금해!

신발에 대한 궁금증과 친구들의 생각을 들어보았다. 유아들의 질문을 보면서 신발에 대한 관심이 높고 평소 신발을 많이 관찰하고 있다는 것을 알 수 있었다. 그리고 그 질문들을 통해 '신발' 주제탐구표현활동을 어떻게 진행해야 할지 방향을 잡을 수 있었다.

질문목록은 주제를 진행하면서 계속 추가되었고, 특히 질문들이 꼬리에 꼬리를 물며 이어지는 것을 볼 수 있다. 이러한 질문들은 활동을 하면서 나온 유아들의 질문을 통해 활동들 간의 연계성이 나타나는 것을 볼 수 있는 내용이다.

표 9-2 '신발' 주제탐구표현활동 질문목록

'신발' 질문목록
• 신발을 신고 있으면 왜 신발 속에 모래나 개미가 들어가요? • 신발에는 모양이랑 색깔이 있잖아요~. 왜 모양이랑 그림, 색깔이 있는 거예요? 아무것도 없어도 신발이잖아요. • 밖에 나갈 때는 왜 신발을 신어야 돼요? ➜ 신발을 신으면 왜 안 미끄러질까요? • 신발 바닥에 보면 모양이 있잖아요! 그 모양들은 왜 있는 거예요? • 왜 신발 발바닥은 더러워요? • 신발에 스파이더맨, 엔진포스 같은 그림이 있잖아요. 왜 그런 그림이 있는 거예요? • 내 신발은 분홍색이에요. 다른 신발들은 왜 색이 달라요? • 구두 신으면 한쪽은 커서 신발이 막 구겨지고 한쪽은 안 그래요. 왜 한쪽은 크고 한쪽은 안 큰 거예요? • 부츠 공부 하고 싶어요! 부츠에는 왜 털이 있는지 그게 궁금해요.

- 롤러스케이트에 대해서 공부하고 싶어요.
- 신발들은 종류가 많잖아요. 왜 신발이 다양하게 있는지 궁금해요.
- 내 신발은 걸을 때 불이 나는 게 있어요. 그리고 퓨마는 앞에 껍질이 벗겨졌는데, 왜 그런 거예요?
- 장화에 대해서 공부하고 싶어요. 왜 장화는 비 올 때만 신어요?
- 신발 바닥에 까만 부분(굽)은 왜 있는 거예요?
- 굽이 뭐예요? 말발굽, 소굽, 돼지굽, 까치굽 모두 있나요?
  - ➔ 말은 편자를 달아요. 그런데 사람이 키우는 말은 편자를 달 수 있는데, 사람이 안 키우는 말은 어떻게 해요?
  - ➔ 신발을 안 신는 사람도 있어요. 그 사람들 발은 괜찮아요? 아플 것 같아요.

신발끼리 모으자

신발에 대한 브레인스토밍을 하고 그 내용들을 유목화하여 주제망을 만드는 것을 어려워하던 유아들과 어떻게 할까 고민을 했다. '신발' 주제탐구표현활동을 시작하면서 부모님들께서 다양한 신발들을 자료로 가져다주셨고, 자연스럽게 유아들은 그 신발들을 신어 보고 관찰하면서 신발의 종류에 관심을 가졌다. 그래서 먼저 유아들이 아는 신발들을 모두 적고 분류하는 작업을 해 보기로 했다.

아직 글을 쓰거나 읽는 것에 어려움이 있어서 유아들이 말한 신발들의 사진을 모두 인쇄하여 신발 사진에 알맞은 이름을 찾아 붙여 보는 활동을 먼저 했다. 신발들이 모두 이름을 찾으면 유아들과 함께 신발들을 나누기로 했다. '신발의 종류' 를 어떻게 말해 주고 이해시킬까 고민했는데, 유아들과 읽던 책 중 『신발 박물관』이란 책에 신발들을 종류별로 전시해 놓은 것이 있었다. 유아들은 그 책을 생각해 내어 우선 책에서처럼 신발들을 분류해 보자고 제안했다. 유아들의 제안대로 신발들을 '일상 신발, 스포츠 신발, 옛날 신발, 공연 신발' 로 분류했다. 분류 후에도 남아 있는 신발들은 유아들과 이야기해서 '발에 좋은 신발, 다른 나라 신발' 로 제목을 정해 분류했다. 분류된 신발들을 종이에 각각 붙이고 그 종이들을 큰 종이에 다시 붙이자 유아들이 종류별로 신발들을 볼 수 있어 무척 재밌어했다. 그리고 이 활동을 통해 나열된 생각을 하나의 제목에 모으는 것이 유목화, 분류하기라는 것을 알 수 있었다.

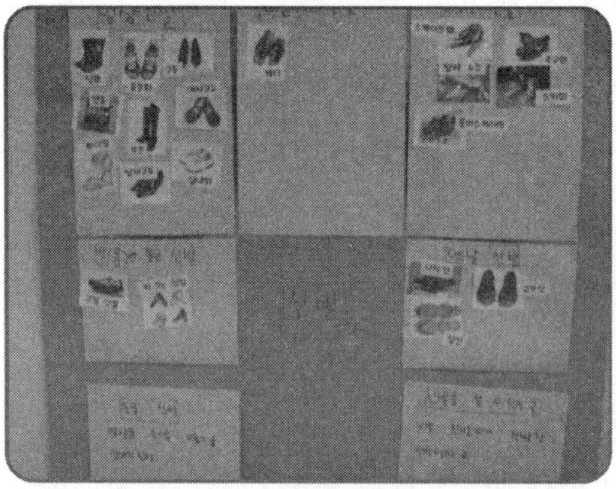

같은 종류의 신발끼리 모아서 유목화한 결과

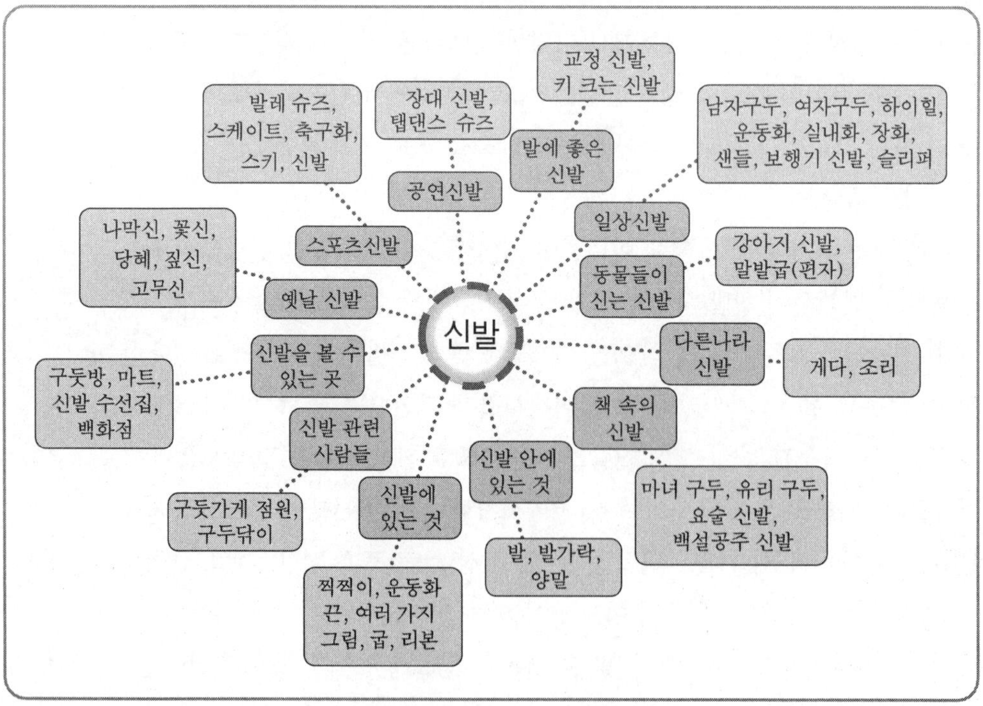

[그림 9-1] '신발' 주제망

내 신발은 어떻게 생겼을까?(1차 표상)

유아들은 신고 온 신발을 가져와 자신의 신발을 관찰하며 신발의 생김새에 대해 알아보고 그림으로 표상하는 활동을 했다. 신발을 이리저리 살펴보면서 신발 겉의 생김새(여러 가지 그림, 찍찍이, 운동화 끈, 리본, 구슬)를 볼 수 있었고 신발 밑창의 모양이 재미있게 생겼다는 것도 알 수 있었다. 관찰 후에 그림으로 자신의 신발을 표현해 보니 여아는 좀 더 구체적인 면(리본, 끈, 색)을 강조하면서 자세하고 실제처럼 그린 반면, 남아는 신발을 관찰한 것과 상관없이 신발을 봤을 때 가장 인상 깊었던 것을 위주로 표현하는 것을 볼 수 있었다.

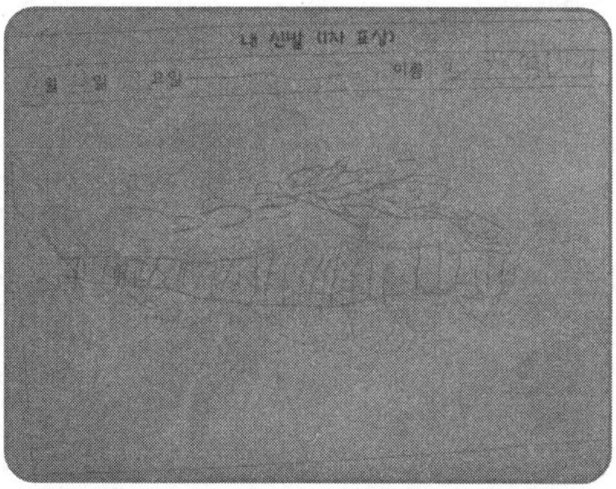

남아의 신발 표상

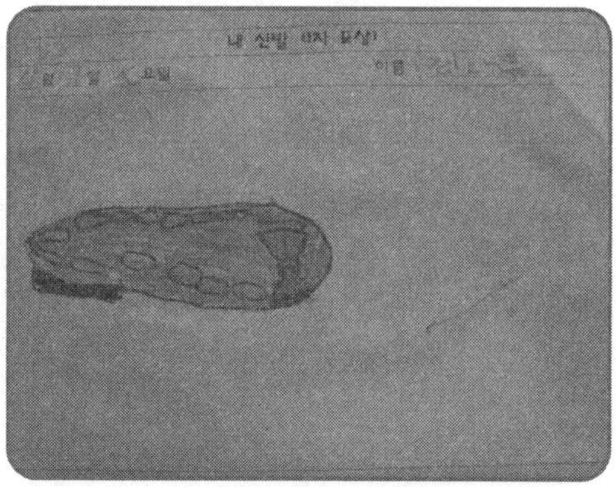

여아의 신발 표상

도로시의 요술 구두에게 비는 소원은?

유아들과 전이시간에 『오즈의 마법사』 책을 함께 읽었다. 교사는 책을 읽어 주면서 책 속의 마녀 구두에 큰 초점을 두지 않았는데, 유아들은 신발에 대해 공부하고 있어서인지 책의 내용보다 소원을 들어주는 마녀 구두에 관심을 가졌다. 그러면서 '나한테 마녀 요술 구두가 있다면?' 이란 질문으로 유아들과 이야기를 나누게 되었고 자연스럽게 간단한 활동과 표현으로 이어졌다.

유아들이 요술 구두가 생기면 하고 싶은 것은 '마음껏 놀기, 예쁜 공주님 되기, 맛있는 음식 먹기, 축구 잘하기, 엄마 컴퓨터 사주기' 등과 같은 유아다운 내용이었다.

우리가 신고 온 신발

매일 아침 유아들이 등원하면서 "나는 네 번째로 왔지요?" "○○야~ 너 오늘 구두 신고 왔지?" "선생님 나 오늘 장화 신고 왔다요(왔어요)?"라고 신발장에 있는 신발의 수와 종류, 나와 친구들이 신고 온 신발에 관심을 가지는 것을 볼 수 있었다. 그래서 친구들이 매일 신고 온 신발들을 그래프를 만들어서 신발 이름과 유아들의 이름을 표시하고 신발의 종류는 무엇인지, 몇 종류인지, 어떤 신발을 몇 명이 신고 왔는지 알아보는 활동을 하였다. 이 활동은 주제가 끝날 때까지 계속되었는데, 간단한 것이지만 친구들이 무척 관심이 많고 흥미가 지속되었다. 이 활동을 통해 수 세기 등의 연산활동을 할 수 있었고 신발에 대한 관심도 지속될 수 있었다.

3) 전 개

[신발을 신는 이유와 마찰력]

신발은 왜 신을까?

유아들이 가장 궁금해한 것이 신발을 신는 이유였다. 유아들에게 '신발을 왜 신을까?'라는 질문을 던져서 다음과 같이 유아들의 생각과 질문이 이어지는 것을 볼 수 있었다.

교사 : 신발은 왜 신을까요?
유아: 양말, 발바닥이 더러워지지 않게요. → 바닥이 더러우니까요. → 까칠하고 뾰족해서 다쳐요.

⬇

교사 : 매끄럽고 깨끗한 바깥 바닥은?
유아: 딱딱하고 미끄러워요. → 교실에서도 양말 신고 있으면 집에 갈 때 더러워져 있어요.

⬇

유아 : 얘들아~ 깨끗하고 까칠하지 않은 데도 있잖아~
유아: 얼음! 얼음은 깨끗하고 매끈해! → 깨끗하지만 너무 차가워서 발 시려울 걸? → 동상에 걸려~ 그럼 발가락 다쳐. → 그리고 또 미끄러져서 위험해~. → 그러니까 신발 신잖아~.

⬇

교사 : 신발을 신으면 안 미끄러울까요?
유아: 신발 바닥이 울퉁불퉁해서요. → 신발 바닥에 모양이 있잖아요. 뾰족한(?) 까만 부분이요.

유아들은 신발을 신는 이유에서 시작해서 '신발을 신으면 미끄러지지 않는다.'로 결론을 내리면서 '신발을 신으면 왜 미끄러지지 않는지'에 대한 궁금증이 생겼다. 또 다른 이유로는 '발을 보호한다. 예쁜 신발을 신으면 기분이 좋아진다. 신발을 신으면 개미가 들어올 수 없어서 신는다. 신고 싶어서 신는다.'가 나왔다.

신발을 신는 이유는?
발을 보호하기 위해서 신어요~. 예쁜 신발을 신으면 기분이 좋아져요~. 신발을 신어야 개미가 들어올 수 없어요~.
가장 큰 이유는! '신발을 신으면 미끄러지지 않아요!'

신발을 신으면 왜 안 미끄러질까?

전날 활동에서 유아들이 신발을 신는 이유로 가장 많이 생각한 것이 미끄러지는 것을 방지하기 위해서라는 이유였다. 그래서 신발을 신으면 정말 미끄러지지 않는지, 왜 미끄러지지 않는지 알아보기로 했다. 이유를 알 수 있는 방법으로 '신발을 신지 않고 걸어본다.'와 '신발을 관찰해서 이유를 찾아본다.'가 나왔다. 그래서 먼저 신발을 가지고 와서 관찰했는데, 관찰 결과 유아들은 신발 밑바닥의 모양을 발견하고 여기에 이유가 있다고 생각하였다. 옆의 친구와 신발을 들고 비교하다가 비슷한 운동화인데 밑창의 모양이 다른 것을 알았고 다른 친구와도 비교해 보니 3명 모두 다른 것을 볼 수 있었다. 신발의 모양은 다 비슷해도 밑창의 모양이 다른 것을 이유로 들며 '신발 밑창의 모양 때문에 미끄러지지 않는다.'라고 의견을 제시하기에 이르렀다. 그 말을 듣고 다른 유아들도 밑창을 관찰하고 비교하면서 까만 밑창은 잘 보이지 않는다고 잘 볼 수 있게 해 달라고 했다. 그래서 신발 밑창 찍기를 하고 나서 밑창의 모양이 정말 다르고 다양한 것을 알게 되었다.

하지만 신발 밑창과 미끄러지지 않는 것의 관계는 알 수 없었다. 어떻게 하면 알 수 있을까 생각하다가, 밑창의 모양이 모두 다르니까 밑창끼리 미끄럼 정도를 서로 비교해 보자고 했다. 어떤 신발이 잘 미끄러지고 안 미끄러지는지 알아보면 알 수 있을 거라고 해서 신발의 미끄러짐 정도를 비교해 보기로 했다.

『마찰력이 생겨요』 책 읽기

신발을 신으면 미끄러지지 않는 것, 얼음은 잘 미끄러지지만 도로는 그렇지 않은 것의 이유를 알지 못하는 유아들의 이해를 돕기 위해 『마찰력이 생겨요』라는 책을 함께 읽었다. 유아들은 질문과 대화를 통해서 궁금증을 해결해 가고 있었지만, 활동을 진행하면서 이 시기쯤엔 교사의 도움이 필요하다고 판단했기 때문이다. 유아들과 함께 책을 읽으면서 마찰력에 대해 알아보고 그동안 유아들이 알아보고 싶었던 것, 궁금했던 것들이 조금씩 해결되는 것을 볼 수 있었다. 어렴풋이 원인으로 생각했던 것이 책을 통해 '마찰력'이란 단어로 설명되자, 유아들은 무척 신기해하고 재밌어했다.

신발 마찰력 실험

마찰력에 대해 알고 난 후 '미끄러짐 비교'는 '마찰력 실험'이란 이름으로 바뀌었다. 마찰력에 대해 이야기하면서 유아들이 낸 아이디어가 '과학전시관의 기울어진 집에서 실험을 하자.'였다. 기울어진 집은 마찰력이 작아 잘 미끄러지기 때문에 여러 신발을 신고 올라가 보면 신발의 마찰력을 알 수 있다는 이야기였다. 하지만 날씨와 친구들의 건강 상태 등으로 실외활동이 불가능했고, 그래서 다시 생각한 것이 교실의 책상을 경사지게 놓고 실험을 하는 것이었다. 이 실험을 통해 신발 밑창의 다양한 모양이 미끄러짐을 방지하는 것을 눈으로 확인해 볼 수 있었다.

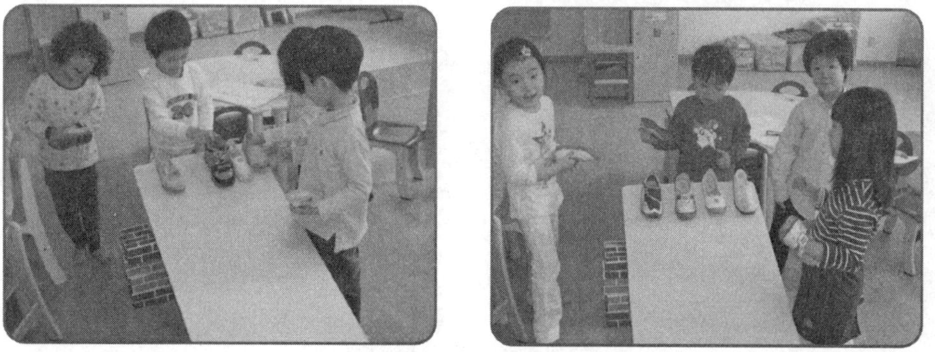

책상을 이용한 마찰력 실험

어떤 모양의 신발이 마찰력이 가장 클까요?

마찰력 실험 후 유아들은 어떤 신발의 마찰력이 제일 큰지 실험해서 우리 반의 '안전신발'을 찾아보자고 했다. 그래서 친구들이 가지고 온 신발들 중 신발 밑바닥 모양이 달라서 마찰력 차이가 클 것 같은 축구화, 발레 슈즈, 보행기 신발, 고무신을 가지고 실험했다.

실험 전 예상 순위를 적어 보고 실험을 실시하였는데, 유아들은 '축구화'가 마찰력이 제일 클 것이라고 예상하였다. 그러나 유아들의 예상과 달리 실제 실험 결과는 고무신의 마찰력이 제일 큰 것으로 나왔다. 한 유아가 그 이유에 대해 "축구화는 축구장에 가야 마찰력이 크다."라고 이야기하기도 하였다.

[굽, 맨발로 걷기]

신발 2차 브레인스토밍

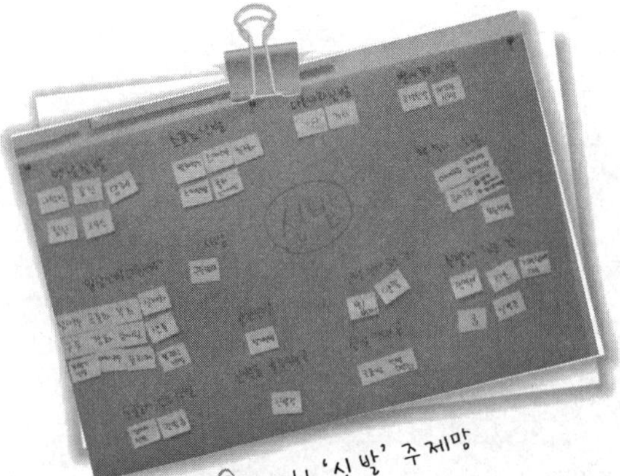

2차 '신발' 주제망

마찰력 실험 후 유아들의 뚜렷한 관심사를 파악하지 못해서 다시 한 번 브레인스토밍과 유목화를 하여 유아들이 신발에 대해 알고 싶어 하는 것을 찾아보았다. 두 번째로 브레인스토밍을 하고 주제망을 짜니, 지난번에는 교사와 책의 도움을 받아야 했던 유아들이 이번에는 스스로 제목을 정해서 유목화하기 시작했다.

브레인스토밍 후 유아들이 가장 궁금해한 것은 동물들의 신발이라고 생각하는 '굽'에 대한 것이었다. 그래서 먼저 굽에 대해 알아보기로 했다.

'굽'이 무엇인지 알아보자

유아들과 교사가 알아본 굽은 '소, 말, 돼지, 양 등의 동물의 발톱'이었다. 그러자 "그럼 소랑 말이랑은 발톱으로 걸어다녀요? 발레랑 비슷하다~."라며 발레하는 포즈를 취하기도 했다.

말발굽에 대한 이야기를 하면서 자연스럽게 말편자를 알아보게 되었고 편자는 말의 굽이 빨리 닳지 않게 도와주는 것임을 알게 되었다. 그러자 유아들은 "사람들이 키우는 말은 편자를 끼우는데 사람들이 키우지 않는 말은 어떻게 될까? 그 말들은 편자를 끼우지 않을까?" 하는 궁금증을 가지게 되었다.

사람들이 키우는 말과 혼자 사는 말

사람들이 키우는 말과 혼자 사는 말들(야생마, 얼룩말)의 편자의 유무에 대한 유아들의 생각을 발표했다.

사람들이 키우는 말	혼자 사는 말
• 사람들이 키우는 말은 사람들이 타서 무거우니까 편자를 달아요. • 사람들이 돌아다니면서 편자를 달아 줄 수 있어요. • 도로에서는 맨발로 다닐 수 없어요. 그럼 발이 너무 아프잖아요.	• 편자를 달아 줄 사람이 없어서 편자를 달 수 없어요. • 너무 넓은 곳에 살아서 사람들이 따라다니면서 달아 줄 수 없어요. • 잔디는 맨발(굽)로 걸어도 아프지 않아요.

이 활동에서 유아다운 다양하고 재미있는 발상이 잘 나타났다. 유아들은 이야기를 하면서 친구들과 함께 본 『누구 신발일까』 책을 가지고 와서 "신발을 안 신는 사람도 있잖아요~."라고 이야기했고, 신발을 신지 않고 걸어 보고 싶다고 해서 맨발로 걸어도 안전한 곳에 가서 걸어 보기로 약속했다.

신발을 신지 않는 사람들 체험하기

과학전시관으로 산책을 가서 어제 함께 이야기했던 '신발 없이 걷기 체험'을 했다. 먼저 과학전시관에 가서 친구들이 제일 좋아하는 '기울어진 집'에 들어가 놀면서 그동안 배웠던 마찰력에 대해 설명하였다.

그리고 맨발로 걸어도 안전한 곳을 찾아 걷기 체험을 해 보았는데, 처음에는 신발을 벗는 것을 주저하던 유아들도 다른 친구들과 교사가 벗고 걸어다니는 것을 보고 조심스레 신발을 벗고 걸어다녔다. 맨발로 걸으니 발이 아프긴 하지만 생각했던 것처럼 아프거나 차갑진 않다며 기분 좋아했다.

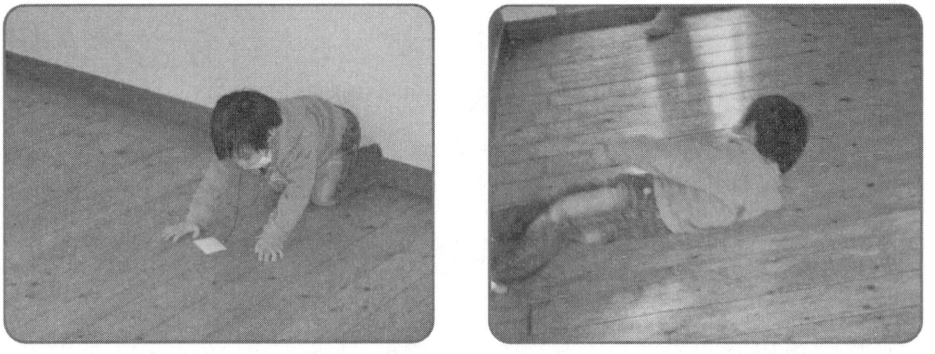

기울어진 집에서 신발 없이 걸어 보는 체험을 하는 유아

자갈 위를 맨발로 걸어 보는 유아들

[발크기 비교하기]

얼마나 자랐을까요? – 신체 계측

일본에 3주 정도 다녀온 한 유아를 보고 친구들이 많이 자란 것 같다고 키를 비교해 보고 싶어 했다. 그래서 유아들 모두 키를 재서 3월의 키와 비교해 보았다. 키와 몸무게를 잰 후 발크기에도 관심을 가져서 발크기를 재 보기로 했다.

발크기를 재어 보자 – 어떻게 잴까?

발크기를 어떤 방법으로 잴 수 있을까 물으니 크게 두 가지로 나뉘었다.

❶ 도구(자, 줄자)를 이용해서 잰다.
❷ 친구끼리 발을 대고 비교한다.

먼저 친구끼리 발을 맞대고 비교해 봤더니, 발크기가 모두 똑같거나 비슷하다고 해서 비교가 어려웠다. 정확한 발크기를 재어서 비교하자고 해서 집

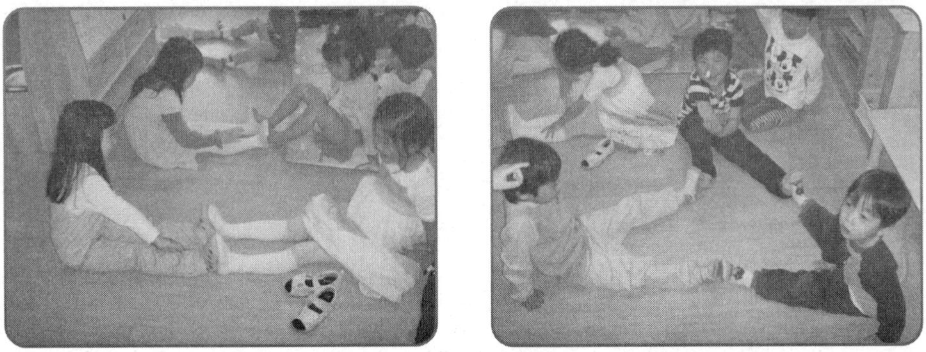

친구끼리 발을 대고 크기를 비교해 보는 유아들

에서 원하는 방법으로 재 오기로 했다.

발크기를 재어 보자 – 도구를 이용해서 재기

유아들이 집에서 발크기를 재어 온 것을 함께 보니 대부분 '종이에 발을 대고 그려서 길이를 재는 방법'을 사용한 것을 알 수 있었다. 그래서 그 방법으로 다시 한 번 재어 봤다. 발크기를 재어 본 결과 다음과 같은 결과가 나왔다.

❶ 오른발, 왼발의 길이가 다를 수도 있다.
❷ 키가 제일 커도 발이 제일 크지는 않다.

이 결과를 보면서 "발이 서로 다르면(양쪽 발의 크기) 신발은 어떻게 신어요?" "발 쟀으니까 이제 신발길이도 재요."라고 해서 신발크기도 쟀는데, 신발을 종이에 대고 그리려고 하니 아직 신발을 따라 그리는 것이 유아들에겐 어려운 작업이었다. 그러던 중 한 유아가 그리지 않고 종이에 신발을 올리고 신발 끝을 선으로 긋는 것을 보며 더 간단하고 정확한 방법을 알게 되었다. 그래서 유아들 모두 선을 그어서 직사각형으로 종이를 오려서 발크기를 잿

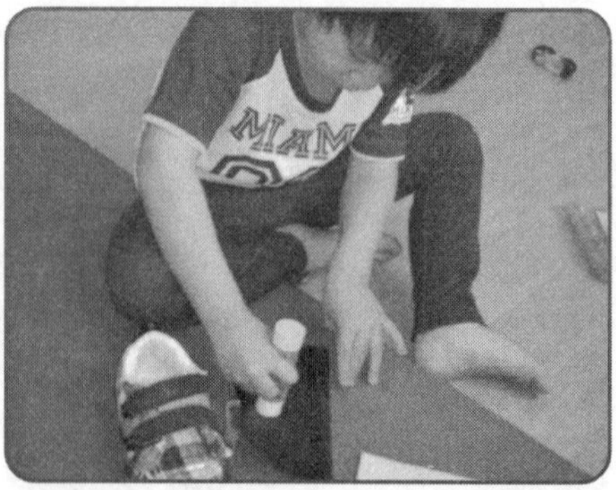

신발 크기를 재고 있는 유아

던 것과 비교해 보니 신발이 발보다 더 큰 것을 알 수 있었다. "발과 신발이 똑같으면 신기 힘들고 신발이 더 작으면 발이 아파서 신발을 들고 다녀야 된다."라고 서로 말하며 신발이 발보다 커야 신을 수 있다는 점에 유아들이 동의하였다.

이렇게 활동을 마무리 지으려는데, 한 유아의 아주 재밌는 질문으로 다음 활동의 방향이 정해졌다. 교사가 '신발' 주제탐구표현활동을 시작하면서부터 하고 싶었던 신발 만들기를 유아들과 자유선택활동시간에도 해 보고 교육활동으로도 유도해 보았지만 흥미를 보이지 않았으나, 친구의 재밌는 질문 하나에 관심이 확장되는 모습을 보면서 유아들의 흥미와 관심 없이 교사의 의도만으로는 활동 진행이 어렵다는 것을 다시 느끼게 되었다.

신발이 나보다 더 크면?

⬇

내가 들어가면 되겠다.
바퀴 달아서 타고 다니면 되지!
나는 공룡 사진을 붙일래.
애기 신발에 바퀴 달아서 인형한테 신기면 인형이 굴러가겠지?

⬇

우리 신발을 만들어 보자!

[신발 던지기 게임]

신발 만들기를 시작하기 전에 유아들과 쉬어갈 겸 신발을 이용한 게임을 하기로 했다. 유아들과 의논한 결과 신발 던지기 게임을 하기로 결정하고 동작실에서 유아들이 집에서 가지고 온 다양한 신발을 신고 던지는 게임을 했다. 잘 날아가는 신발도 있고 전혀 날아가지 않는 신발도 있었지만 유아들 모두 재밌고 즐겁게 게임을 했다.

날아라~ 신발~!

[신발 만들기]

내가 만들고 싶은 신발

먼저 내가 만들고 싶은 신발을 생각하여 그림으로 그렸다. 유아들이 그린 신발들은 일상 신발(구두, 부츠, 샌들)과 백설공주 신발(백설공주가 그려진 것), 맥퀸 신발(빨간색에 불이 들어오는 것)처럼 친구들이 신을 수 있는 신발도 있었고, 아톰 신발(밑에 불이 나와서 날 수 있어요), 로봇 신발(로봇이 신는 신발), 동

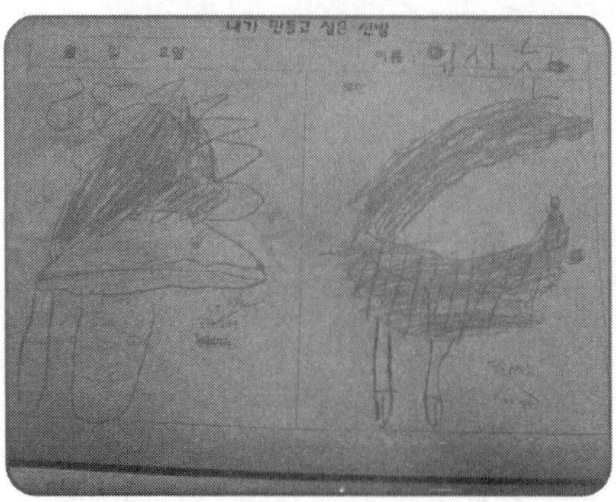 

내가 만들고 싶은 신발

물 신발(동물이 신는 신발), 구두 모양의 행글라이더(타고 조종할 수 있어야 함), 인형 신발(인형이 신는 게 아니라 신으면 인형으로 변신함) 등과 같이 만들기 어렵고 상상 속의 신발들도 있었다.

신발 만드는 과정을 알아봐요

『구두 자동차』라는 책을 함께 읽는데, 책 속에 구두 자동차 만드는 과정이 나온 것을 보고 신발 만드는 과정에 대해 질문했더니 유아들이 전혀 모른다는 것을 알게 되었다. 그래서 신발 만드는 과정을 알아보기로 했다.

함께 자료를 보며 신발들의 부분 명칭과 신발 만드는 순서를 알아보면서 신발 만들기에 대한 흥미가 증폭되었다. 특히 신발들의 명칭 중 '앞날개, 코싸개, 옆날개, 밑창' 등에 대해 듣고 무척 재밌어하며 유아들은 자신의 신발에서 각 부분의 명칭에 해당되는 부분을 찾아보기도 했다.

점토와 종이로 신발 만들기

먼저 점토와 종이를 이용해서 신발을 만들기 위해 신발에 꼭 있어야 하는 부분과 신발 만드는 순서를 생각하며 신발을 만들어 보았다.

점토와 종이로 신발을 만들고 있는 유아

아기 신발들을 올려놓고 참고하면서 신을 수 있는 신발로 만들어 보는데, 점토를 뭉쳐서 손가락으로 꾹 눌러 다 만들었다고 하거나 밀대로 넓적하게 밀어서 끝을 연결해서 만들기도 했다. 그러다 한 유아가 예전 자유선택활동 시간에 만든 신발을 생각하면서 발 모양의 밑바닥을 만들고 위에 따로 발 끼우는 곳을 만들며 신발 부위 명칭을 하나하나 이야기해 보기도 했다.

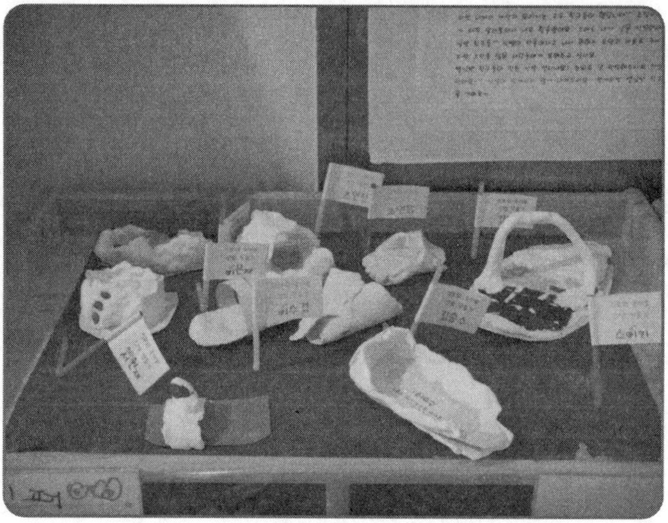

유아들이 점토와 종이로 만든 신발들

신발 만들기

순서에 따라 신발 만들기를 시작했다. 처음에 만들고 싶은 신발을 표상할 땐 다양한 상상 속의 신발들을 이야기했는데, 막상 만들기를 시작하자 유아들은 모두 자신이 만든 신발을 신고 싶어 하여 신을 수 있는 신발로 만들기로 했다.

① 신발 디자인

내가 만들고 싶은 신발을 그림으로 그려서 표현했다.

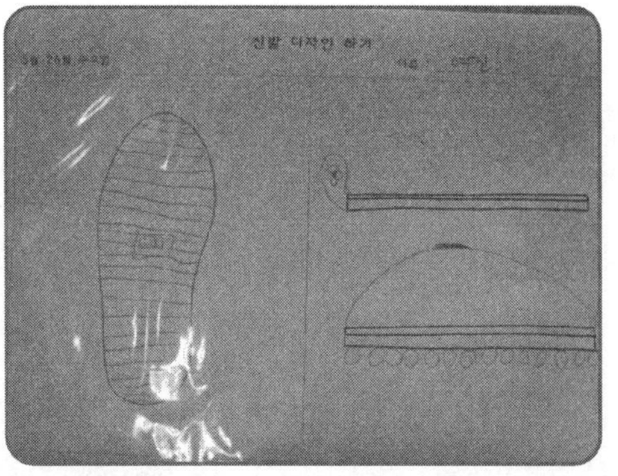

유아들이 디자인한 신발

② 밑창 만들기

내 발크기에 맞게 신발 밑창을 그려서 오렸다. 신발은 발보다 커야 해서 고민하다가, 발보다 조금 큰 실내화를 가지고 와서 발크기와 비교해 가며 그려서 밑창을 만들었다.

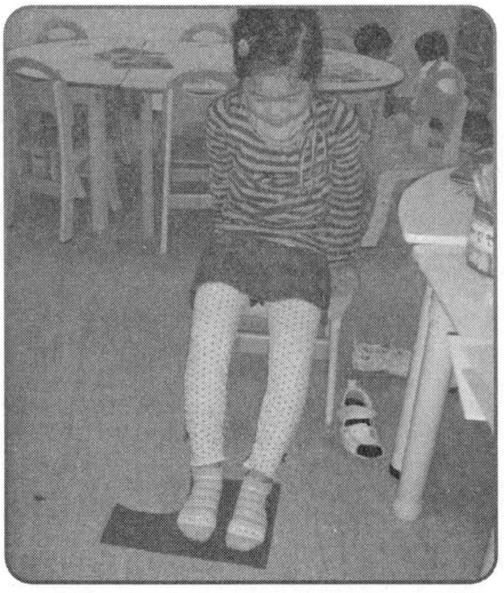

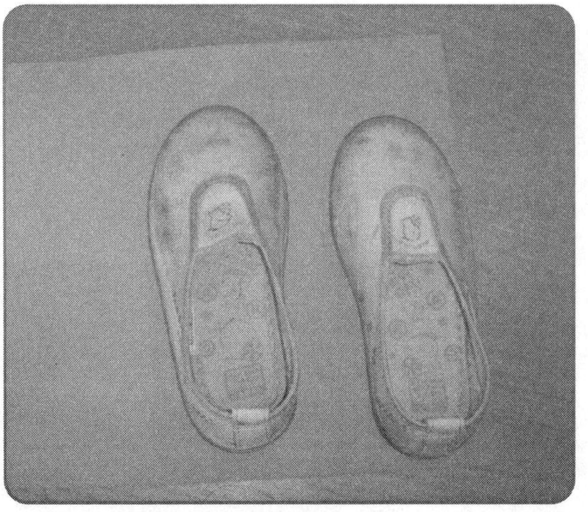

신발 밑창은 실제 내 발 크기와 실내화를 가져와 재어 보고 만들었다

③ 코싸개, 앞날개, 옆날개 만들기

슬리퍼, 운동화, 구두에 필요한 부분을 그리고 재단해서 밑창과 연결했다. 직접 신을 수 있는 신발을 만들어야 해서 튼튼하게 연결해야 했기 때문에 교사의 도움이 있어야 했고 시간도 오래 걸렸다.

코싸개, 앞날개, 옆날개를 만들고 있는 유아

④ 신발 꾸미기

신발틀을 모두 만들고 운동화 끈, 구두용 찍찍이, 외관 꾸미기를 해서 나만의 특징 있는 신발을 완성했다.

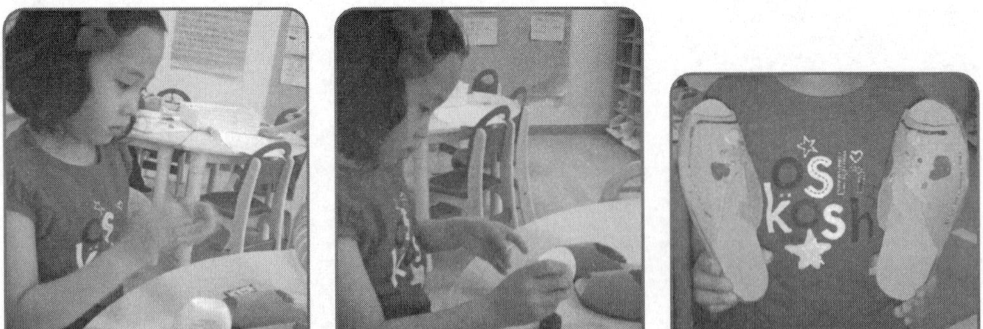

신발을 꾸미고 있는 유아

4) 마무리

패션쇼 사진 보기

종결행사로 유아들이 패션쇼와 전시회를 하고 싶다고 하면서도 패션쇼에 대해 잘 모른다고 하여 사진을 보면서 패션쇼에 대해 알아보았다. 사진을 보니 더 하고 싶은 마음이 생기고 기대감도 커졌다. 교실을 패션쇼 장으로 꾸미고 신발 패션쇼를 보여 주고 싶은 동생들을 초대하기 전에 리허설을 했다. 런웨이를 걸어오는 친구들의 당당하고 수줍은 모습, 개성 있는 포즈들을 보며 패션쇼가 무척 기대되었다.

신발 패션쇼

동생들을 초대해서 신발 패션쇼를 했다. 리허설에서 당당히 걸어가던 모습은 사라지고 수줍어하고 쭈뼛쭈뼛하는 모습을 보이기도 하였지만, 마지막 유아가 들어가고 다 함께 나와 친구들과 선생님들께 인사하는 유아들의 표정에는 만족감이 가득했다. 동생들이 가고 난 후 유아들에게 소감을 물어보니 재미있었다는 유아들이 제일 많았지만 심장이 두근두근 떨렸다고 하는 유아들

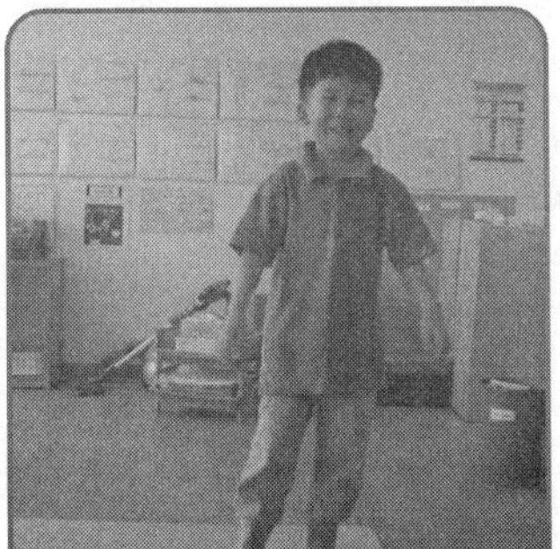

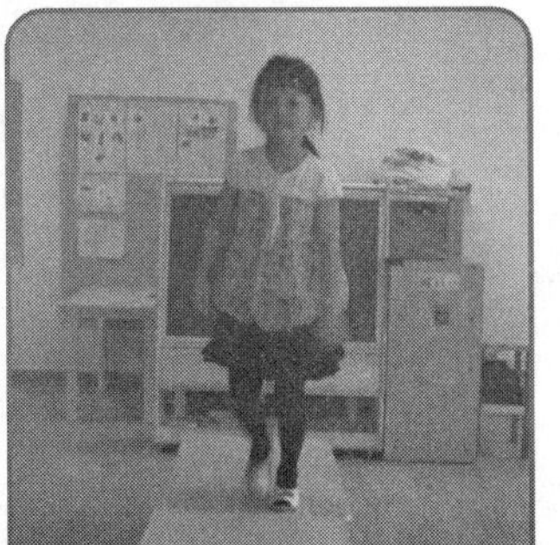

신발 패션쇼

도 많았다. 하지만 그 떨림이 싫지 않았다는 유아들의 이야기를 들으며 어쩌면 태어나서 처음 느끼는 두근거림과 만족감, 카타르시스가 아니었을까 생각했다. 유아들만큼 교사의 만족감도 컸고 패션쇼는 성공적으로 마무리되었다.

신발 박물관

'신발' 주제탐구표현활동은 유아들이 만든 신발을 전시하는 '신발 박물관'으로 종결되었다. 초대장을 받고 온 부모님과 친구들, 형제자매에게 내가 만든 신발을 보여 주고 설명해 주는 모습, 친구들의 신발을 유심히 살펴보는 유아들과 부모님들의 표정에는 패션쇼 때처럼 만족감과 자랑스러움, 감탄이 함께 보였다.

박물관을 정리하면서 유아들의 신발을 하나씩 봉투에 담아서 나눠 주며 두 달간의 '신발' 주제탐구표현활동을 마무리 지었다.

신발 박물관

5) 평 가

교사의 첫 주제탐구표현활동이라 유아들의 흥미와 관심, 수준이 파악되지 않아 활동 진행 방향을 정할 때 교사의 고민이 많았다. 그래서 유아들의 질문과 반응에 따라 활동을 진행했는데, 그 점이 오히려 더 좋은 결과를 가져온 것 같다. 주제에 대해 교사가 잘 파악하고 있는 것도 중요하지만, 교사가 잘 모르더라도 유아들의 흥미과 관심을 잘 관찰해서 따라가는 것이 더 중요하다는 점을 알 수 있었다. 또한 활동을 통해 유아들은 자신이 한 질문이 활동으로 진행되고 해결되는 것을 보면서 큰 만족감을 느꼈던 것 같다. 그 만족감에 활동으로 인해 더 몰입할 수 있었다.

신발 만들기를 하면서 아쉬운 것은 처음에 유아들이 만들고 싶은 신발을 표상했을 때 그렸던 상상 속의 신발을 만들어 보는 활동을 해 보지 못한 점이다. 결과적으로 유아들이 모두 신발을 신을 수 있어서 무척 만족했지만, 상상 속의 신발을 현실에서 어떻게 만들 수 있을지 생각해 보고 직접 만들어 보는 활동도 재미있을 것 같다.

2. '집' 주제탐구표현활동(만 4세반)

1) 사전준비

[주제선정 배경]

자유선택활동시간에 유아들이 나무 블록이나 의자를 이용하여 테두리를 만들고 그곳에 가스레인지를 가져다 놓고 자동차도 주차하면서 집을 만드는 놀이를 하며 즐거워하였다. 특히 여아들은 공주들이 사는 성에 관해 관심을 갖고 흥미를 갖기 시작하였다. 이처럼 유아들이 놀이시간을 통해 '집'에 대해 자연스럽게 배워 가면서 '집의 종류'를 소주제로 활동을 진행하고자 '집'

을 주제로 선정하게 되었다.

[중심 개념]

✰ 우리들은 집에 살고 있다.

✰ 집에는 여러 종류가 있다.

✰ 옛날 사람들이 살았던 집은 지금의 집과 다르다.

✰ 집의 내부는 구조를 가지고 있다.

✰ 친구들과 협동하여 집을 지을 수 있다.

[자원목록 및 환경구성]

여러 가지 종류의 집의 사진과 집의 특징을 알려 주는 자료를 교실 벽면에 게시하여 볼 수 있도록 하였다. 역할영역에는 나무로 된 인형의 집 장난감을 비치하여 놀이를 하면서 집과 친숙해질 수 있도록 하였다. 가정에서 가지고

표 9-3 '집' 주제탐구표현활동 자원목록

영 역	자원목록
도 서	• 『기와집』(유아코리아) • 『움막집』(유아코리아) • 『천막집』(유아코리아) • 『나무집』(유아코리아) • 『집과 사람』(유아코리아) • 『마법침대』(시공주니어) • 『피터의 의자』(시공주니어) • 『작은 집 이야기』(시공주니어) • 『성과 기사』(프뢰벨) • 『조와 고층 건물』(프뢰벨) • 『우리가 사는 곳』(프뢰벨) • 『낮잠 자는 집』(보림) • 『옛날 옛날에는 어디서 살았을까요?』(새세대육영회) • 『깊은 밤 부엌에서』(시공주니어)

사진 및 그림 자료	• 집 사진(게르, 나무집, 수상가옥, 이글루, 기와집, 초가집 등) • 집 구조 관련 사진(창문, 문, 화장실, 거실 등) • 집의 평면도 • 집을 짓는 재료의 사진 • 집을 소재로 한 명화
실외환경	• 바깥놀이터 정자 • 가족생활동 • BK관

온 책과 도서실에서 가지고 온 '집'과 관련된 책을 도서영역에 비치하고 소주제에 따라 책을 교체해 주었다.

2) 도 입

생각 모으기 및 주제망 작성

유아들이 '집' 하면 떠오르는 것이나 생각나는 것을 이야기하면 교사가 메모를 해 주고 비슷한 것끼리 유목화해 보는 시간을 가졌다. 비슷한 생각끼리 묶고 유아들이 '사람이 살지 않는 집' '여러 가지 집' '집 안에 있는 것'으로 나누어 보았다.

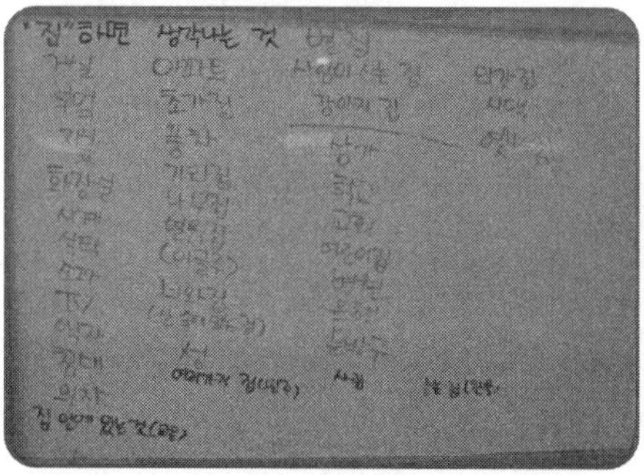

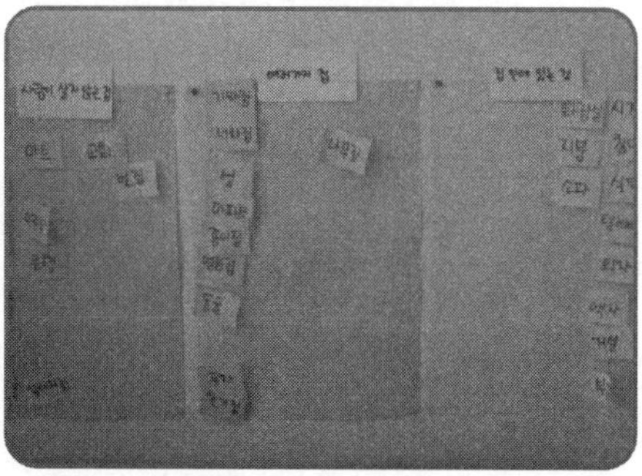

'집' 하면 생각나는 것을 알아보고 유목화한 결과

그리고 더 이야기해 보면서 세분화시켜 보았다.

〈'집'에 대한 유목화〉

- 집의 구조: 지붕, 기둥, 부엌, 거실, 화장실, 방, 문
- 집 안에 있는 것: 침대, 베개, 소파, 옷장, 시계, TV
- 옛날집: 동굴, 움막집, 초가집, 기와집
- 여러 나라의 집: 수상가옥, 얼음집(이글루), 천막집(게르), 나무집, 풍차, 흙벽집
- 동물들의 집: 벌집, 강아지집, 고양이집, 거미줄

유목화한 것을 바탕으로 주제망을 작성해 보았다.

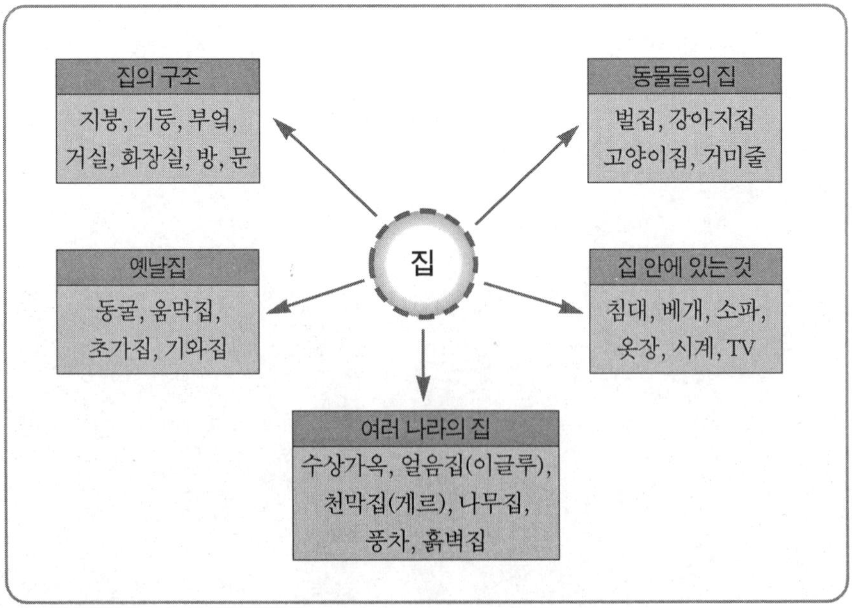

[그림 9-2] '집' 주제망

질문목록 만들기

유아들은 『우리가 사는 곳』 동화를 함께 보며 '집'에 대해 궁금한 것을 손을 들고 친구들 앞에서 이야기하며 질문목록을 작성해 보았다.

표 9-4 '집' 주제탐구표현활동 질문목록

질문목록
• 다른 나라 집 지붕은 왜 높아요? • 왜 지붕이 있어야 따뜻해요? • 지붕은 왜 뾰족해요? • 집에는 왜 창문이 있어요? • 풍차집은 어떻게 만들어요? • 아파트는 왜 길어요? • 창문은 왜 네모 모양이에요? • 옛날 사람들은 왜 동굴에 살았어요? • 지붕모양은 왜 넓적하기도 하고 뾰족하기도 해요? • 왜 배 위에 집을 지어요? • 궁전(성)에는 왜 굴뚝이 없어요? • 왜 자동차집은 돌아다니면서 살아요? • 왜 1층, 2층, 3층이 있어요? • 건물은 왜 높게 지어요?

사전경험 표상하기

① 내가 사는 집

'집' 주제탐구표현활동을 전개해 나가면서 집에 대한 유아들의 관심이 어떤지 살펴보기 위해 유아들에게 친숙한 '집'에 대해 탐색해 보았다. '집'은 우리의 생활공간으로 우리 생활 속에 있는 곳이므로, 유아들이 쉽게 집에 대해 접근할 수 있도록 우선 '내가 사는 집'을 그려 보기로 하였다. 이 활동을 통해서 내가 사는 집의 형태나 특징에 대해 표현해 보고 다른 친구들은 어떤 곳에서 사는지 알아보았다. 유아들은 모두 '아파트'에 살고 있다는 것을 알게 되었다.

내가 사는 집을 표상하는 유아들

유아들이 표상한 '내가 사는 집'

② 같은 층에 살아요

집에 대한 관심을 이끌어 가기 위해 똑같은 점을 발견하면 '짝꿍'이라고 하면서 좋아하는 유아들의 흥미를 살려 그래프를 만들어 나와 같은 층에 사는 친구는 몇 명이고 누구인지 살펴보았다.

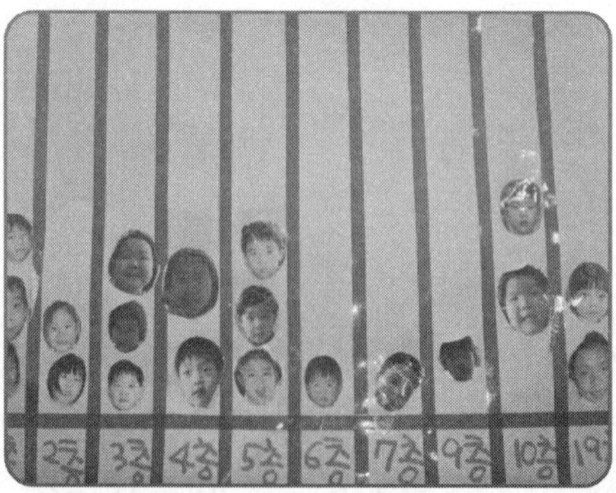

같은 층에 사는 친구를 알아보기 위한 그래프 활동

3) 전 개

[○○반 아파트 만들기]

유아들은 상자를 이용하여 집을 만들 수 있다는 것을 도서영역에 비치한 『첫발견 시리즈 집』(꼬마샘터)을 통해 알게 되었다. 식당 앞에서 재활용품 상자를 발견한 유아들은 상자가 쌓여 있는 모습을 보고 "우리도 아파트를 만들어요!"라고 제안하였다. 유아들이 모두 아파트에 산다는 것을 알고 아파트에 대한 관심이 많았기 때문에 유아들과 함께 상자를 이용해 아파트를 만들기 시작하였다.

○○반 아파트 만들 준비를 해요

아파트를 만들기 전에 어떤 방법으로 아파트를 만들지 유아들과 함께 생각

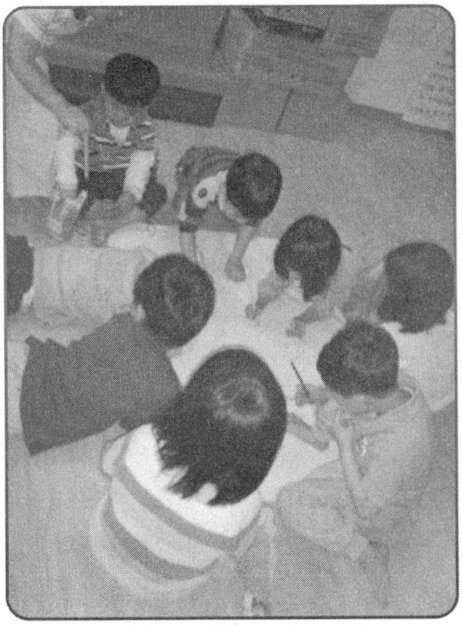

○○반 아파트를 어떻게 만들 것인지 그림으로 그려 보고 있는 유아들

해 보고 의견을 나누어 보았다. 먼저 아파트에는 어떤 것들이 있는지 생각해 본 후에 '문' '창문' '화장실' '굴뚝' '방' '베개'에 대해 이야기하였다. 상자로 아파트를 만들기 전에 어떤 모습의 아파트를 만들지 미리 그려 보았다. 유아들은 ○○반 아파트를 7층으로 그렸고, 창문 14개, 문 1개를 그려 넣었으며, 벽은 빨간색, 노란색, 파란색, 분홍색으로 칠하고, 엘리베이터 11대와 계단도 있는 아파트를 그렸다.

○○반 아파트를 만들어요

미리 그려 본 그림을 바탕으로 ○○반 아파트를 함께 만들어 보았다. 유아들이 사인펜으로 창문을 그리면 교사가 칼로 구멍을 뚫어 창문을 만들었다. 상자로 아파트 지붕을 만들어 붙이고 굴뚝도 만들고 주차장도 만들었는데, 상자를 넓게 펴고 그 위에 우유팩을 붙여 주차장과 차를 만들었다. 어느 정도 구조가 나온 후에는 바깥놀이터로 나가서 아파트를 색칠해 보았다. 한 유아는 "페인트칠 하는 것 같아~."라고 하면서 열심히 물감을 칠해 ○○반 아파트가 완성될 수 있도록 하였다. 물감이 다 마른 후에는 교실로 가져왔는데, 유아들은 자신들이 직접 만든 아파트 안에 들어가 보며 즐거워하였다.

상자로 ○○반 아파트를 만들고 있는 유아들

○○반 아파트를 색칠하고 있는 유아들

넓은 땅, 좁은 땅에 지은 아파트 - 아파트의 특징에 대해 알아보아요

전지를 땅, 벽돌 블록을 아파트라고 생각하고 유아들에게 같은 크기의 벽돌블록을 하나씩 나누어 주었다. 먼저 전지를 펴고 20개의 벽돌 블록을 쌓아 보고 전지를 반으로 접어 가면서 벽돌블록이 어떻게 쌓이는지 실험해 보았다. 전지를 폈을 때는 2층, 반으로 접을 때는 3층 또다시 반으로 접자 벽돌 블록 아파트가 7층이 되었다. 실험을 하면서 유아들이 "점점 높아져요!"라고 이야기하였고, 실험을 마치고 유아들은 "땅은 좁은데 많은 사람이 살려면 높이 지어야 해요." "높이 지으면 땅이 조금만 필요해요."라고 이야기하였다. 놀이를 통해 "아파트는 왜 길어요?" "왜 1층, 2층, 3층이 있어요?" "건물은 왜 높게 지어요?"와 같은 아파트를 높게 짓는 이유에 대한 궁금증을 해결하고 보존개념에 대해서도 습득할 수 있는 기회가 되었다.

전지 크기를 줄여 가며 벽돌 블록을 쌓아 보는 실험을 하는 유아들

[집의 구조]

유아들이 직접 ○○반 아파트를 어떻게 만들지 생각해 보고 자신들이 생각한 것을 전지에 그림으로 그려 보는 과정에서 창문, 엘리베이터, 계단, 문, 화장실 등 집을 구성하는 구조에 대해 인식하게 되었다. 아파트를 직접 만들어 보면서 유아들은 아파트를 높이 짓는 이유와 아파트와 다른 집들에 공통적으로 있는 지붕, 창문, 문, 벽 등 집의 구조에 대해 조금씩 알아 가게 되었다. 그러던 중 날씨가 무더운 어느날 바깥놀이터 정자에서 간식을 먹던 유아들이 "선생님, 여기는 바람이 불고 시원해요."라고 이야기했다. 교사가 "왜 시원할까요?" 하고 질문을 던지자, "음…… 문이 없어서요." "바람이 불어서요."라

는 다양한 반응이 나왔다. 그러다가 고개를 들어 정자의 지붕을 보며 "지붕이 햇빛을 막아 줘요!" "지붕이 있어서 나무 그늘처럼 됐어요."라는 말에 유아들은 시원한 그늘에서 간식을 먹을 수 있게 해 준 지붕에 관심을 갖기 시작하였다.

주변 건물의 지붕을 관찰해요-지붕 만들기

유아들의 관심을 반영하여 지붕에 대한 활동들을 시작하였는데, 먼저 산책을 나가 주변 건물(어린이집, 교수 아파트, 가족생활동)을 탐색하고 돌아와서 주변 건물의 지붕의 특징을 그려 보았다.

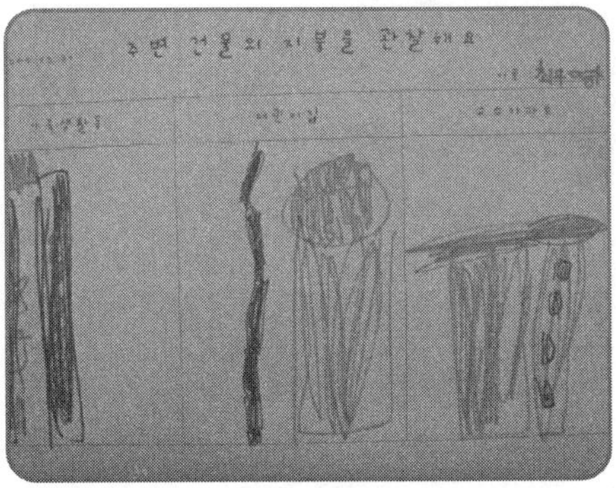

건물(어린이집, 아파트, 가족생활동) 지붕의 생김새를 그리고 비교한 활동

그리고 "만약 지붕이 없다면?" 하고 상상해 보면서 지붕이 집에 꼭 필요한 이유를 생각해 보았다. 유아들은 지붕이 없으면 "비(눈)를 맞아요." "새가 날아올 수 있어요." "불빛(전등)도 없어요." "모기가 들어와서 모기에 물려 버려요."라고 자신들이 생각한 것을 친구들 앞에서 이야기하였다.

유아들이 생각하기에 없어서는 안 될 지붕을 표상해 보는 활동을 진행해 보았다. 유아들은 산책을 통해 지붕을 경험한 적이 있어서인지 지붕의 재료, 모양 등을 생각했던 대로 잘 그려 냈다. "난 성처럼 돌로요!" "기와지붕으로

협동작품으로 지붕을 만들고 있는 유아들

지붕을 완성하고 즐거워하는 모습

해야지." "난 초가집!"이라며 유아들은 비닐에 매직으로 그림을 그려 지붕을 만들었다. 친구들과 함께 만든 지붕을 햇볕이 많이 드는 도서영역에 비치하여 유아들이 만든 지붕으로 햇빛을 조금이나마 가려 지붕의 쓰임새에 대해 경험으로 알 수 있게 하였다.

창문이 없다면-창문 만들기

지붕과 함께 "만약 창문이 없다면?"이라고 가정해 보았다. 유아들은 "숨을 못 쉬어요." "바깥을 못 봐요." "햇님, 비가 왔는지도 몰라요. 날씨를 몰라요." "먼지가 집에 가득해요. 이불 털어도 창문 못 열어서요(열어요)." "바람이 안 들어와요."라며 창문이 없는 집을 상상해 보는 과정에서 창문이 꼭 필요하다는 것을 알게 되었다. 그래서 유아들이 궁금해하던 "집에는 왜 창문이 있어요?"라는 질문을 해결해 나갔다.

"창문은 왜 네모 모양이에요?" 하고 궁금해하던 것은 창문을 여러 가지 모양으로 만들 수 있다는 것을 동화책과 사진 자료를 살펴보며 해결할 수 있었다. 유아들은 "세모 창문이다!" "동그란 창문이다!" "저 창문은 꼭 망원경처럼 생겼다."라고 하면서 평소 주변에서 네모난 창문만 보았다던 유아들은 얼마든지 여러 가지 모양으로 창문을 만들 수 있다는 것을 알게 되었다. 그래서 네모난 창문뿐만 아니라 여러 가지 창문을 만들어 보는 경험을 해 보기 위해 "내가 집을 짓는다면 어떤 창문을 만들까?"를 생각해 본 후 유아들이 두꺼운 도화지에 창문을 그리고 교사가 칼로 오려 창문을 만들었다. 이 두꺼운 도화지 창문에 셀로판지를 붙여 창문을 완성하였다. 그리고 지난 시간에 만든 지

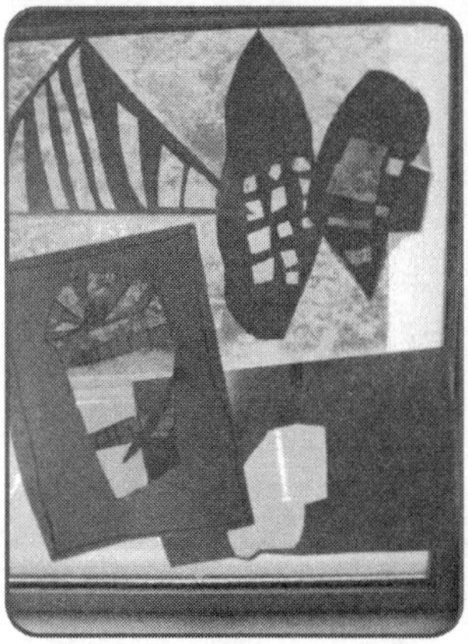

유아들이 만든 창문

붕 아래에 '○○반 창문'이라고 이름을 지은 작품들을 붙여 전시해 보았다. 셀로판지를 붙인 유아들의 창문에 햇빛이 통과하자 교실에는 빨강, 노랑, 파랑 그림자가 새어 들어왔다. 유아들은 투명한 유리창에 빛이 투과되는 것과 색깔이 있는 것에 빛이 투과되면 어떤 점이 다른지 자연스럽게 알게 되었다.

별별 별님문을 열어라!

'동동 동대문을 열어라'라는 노래 가사를 유아들이 생각을 모아 '별별 별님문을 열어라!'로 바꾼 후 빨간 하트, 파란 하트 팀으로 나눠 개사한 노래를 함께 부르며 대문놀이를 해 보았다. 놀이를 통해 문은 집에 들어가고 나가기 위해 꼭 필요한 것임을 알게 되었다. 이 놀이는 자유선택활동시간이나 산책을 나가서도 유아들이 즐겨하는 놀이가 되었다.

교실에서, 그리고 산책을 나가서 즐겁게 해 본 대문놀이

[옛날집]

BK관에 산책을 나가서 신나게 대문놀이를 하던 유아들이 곳곳을 뛰어다니다가 "어! 기와다!" 하고 기와를 발견하였다. 이를 계기로 유아들은 "기와집은 옛날 사람들이 살았던 집인데"라고 하면서 옛날 사람들이 살았던 집에 관심을 갖기 시작하였다.

BK관에서 기와를 발견한 유아들

옛날집은 무엇으로 만들까요?

옛날집에 대해 알아보기 위해 현재 유아들이 살고 있는 집과 어떤 점이 다른지 비교해 보았다. 먼저 유아들이 살고 있는 아파트의 재료에 대해 이야기하였다. 유아들은 '벽돌' '콘크리트' '시멘트' '아스팔트' '유리' '엘리베이터를 만드는 쇠' 등에 대해 이야기를 하였다. 그런 다음 『옛날 옛날에는 어디서 살았을까요?』라는 책을 보면서 옛날 할아버지의 할아버지의 할아버지의 할아버지가 살던 옛날집의 재료들에는 어떤 것들이 있었는지, 옛날 사람들은 어떤 집에서 살았는지에 대하여 알아보았다. 이 과정에서 "옛날 사람들은 왜 동굴에 살았어요?"라는 호기심을 채울 수 있었다. 또한 유아들은 현재 자신들이 사는 집의 재료와 옛날집의 재료를 비교해 보았다. 그러자 유아들은 "옛날집을 만드는 재료는 땅에서 구할 수 있어요." "옛날에는 공장이 없었으니까요." "지금은 아파트처럼 높게 만드는데, 옛날에는 일층으로만 지었어요. 포크레인도 없었어요."라며 옛날집과 현재의 집을 비교해 보면서 옛날집의 특징을 알게 되었다.

옛날집 만들기

"땅에서 옛날집 재료를 구할 수 있어요."라는 유아들의 말에 따라 바깥놀이터에서 옛날집의 재료가 될 수 있는 것들을 직접 찾아보는 시간을 가졌다. 옛날집 재료들을 찾아보던 유아들은 풀, 잔디 마른 것(짚), 돌멩이, 모래를 주워 왔다. 그리고 "우리 이것들로 옛날집을 만들어 봐요."라고 이야기해 옛날집을 만들어 보았다. 바깥놀이터에 있는 재료 이외에 나무젓가락, 아이스크림 막대, 두꺼운 도화지를 유아들에게 추가로 제공해 주었다. 그러자 유아들은 나무 대신 나무젓가락을 사용하였고, 주워 온 돌멩이는 돌집을 만드는 데 사용하였다. 움집을 만든다며 여러 개의 나무젓가락을 교차해서 세우는 유아도 있었고, 찰흙으로 벽돌을 만들어 기둥 사이를 채워 벽을 만드는 유아도 있었다. 찰흙의 비닐을 지붕을 만드는 데 사용하는 유아도 있었다. 돌멩이, 찰흙, 나무젓가락으로 옛날집을 재현해 본 한 유아가 "이렇게 힘든데, 옛날 사람들은 어떻게 했냐!"라고 이야기하기도 하였다.

옛날집을 직접 재현해 보면서 옛날집의 특징에 대해 알게 된 유아들은 교실 안에 있는 기와집 책을 보고 다시 한 번 BK관으로 가서 만져 보며 관찰하였다. 책 속의 암키와와 숫키와를 찾아보았는데, 정말 모양이 다르다는 점을 확인할 수 있었다. 또한 유아들은 『옛날 옛날에는 어디서 살았을까요?』에 나온 초가집의 전개도를 보고 "여기 집 그림은 왜 이렇게 그렸어요?"라며 호기심을 가졌다. 그 그림은 바로 지붕 안의 모습을 그린 평면도였다.

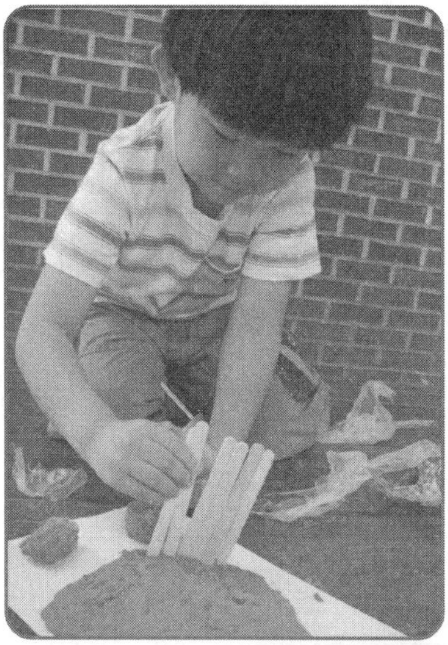

옛날집을 열심히 재현하는 유아들

[집 안에 있는 것]

평면도에 관심이 생긴 유아들과 함께 평면도 사진을 살펴보았다. "지붕이 없어요."라고 한 유아가 말하자, "비오면 비 맞아요." "바람 부는 날은 춥겠어요."라고 다른 유아들이 말하였다. "집이 잘라진 것 같은데요?"라는 한 유아의 말에 평면도를 잘 살펴보고 "집 같은데, 집 안을 그린 것 같아요."라고 말하였다.

집의 내부를 표현해 보았어요

① ○○반 평면도 그리기

평면도 그림을 함께 보면서 이야기를 나눈 후, ○○반의 모습에 대해 교사와 함께 하나하나 이야기해 보았다. "문 옆에는 뭐가 있지요?" "그 옆에는요?"라고 하면서 교실의 내부를 둘러보고 교실의 모습을 화이트보드에 그려

유아들이 그린 ○○반 평면도

본 후, 다시 도화지에 ○○반의 모습을 그려 보았다. 그러자 함께 만들었던 지붕, 환경판, 시계, 쇼파 등을 넣어 유아들만의 ○○반 평면도가 완성되었다.

② 카프라 블록으로 우리 집 내부 만들기

부엌, 방, 화장실, 침대 등 집 안의 모습을 떠올리며 카프라 블록으로 유아들의 집 내부의 모습을 구성해 보았다. 평면도를 보고 난 다음에 실시한 활동이라서인지 커다란 네모틀을 만든 후 그 안에 공간을 나누어서 만드는 형태가 가장 많았다.

카프라 블록을 가지고 집의 내부를 만드는 모습

③ 집 구조 퍼즐 맞추기

유아들이 평면도 및 집 내부를 마음대로 배치해 볼 수 있도록 간단한 조작 교구를 만들어 교실에 비치하였다. 평면도를 방, 부엌, 현관, 발코니 등 구조별로 잘라 퍼즐로 만들어 자유선택활동시간에 교사가 하는 것을 보고 "이건 뭐예요?" 하며 관심을 보였다. 조작방법을 설명해 주자 "난 할머니방, 엄마방, 내 방을 기차처럼 만들 거야!"라고 하면서 일렬로 나란히 붙여 보며 놀이를 하였다.

집 구조 퍼즐을 하고 있는 모습

나눔아! 인테리어 디자이너! – 집 안에 있는 것

집의 내부에 관심이 많은 유아들에게 '인테리어 디자이너'에 대해 소개해 주었다. 그리고 그들이 하는 일에 대해 이야기를 나누었다. 그러자 "나 아는데, 인테리어 디자이너!"라고 하면서 "집을 멋지게 꾸미는 사람이에요."라고 이야기하였다. 유아들이 좋아하는 『첫 발견 시리즈』에 건축가와 인테리어 디자이너가 집을 설계하는 것을 기억해 낸 유아들은 인테리어 디자이너가 되어 평면도에 집 안 곳곳에 필요한 가구와 가전제품을 그려 보면서 내가 살고 있는 집이나 내가 살고 싶은 집을 상상해 보았다.

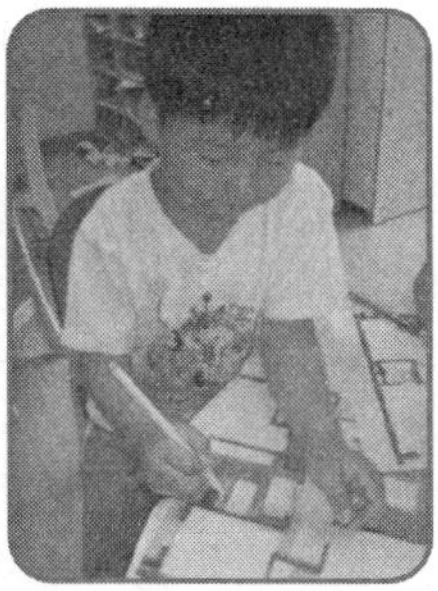

평면도에 내가 살고 있는 집이나 내가 살고 싶은 집을 상상해서 그려 보았다

평면도를 바탕으로 집을 지어 집의 내부가 완성된다는 것을 알아보기 위해 유아들이 그려 본 평면도에 골판지로 방, 화장실, 거실, 부엌 등으로 공간을 나누어 보았다. 골판지를 붙이는 것이 잘 되지 않아서인지 활동을 하면서 "안 돼요!" "이게 잘 안 붙어요."라며 도움을 청하였다. 시간이 흐르고 접착제가 마르고 골판지 벽이 생기자, "정말 방이 생겼어요!" "여기는 엄마 방, 아빠 방, 애기 방이에요. 이제 벽이 있어서 안 보이겠어요."라고 이야기하기도 하였다.

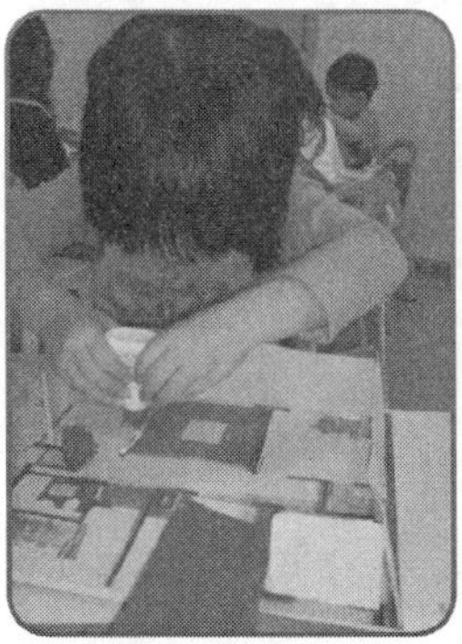
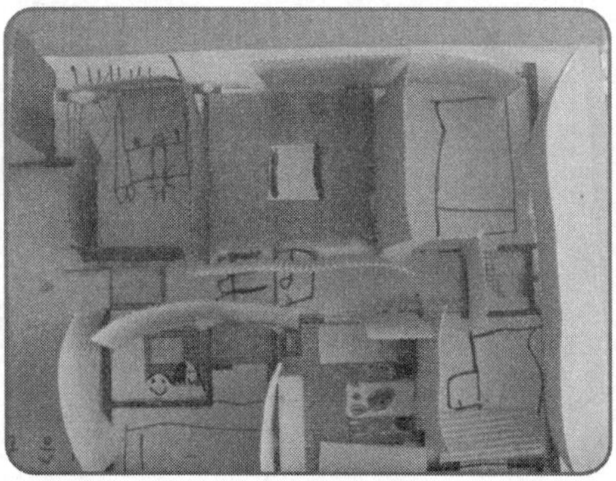

평면에서 벽이 생긴 집

공간을 나누어 방을 만들었으니 다음에는 가구를 만들어 방에 배치해 보면서 인테리어 디자이너 활동을 마무리하였다. 유아들과 함께 밀가루 점토로

집 안을 장식할 가구와 가전제품을 만들었다. 유아들은 "우리 집에는 이층침대가 있어!" "내 집에는 책꽂이가 두 개야." "난 냉장고 만들어야지."라며 열심히 만들었다. 유아들이 만든 것을 오븐에 구워 딱딱하게 만들어 유아들이 만든 집에 배치했다.

가구를 만들고 배치한 모습

4) 마무리

○○반 집 만들기

유아들은 자신들이 만들었던 '○○반 아파트'와 작은 상자집이 무너져 속상해하였다. "선생님~ 우리 ○○반 집 또 만들어요." "집 만들면 엄마도 보여 드려요."라는 이야기를 많이 하여 ○○반 집을 만들고 부모님을 초대하는 것으로 자연스럽게 '집' 주제탐구표현활동을 마무리하기로 하였다.

먼저 "집을 만들기 위해서 제일 먼저 무엇을 해야 할까요?"라고 질문하고

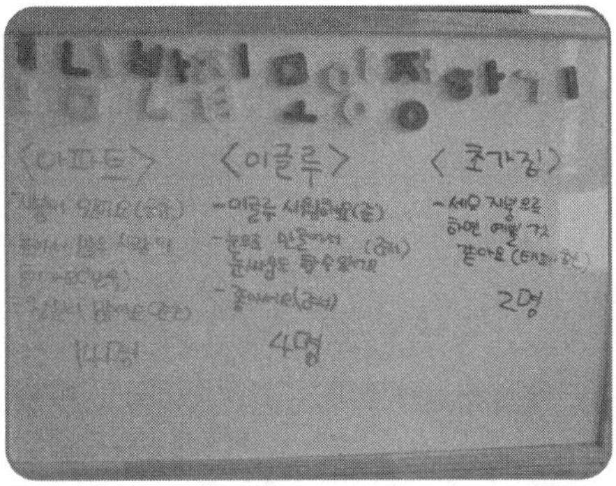

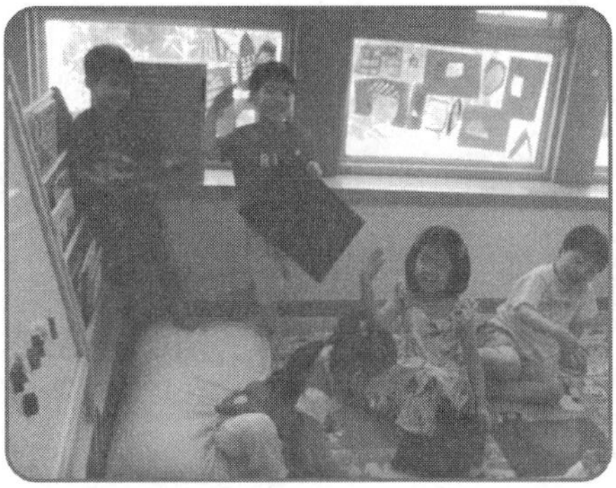

아파트, 이글루, 초가집은 이런 점이 좋다고 이야기 나누는 유아들

유아들과 함께 '○○반 집'에 어떤 재료로 어떤 것이 들어가게 할 것인지, 어떤 방법으로 만들지에 대해 생각하고 이야기를 나누어 보았다. 어떤 유아가 "큰 종이에 그림을 그려요."라고 ○○반 아파트를 만들었던 경험을 이야기하자, "그게 지도라서 따라할 수 있어!"라고 하는 유아도 있었다. 그리고 재료에 대해 이야기하자, '상자' '유리' '돌' '벽돌'을 이야기하였다. 유아들이 안전하게 집 만들기를 할 수 있도록 위험하지 않고 무겁지 않으며 유아들이 만들 수 있는 재료를 이야기해 보자고 하니, '비닐' '셀로판지' '보자기'를 말하였다. 그리고 ○○반 집에는 '자는 방' '공부하는 방' '노는 방' '책 보는 방'이 필요하고, '화장실' '거실' '부엌'도 만들자고 하였다.

다음으로 ○○반 집 모양을 정하였는데, ○○반 집을 검정 도화지에 그리고 비슷한 모양을 그린 친구들끼리 모여 왜 이러한 모양의 집을 만드는 것이 좋은지에 대해 이야기해 보았다. 유아들이 모두 모였을 때 각자가 그린 집 모양이 좋은 이유를 이야기하고 한 가지 모양을 선정하였다. 유아들은 '아파트' '이글루' '초가집' 세 가지 의견을 냈다. 아파트는 "창문이 많아요!" "우리 아파트는 지붕이 있어요."라고 좋은 이유를 이야기하였고, 이글루는 시원하다며 〈씽씽 불어라~♬〉 노래를 불렀다. 초가집은 "세모 지붕으로 만들면 예쁠 것 같아서요."라고 이야기하였다. 의견을 나누어 정하고 싶었지만 서로의 주장이 강해 결국 다수결을 통해 아파트를 만들기로 결정하였다.

본격적으로 집을 만들기 위해 ○○반 집 평면도를 그렸다. 방과 부엌, 거실, 화장실을 4모둠으로 나누어 돌아가면서 그려 봄으로써 유아들이 ○○반 집에 필요한 것을 모두 다 그려 볼 수 있도록 하였다.

○○반 평면도를 그리고 있는 유아들

평면도를 바탕으로 ○○반 집을 만들기 시작하였다. 바깥놀이터 울타리에 천을 달아 커다란 캔버스를 만들고 노는 방, 책 보는 방, 거실, 잠자는 방, 공부하는 방을 그린 후 물감이 마르도록 걸어 두었다.

바깥놀이터에서 ○○반 집을 표현하고 있는 유아들

창문은 이전에 했던 방식을 기억하고 "종이에 셀로판지 붙여 만들어요."라고 하여 그렇게 만들었고, 책 보는 방, 거실, 잠자는 방, 공부하는 방을 벽면에 게시하고 매직으로 그림을 그려 완성하였다.

"지붕은 어떻게 꾸밀까요?"라고 묻자, "기와요." "손도장을 찍어서 기와를 만들어요."라고 유아들이 제안하여 미술실에서 6명씩 소그룹으로 천에 손도장, 발도장을 이용하여 지붕을 꾸며서 만들었다.

손기와, 발기와를 만드는 모습

[집들이(부모참여수업)]

○○반 집을 완성하고 집들이를 열어 부모님을 초대하기 위해 집들이 초대장 만들었다. 먼저 유아들에게 낯선 용어인 '집들이' 에 대해 이야기를 나누었다. "집들이가 무엇일까요?" 라는 질문에 "소개하는 거!" "안녕 하는 거요." 라고 하였다. 색도화지에 "엄마, 아빠 놀러 오세요." 하며 부모님께 드릴 집들이 초대장을 만들었다.

부모님께 드릴 집들이 초대장을 들고 한 컷!

초대장을 완성하고 부모님을 초대한 집들이 날이 되자, 유아들은 오전 등원할 때부터 "언제 집들이 해요?" "엄마는 언제 오세요?"라며 집들이에 대해 많이 기대하는 모습을 보였다. 집들이 음식을 만들기 전에 음식을 만들기 위해서는 재료를 손질할 필요가 있음을 이야기해 주었다. 그리고 유아들과 함

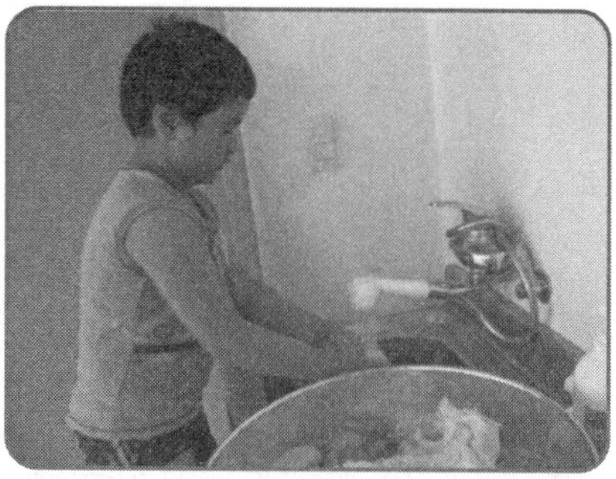

집들이 음식 재료를 손질 중인 유아들

부모님과 함께하는 즐거운 집들이 시간

께 결정한 집들이 음식인 유부초밥, 샐러드, 과일화채, 월남쌈의 재료를 소개하고 유아들이 직접 야채를 씻고 잘라 준비하는 시간을 가졌다.

부모님들이 오신 후 유아들이 만든 집을 소개하고 함께 음식을 만들어 먹으며 집들이를 하였다. 부모님들께서는 "바깥놀이터 천이 뭔가 했는데……." "○○반 집 멋있어요!"라고 집들이가 끝나고 돌아가시면서 이야기해 주셨다.

집들이를 마치고 유아들과 함께 사후활동으로 집들이를 하면서 즐겁고 재미있었던 일, 속상했던 일에 대해 이야기해 보고 그러한 여러 가지 일 중 가장 기억에 남는 것을 그려 보며 '집' 주제탐구표현활동을 마무리하였다.

5) 평 가

유아들의 집에 대한 관심은 집의 구조와 관련된 부분임을 확인하고 이와 관련하여 '○○반 집'을 만들며 주제탐구표현활동을 진행하였다. 집을 주제로 활동을 하다보니 집과 관련된 것을 책이나 사진 자료를 통해 얻고 표상해 보는 활동이 주를 이루었다. 음률영역이나 신체활동영역의 활동은 거의 진행되지 못한 점이 아쉽고, 견학을 나가지 못해 유아들이 주변 산책이나 도서, 사진 자료를 통해서만 정보를 얻은 점도 아쉬움으로 남는다. 하지만 '집' 주제탐구표현활동을 하면서 유아들이 갖고 있는 흥미에 따라 활동을 진행하여 지루함 없이 즐겁게 활동하고 마무리할 수 있어서 좋았다.

참고문헌

권영례(2000). 유아과학교육. 서울: 학지사.

여성가족부(2006). 표준보육과정. 서울: 여성가족부.

여성가족부(2007). 표준보육과정의 구체적 보육내용 및 교사지침. 서울: 여성가족부.

이순형, 유안진, 김영명, 안소영, 한유진, 최혜미, 이경화, 이경신, 손경희, 이성옥(2000). 어린이를 위한 주제탐구표현활동. 서울: 창지사.

이순형, 이성옥, 이완정, 권혜진, 황혜신, 이혜승, 이영미, 정윤주, 성미영, 권기남(2005). 영유아 보육 · 교육 프로그램의 이해. 서울: 학지사.

이순형, 이혜승, 권혜진, 이영미, 정윤주, 한유진, 성미영, 권기남, 김정민(2008). 아동 관찰 및 행동 연구. 서울: 학지사.

이순형, 이혜승, 이성옥, 황혜신, 이영미, 정윤주, 한유진, 성미영, 권기남, 김지현(2007). 영유아 교수방법. 서울: 학지사.

이영미(2008). 주제탐구표현활동의 향후 과제와 전망. 서울대학교생활과학대학어린이집 개원 10주년기념심포지엄 자료집, 159-165.

Carin, A. A., & Bass, J. E. (2001). *Teaching science as inquiry*. Upper Saddle River, NJ: Prentice-Hall.

National Association for the Education of Young Children (1991). Guidelines for appropriate curriculum content and assessment in programs serving children ages three through eight. *Young Children, 46*(3), 21-38.

National Research Council (1996). *Science education standards*. Washington, D. C.: The National Academy Press.

National Science Resources Center (1997). *Science for all children.* Washington, D. C.: National Academy of Sciences.

Shaw, J., & Blake, S. (1998). *Mathematics for young children.* Upper Saddle River, NJ: Prentice-Hall.

Starko, A. J. (1995). *Developing creativity in the classroom: Schools of curious delight.* N.Y.: Longman.

찾아보기

저자 소개

• **이순형**

서울대학교 대학원 아동학전공 박사

한국아동학회, 인간발달학회 회장

서울대학교생활과학대학어린이집 원장

현) 서울대학교 아동가족학과 교수

• **김지현**

서울대학교 대학원 아동학전공 박사

서울대학교생활과학대학어린이집 과학교사

하이닉스어린이집, 국민체육진흥공단어린이집 원장

현) 서울대학교생활과학대학어린이집 원장

서울대학교 아동가족학과 시간강사

영유아 과학교육활동의 실제

2010년 9월 15일 1판 1쇄 발행
2011년 2월 15일 1판 2쇄 발행

지은이 • 이순형 · 김지현
펴낸이 • 김진환
펴낸곳 • (주) 학지사
121-837 서울특별시 마포구 서교동 352-29 마인드월드빌딩 5층
대표전화 • 02)330-5114 팩스 • 02)324-2345
등록번호 • 제313-2006-000265호

홈페이지 • http://www.hakjisa.co.kr
커뮤니티 • http://cafe.naver.com/hakjisa

ISBN 978-89-6330-548-6 93370

정가 14,000원